企业价值评估与绿色数字化管理

QIYE JIAZHI PINGGU YU LÜSE SHUZIHUA GUANLI

周远祺　主编

内容简介

本书立足于绿色数字化转型的时代背景，提出了一套融合绿色化与数字化特征的企业价值评估理论框架及管理方法。从数字化变革、商业模式创新、供应链重构、ESG实践、社会责任履行、低碳转型、可持续发展模式探索、企业家精神培育、企业战略升级以及创新驱动等核心维度，系统揭示了这些关键因素对企业价值创造的驱动机制，并梳理了传统价值评估方法的演进逻辑与适用边界。通过跨维度理论整合，构建了兼顾绿色可持续发展与数字化转型双重特征的企业价值评估框架，并开发了量化分析方法，实现了对绿色价值创造、数字赋能效应等不确定性要素的测度。为强化理论联系实际，精选典型企业案例，深入剖析其在绿色数字化转型过程中的价值创造路径与管理经验。案例后设有启发性思考题及思路导引，旨在帮助读者系统掌握企业价值评估与管理的核心知识，提升实践应用能力。

本书既可作为财经专业本科生、研究生学习企业价值评估与管理的教材，也适合企业价值评估的研究者和从业者阅读。

图书在版编目(CIP)数据

企业价值评估与绿色数字化管理/周远祺主编. —武汉：中国地质大学出版社，2024.12.
ISBN 978-7-5625-6097-5

Ⅰ. F270;F272.7

中国国家版本馆 CIP 数据核字第 2024QQ8130 号

企业价值评估与绿色数字化管理　　　　　　　　　　　　周远祺　主编

| 责任编辑：韩 骑 | 选题策划：易 帆 | 责任校对：宋巧娥 |

出版发行：中国地质大学出版社(武汉市洪山区鲁磨路388号)　　邮编：430074
电　话：(027)67883511　　传　真：(027)67883580　　E-mail:cbb@cug.edu.cn
经　销：全国新华书店　　　　　　　　　　　　　　　　　　https://cugp.cug.edu.cn

开本：787mm×1092mm　1/16　　　　　　　　字数：293千字　　印张：11.75
版次：2024年12月第1版　　　　　　　　　　印次：2024年12月第1次印刷
印刷：湖北睿智印务有限公司

ISBN 978-7-5625-6097-5　　　　　　　　　　　　　　　　　　定价：38.00元

如有印装质量问题请与印刷厂联系调换

序 PREFACE

当今世界正经历百年未有之大变局,气候变化、资源枯竭与生态退化等全球性挑战日益严峻,如何实现资源高效利用与环境可持续治理,已成为人类命运共同体亟需破解的重大命题。当前,中国地质大学(武汉)正以"美丽中国 宜居地球:迈向2030"为战略主题,着力为解决区域、行业乃至人类面临的资源环境问题提供高水平的人才和科技支撑。在此背景下,资源环境经济与管理学科肩负着破解发展困境、统筹生态保护与经济增长的核心使命。经济管理学院立足"资源环境+"学科特色,聚焦资源定价、矿产品贸易、企业价值评估与绿色治理等关键领域,推出资源环境经济与管理系列教材,与学校"推动人与自然和谐发展"的核心理念高度契合,彰显了地大"地质资源与环境"学科群对经济管理学科建设与人才培养的支撑作用。

系列教材以"新文科"建设为引领,以"学科交叉、实践创新、家国情怀"为核心理念,构建覆盖理论、方法与案例的多维知识体系。本系列教材旨在通过学校跨学科特色,将中国地质大学(武汉)的科研优势转化为育人资源,为培养服务国家资源战略的复合型人才提供支撑,展现行业特色高校在学科交叉创新中的示范价值,培养兼具国际视野、家国情怀与实践能力的复合型人才,为行业转型升级与全球可持续发展提供理论支撑与实践指南。

以资源优化配置破解发展瓶颈

资源禀赋约束与生态承载力有限性要求人类重新审视发展逻辑。本丛书作者深入探讨企业价值评估、绿色数字化转型、绿色品牌管理等,系统构建资源环境经济学的理论框架与案例,为破解"资源诅咒"、平衡区域发展差异、实现代际公平提供科学路径,助力构建人与自然和谐共生的现代化发展模式。

以绿色治理创新引领行业转型

面对ESG理念的全球兴起,作者系统整合环境、社会与治理要素,重构公司治理理论体系。从委托代理机制到利益相关者协同,从内部治理结构到外部评价标准,通过前沿理论与本土化案例的结合,揭示治理效能与企业长期价值的深层关联,为破解绿色转型中的治理难题提供方法论支撑。

以实践赋能培育专业核心能力

秉承"知行合一"的育人理念,深度融合资源环境经济领域的真实场景,通过剖析绿色可持续发展的经典案例,引导学生掌握环境成本核算、生态红线划定、资源市场模拟等核心技能。问题导向的编写逻辑将抽象理论转化为可落地的决策工具,强化学生应对资源环境约束、设计绿色发展方案的综合能力。

以思政元素厚植家国同心担当

本系列教材将课程思政深度融入专业知识体系,既挖掘中华优秀传统文化中的管理智慧,又聚焦资源环境行业与本土企业的创新实践,通过鲜活案例展现中国式现代化进程中的管理智慧与制度优势。这种"专业性与思想性统一"的编写理念,助力学生在提升专业素养的同时,坚定文化自信,筑牢责任担当。

本系列教材的出版凝聚了编写团队多年的教学研究成果与行业洞察力,既是对中国地质大学(武汉)"资源环境+"学科优势的传承,更是对新时代"新文科"建设的积极响应。期待这套丛书能成为学界与业界的参考标杆,助力更多学子成长为推动绿色发展与数字变革的中坚力量,为推进生态文明建设和经济高质量发展贡献智慧力量。

中国地质大学(武汉)

前言

企业价值管理是企业核心且重要的管理活动,是企业价值增加及创造的源泉。企业价值管理的好坏,直接决定着企业的竞争力及发展前景的好坏。要想做好企业价值管理,及时评估企业价值,适宜、有效的评估方法至关重要。

当前,全球正经历着以绿色转型重塑产业生态、以数字化浪潮重构商业逻辑的深刻变革。在这一背景下,企业价值评估与管理体系正面临着新的范式需求。

绿色高质量发展已成为全球共识。企业的可持续性、环境友好度和社会责任表现正成为评估企业价值的关键维度。绿色金融的蓬勃发展,既反映了市场对可持续发展的高度认可,也彰显了对短视行为的制度性约束。与此同时,数字化转型已从战略选项升级为生存必需。以大数据、人工智能、物联网为代表的新质生产力,不仅重塑着企业运营模式,更在重构价值创造的全链条。在数字经济时代,数据资产化和信息效率正成为核心竞争力。

中国"双碳"目标(2030年前碳达峰、2060年前碳中和)的推进为企业带来双重挑战:既要实现低碳转型,又要保持经济持续增长。这一进程中的绿色创新能力和碳管理效能,正成为评估企业价值的新标尺。此外,地缘政治格局的演变使得企业需要重新审视全球供应链的韧性,这些因素都亟待纳入企业价值评估体系。

当前的传统评估模型已难以充分考量绿色转型、数字革命、新质生产力、"双碳"目标、地缘政治等因素带来的结构性影响。为此本书对大数据、新型商业模式、供应链、ESG(环境、社会、公司治理)、社会责任、低碳、绿色可持续发展模式、企业家精神、企业战略、创新等以绿色数字化为核心的驱动和影响因素进行了分析,深度挖掘不同价值评估方法的起源及适用性,阐述了企业价值评估的操作流程和预测的基本要点。同时,本书还构建了融合绿色化与数字化特征的价值评估和价值管理的框架,通过多学科交叉理论及相应的研究方法,系统阐释和量化了绿色价值创造、数字化赋能等有关提升企业价值创造的影响因素,为企业提供一个适宜的、有针对性的企业价值评估体系和价值管理方法。最后,本书采用案例分析的形式,对绿色数字化背景下不同的驱动和影响因素进行了分析和探讨,并配有启发性思考题,旨在促进读者从实践中提炼经验,深化对相关理论的理解与应用。

本书既立足传统企业价值评估理论体系,又提出并构建了聚焦绿色数字化转型背景下的价值评估和管理方法,剖析和量化了新兴价值驱动因素;通过方法溯源与典型案例解析相结合的方式,既深入阐释评估方法的理论基础与适用边界,又精选具有代表性的绿色数字化实践案例,构建"理论—方法—案例"三维知识体系。希望本书的出版能满足高等院校教学多元化的需求,实现知识传播与实践应用的双重价值。

本书同样适用于企业管理者、投资分析师、学术研究者等专业人士,旨在为新时代企业价值管理提供系统化的思维框架和实践指南。我们期待与读者共同探索企业价值评估理论的创新边界,推动企业管理实践在变革时代实现质的飞跃。随着知识体系的持续演进,本书内容将持续迭代更新。让我们携手在绿色数字化浪潮中,把握企业价值评估的新范式,开创可持续发展评估的新未来。

在本书编写过程中,我的研究生郭玉芳、姚智恒、张亚、管英竹、沈静分别进行了相关资料的搜集和文献梳理,感谢他们的辛勤付出!本书参考了大量的相关文献,正是在这些前人研究成果的启发和指引下,我得以构建新的企业价值评估框架和评估方法。本书虽已将相关参考文献列于文后,但仍然不足以表达我对文献作者的敬意。

本书的完成还得益于大量网上公开的企业信息和数据,正是这些公开的典型企业的信息和数据,使得我们的案例分析更加具有针对性和鲜活性,在此表示衷心的感谢!

本书能够出版还要感谢中国地质大学出版社的编辑们,因为他们严谨的专业态度和辛勤的付出,才有此书的出版。

周远祺

目录 CONTENTS

Part 1　企业价值评估、绿色数字化管理基础 (1)

1. 企业价值评估导论 (1)
2. 企业价值的内涵与重构 (5)
3. 企业价值管理与重构的特质理念 (12)
4. 企业价值与数据资产 (23)
5. 企业价值评估方法 (27)
6. 企业价值评估的基本程序 (35)
7. 市场法 (45)
8. 收益法——自由现金流量评估法 (54)
9. 绿色数字化的企业价值评估体系 (71)

Part 2　绿色数字化的价值管理 (80)

10. 绿色化与数字化的融合 (81)
11. 数字化驱动的绿色管理 (86)
12. 气候政策与企业价值管理 (88)
13. 新业态与企业价值的绿色数字化管理 (93)
14. 中国的估值体系 (97)

Part 3　企业绿色数字化价值管理方法 (100)

15. 企业历史绩效分析 (100)
16. 企业融合绿色数字化投入的资本回报率——行业对比 (104)
17. 企业绿色数字化战略及竞争力分析 (107)
18. 绿色数字化价值管理的财务目标及指标 (115)
19. 企业绿色数字化价值管理 (124)

Part 4　实务应用：案例分析 ……………………………………………………（131）

  20　制造企业的绿色数字化管理 ……………………………………………（131）

  21　高能耗企业的绿色数字化价值评估及管理 ……………………………（146）

  22　高科技企业的绿色数字化价值评估及管理 ……………………………（155）

  23　零售电商企业绿色数字化价值创造的腾飞 ……………………………（160）

主要参考文献 ………………………………………………………………………（175）

附　录 ………………………………………………………………………………（179）

Part 1 企业价值评估、绿色数字化管理基础

1 企业价值评估导论

本章要点

企业价值评估的概念;企业价值评估的作用;企业价值评估的目标;企业价值评估与管理的基本原则。

学习目标

学习企业价值评估的历史渊源和发展过程,了解企业价值评估的概念形成及其在现代企业管理中的重要性;理解企业价值评估在企业管理中的地位和具体作用;掌握企业价值评估的主要目的;熟悉企业价值评估与管理的基本原则。

企业价值在狭义上体现了企业给股东带来经济利益的能力,在广义上体现了企业能够给所有利益相关者(股东、公司管理者、政府机关、债权人、公司员工等)带来满意回报的能力。因此,评估企业的价值对企业的经营和管理来说至关重要。

企业价值评估体现了企业未来整体的价值,通常用于投资分析、战略分析、价值管理等方面。企业价值评估既是一门学科,也是一种艺术,因为它需要考虑不同企业主和潜在投资者的想法及期望。

1.1 企业价值评估的产生与发展

企业价值评估,亦称公司估值,是指运用一系列专业方法对企业经济价值进行量化的过程。伴随经济的演进和资本市场的成熟,企业价值评估已成为投资分析、财务管理、并购重组、企业上市等经济活动中不可或缺的环节。

企业价值评估因股权交易的需要而产生。在股票和债券市场萌芽之初,企业的价值往往与其物质资产紧密相关。然而,随着经济的发展和资本市场的日益成熟,企业价值的内涵日趋丰富,不仅包括物质资产,还包括无形资产、市场份额、品牌价值等多元因素。

最初的企业价值评估多基于账面价值,即以企业的账面资产减去负债为主要依据,这种方式简单直接,但忽视了企业潜在的增长能力和无形资产的价值。或者,人们还可以采用资产基础法评估企业资产的重置成本或者净销售价值来确定企业价值,这种方法更多地应用于清算价值的评估。

20世纪初,现代评估方法兴起,收益法出现。之后,随着经济学和金融学的发展,投资者开始意识到企业的真实价值应当与其未来的盈利能力挂钩。因此,基于预期收益的评估方法,如折现现金流量法(Discounted Cash Flow,简称DCF)应运而生。DCF预测企业未来的自由现金流量,并将其折算成现金,用以估算企业价值。随着市场经济的发展,又出现了市场比较法,投资者开始比较不同公司的市场价值,通过市盈率(P/E)、市净率(P/B)等参数,来评估企业的市场价值。随着全球化进程的加快,企业价值评估逐渐国际化与规范化。企业的跨国运营变得普遍,市场对企业价值评估提出了新的要求。《国际财务报告准则》(International Financial Report Standards,简称IFRS)和《美国通用会计准则》(Generally Accepted Accounting Principles,简称U.S. GAAP或GAAP)等国际标准的制定,为企业价值评估提供了更为统一的规范。企业并购、私募融资和首次公开募股(Initial Public Offering,简称IPO)等活动频繁发生,推动了估值方法的国际化和标准化。同时,跨国公司的并购活动也促进了各种估值方法的交流和融合。

随着计算机技术和互联网的普及,企业价值评估的技术在不断地进步,评估方法也在不断地创新。估值方法开始结合计量经济学模型,提升了数据处理和预测的科学性。同时,金融工程学的发展,为企业价值评估中风险管理的量化提供了工具。近年来,人工智能、大数据分析等新技术的兴起,为企业价值评估带来了革命性的变化。机器学习等算法可以帮助分析师从海量数据中提取有价值的信息,进一步提升评估的精确度和效率。由此,企业价值评估的应用也进一步地被拓展。企业战略规划、绩效管理等面向内部管理的领域,也开始融入企业价值评估的概念和工具。这些管理活动通过价值评估的视角,更能明确公司长期和短期目标的一致性。随着社会对企业社会责任和可持续发展的关注加深,企业价值评估开始纳入环境、社会及公司治理(ESG)等因素。投资者和利益相关者越来越重视企业在社会责任和环境保护方面的表现,这些非财务因素也被纳入企业价值评估中。

企业价值评估的产生与发展是对经济环境变化的一种适应,反映了资本市场的成熟与深化。从最初基于账面价值的简单方法,到现在综合考虑财务与非财务因素的复杂系统,企业价值评估已经成为一个多元化、国际化、科学化的领域。未来,随着全球经济的持续发展,科学技术的不断进步,企业价值评估将继续向着更加细分化、专业化的方向发展。同时,评估方法的创新及其与企业战略的结合将更加紧密,为企业的成长、价值创造和管理提供更加坚实的支撑。

1.2 企业价值评估的具体作用

企业价值评估的具体作用如下。

(1)为企业决策提供指导。通过评估企业价值,企业能够了解自身的市场地位、核心竞争力和潜在风险,从而更好地制定策略和管理决策。

(2)是投资者进行投资决策的重要依据。投资者可以根据企业的价值情况来评估投资回报和风险,并做出相应的投资决策。

(3)鼓励企业注重价值创造。通过识别和优化价值链的各个环节,企业能够提高生产效率、降低成本,从而增加企业的价值。

(4)是绩效管理的重要依据。通过定期评估企业的价值情况,企业可以识别绩效状况和问题,并采取相应的措施进行改进和优化。

(5)反映企业在市场中的竞争力。通过不断提升企业的价值,企业能够增强其在市场中的地位和竞争优势,吸引更多的客户和合作伙伴。

(6)有助于企业实现可持续发展。通过关注和提升企业的价值,企业能够长期保持稳定和健康的发展,为股东、员工和其他利益相关者创造持续的价值。

企业价值的定义和评估对于企业经营和管理至关重要。它不仅为企业提供了决策、投资的依据,还有助于企业的价值创造、绩效管理和市场竞争力的提升,同时也促进了企业的可持续发展。

1.3 企业价值评估的目的

在信息化、全球化的今天,企业经营面临着错综复杂的环境,企业价值评估可以帮助确定企业的经济价值和市场价值,从而助力投资者、管理者和利益相关者做出相关决策,然而企业价值评估的目的远不止于此。以下是企业价值评估的几个主要目的。

(1)为投资者提供了重要的参考依据,帮助他们判断是否应该投资或购买某家企业的股票、债券或其他资产。评估结果可以告诉投资者企业的价值是否被低估或高估,以及投资回报的预期。

(2)在并购和重组交易中起关键作用,通过对目标企业的评估,决策者可以确定合理的收购价格、交易结构和股权比例。评估还可以预测并购或重组后可能产生的效益和风险。

(3)可以帮助企业管理者确定投资项目的经济可行性,并对不同项目进行优先级排序。此外,它还可以指导企业在资本结构、分红政策和融资决策方面做出明智的选择。

(4)可以提供有关企业绩效和价值创造的指标,帮助企业管理者评估业务决策的成效,并进行绩效管理。它也可以为股东和利益相关者提供企业管理的透明度,促进企业的良好治理。

(5)提供了评估企业资产和负债的依据,可以影响财务报表的披露和计量。它还可以帮助会计人员确定企业资产减值和商誉摊销等方面的会计政策。

1.4 企业价值评估与管理的基本原则

企业价值评估的本质是通过一系列定量和定性的分析方法和工具,对企业进行全面、系统和客观的评估,以确定企业的经济价值和潜在回报。价值评估的对象并非只限于企业的资产或负债,也不仅仅是为了股东的权益,而是将企业视为一个整体,考虑所有与企业价值相关的因素,它涉及对企业各个方面的评估,包括企业目前的经营状况、未来现金流量、风险和机会等,这些相关因素会让信息使用者更全面地了解企业的综合价值。

投资者通过进行不同时段的企业价值评估,可以正确分析企业价值的变化以合理预测发展前景,从而做出收购、兼并、出售等有关资本运营的重要决策。企业管理者运用价值评估,可以把价值提升作为管理行动的标杆,增强企业价值管理意识,从而提升企业市场价值。因此,企业在进行价值评估和管理过程中应遵循以下基本原则。

(1)客观性和准确性。应该建立在客观和准确的数据基础上。评估和管理过程中的数据收集、分析和处理应该严格遵循科学和可靠的方法,以确保评估结果的准确性和可信度。

(2)综合性和全面性。应该综合考虑企业的各个方面,包括财务指标、市场地位、品牌价值、知识资产、人力资源等。评估和管理过程应该涵盖全面的信息和因素,以确保对企业价值有综合和全面的理解。

(3)长期视角和可持续性。具体而言,长期视角是指企业价值评估与管理应该具备长远性,关注企业的可持续发展。价值评估和管理过程中应该考虑企业的长期战略、竞争优势和未来发展潜力,以确保企业的价值持续增长和可持续发展。

(4)灵活性和适应性。应该同时具备灵活性和适应性,以适应不同行业、企业类型和市场环境的变化。价值评估和管理的方法、工具应该能够被灵活应用,并能随着环境和需求的变化进行及时的调整和优化。

(5)参与性和合作性。应该是一个同时具备参与性和合作性的过程。各级管理层、部门和员工应该积极参与评估和管理过程,共同努力以实现企业的价值目标。此外,与外部利益相关者的合作与沟通也是评估和管理过程的重要组成部分。

(6)持续改进和创新。应该是一个持续改进和创新的过程。评估结果应该作为改进和优化的基础,为寻求提升企业价值的新方法提供依据。

企业价值评估与管理的基本原则为企业提供了指导和框架,帮助企业在评估和管理过程中更加科学和有效地实现企业的价值最大化。评估师在进行评估时,也应该严格遵循这些基本原则。

思考题

(1)企业价值评估在并购中的作用是什么?

(2)传统的企业价值评估方法有哪些局限性?现代方法是如何克服这些局限性的?

(3) 为什么企业价值评估会存在多种不同的结果,即使是对同一家公司的评估?
(4) 企业价值评估的目的是什么?如何确保评估过程的公正性和准确性?

2 企业价值的内涵与重构

企业价值与企业价值评估;企业价值的内涵;企业价值的重构;价值重构与企业内外部变革的互动;企业价值最大化在企业价值评估中的作用。

理解企业价值与企业价值评估之间的关系;认识价值评估在确定企业价值时的重要性和作用;了解企业价值的内涵;掌握企业价值的构成;理解企业的整体价值内涵;掌握影响企业价值重构的各种因素;理解企业价值最大化的概念和重要性;掌握企业价值最大化在企业价值评估中的重要作用。

2.1 企业价值与企业价值评估的关系

企业价值与企业价值评估之间有着密切而复杂的关系。企业价值是一种综合体现,它不仅包括了企业的资产总额,还包含了企业的无形资产,如品牌、商标、企业文化、管理团队、市场份额、客户关系和未来的盈利能力。企业价值评估则是一个专业的、系统的分析和估算过程,其目的在于对企业的市场价值进行客观的衡量。

在市场经济中,企业价值评估的必要性体现在多个方面。首先,它是企业经营决策的重要依据。企业的财务管理目标在于实现企业价值的最大化,而各项经营决策是否能增加企业价值,需通过价值评估来验证。其次,企业价值评估对于投资分析、战略规划、并购重组等经济活动至关重要。当企业进行合资、并购或转卖时,需要对企业整体价值进行评估,以确定交易的合理价格。

企业价值评估还关系到企业在市场中的竞争地位和未来发展。企业价值是通过保持市场竞争力和实现持续发展来实现的,而企业价值评估通过科学的方法,帮助管理人员更好地了解公司的优势和劣势,从而制定出更为精准的发展战略。

在进行企业价值评估时,评估的对象通常是企业的整体经济价值。这个过程不是简单的资产累加,而是对企业的整体素质、无形资产、盈利能力等进行综合考量。此外,由于企业价值与具体的评估目的紧密相关,评估目的的不同可能导致评估结果的差异。

企业价值评估的过程需要遵循相关法律、法规和资产评估准则,评估师需要发挥其专业能力,对企业的价值进行分析、估算,并发表专业意见。由于我国企业的特殊性,企业价值评估不可能完全套用西方模式,需考虑本地市场的特殊性。

企业价值与企业价值评估是互为表里的两个概念。企业价值是评估的基础和目标,评估时必须深入了解企业价值,提升企业的真实价值、创造价值。同时,企业价值评估则是达到这个目标的手段和过程。科学、合理的评估有利于准确把握企业的真实价值,为企业的发展和市场交易提供坚实的依据。

2.2 企业价值的内涵与重构

2.2.1 企业价值的内涵

企业价值是一个多维度的概念,其核心在于持续经营企业的价值。它是动态的,反映了企业未来的盈利能力和成长潜力,与企业在清算时的价值有本质区别。在财务管理学的语境中,企业价值通常被理解为未来可持续自由现金流量的折现值,这个定义虽然在银行投资和金融分析中普遍被使用,但对于企业日常运营而言,可能显得较为抽象。

进一步地,企业的市场价值通常由其内涵价值决定,并且在市场上的买卖价格会围绕这个内涵价值上下波动。内涵价值的决定因素包括但不限于企业的资产、盈利能力、市场地位、品牌价值等。市场价值与账面价值可能存在差异,这种差异反映了市场供需状况、经济预期和投资者心理等因素的综合作用。

特别地,投资价值是将企业价值与投资目标联系起来的一个概念,它关注的是企业对于特定投资者的价值,可能因投资者的不同而有所差异。例如,在企业并购、关联交易或企业改制等场景下,投资价值可能会等于、高于或低于市场价值,这取决于投资者的特定需求和预期。

企业价值的内涵涵盖了企业的财务价值、市场价值和投资价值等多个方面。它不仅仅是一种财务衡量标准,更是一个综合反映企业在市场中地位和未来发展潜力的指标。因此,提升企业价值需要企业管理者从多个角度出发,持续优化企业的运营效率、市场竞争力和投资吸引力。

2.2.2 企业价值的构成

企业价值主要由以下几个方面构成。

(1)企业整体权益价值:指企业作为一个整体所拥有的价值,考虑到了企业的所有资产和负债。企业整体权益价值体现了企业的资产总额与负债总额之间的差额,即企业的净资产价值。

(2)股东全部权益价值:这部分价值关注的是股东对企业的所有权益的价值,也就是股东权益的价值。它代表的是股东在企业中的投资价值,包括股东能够从企业中获得的所有潜在经济利益。

(3)股东部分权益价值:与股东全部权益价值相对,是指单个股东或特定股东群体在企业中所持有的权益价值。

(4)资产的价值:企业的资产包括有形资产和无形资产,如厂房、设备、专利等,资产的价值是企业价值的基础。

(5)盈利的价值:指的是企业通过其运营活动所能够产生的盈利能力,通常通过对未来可持续自由现金流量的预测和折现来估算。

(6)成长的价值:企业的成长性反映了其未来扩展和盈利增长的潜力,这通常与市场机遇、行业地位和创新能力等因素相关。

(7)股权资本价值和债务价值:企业的价值来源于其股权资本和债务的价值。股权资本价值反映了股东的投资价值,而债务价值则涉及借款和其他负债的成本。

(8)投资价值:特定投资者根据企业的特定情况所认定的价值,可能与市场价值相同,也可能高于或低于市场价值。

企业价值以企业的预期自由现金流量为基数,以其加权平均资本成本为贴现率折现的现值,与企业的财务决策、时间价值、风险及持续发展能力密切相关。在管理学领域,企业价值是企业遵循价值规律,通过以价值为核心的管理,使所有企业利益相关者(包括股东、债权人、管理者、普通员工、政府等)均能获得满意回报的体现。企业的市场价值通常由其内涵价值决定,市场价格围绕其内涵价值上下波动。清算价值与持续经营时的企业价值完全不同,企业价值是动态的。企业价值是一个复合的概念,涉及企业的各个方面,包括资产、盈利能力、成长潜力、股东权益以及市场与投资价值等多个维度。

2.2.3 企业整体价值的内涵

企业整体价值是对其持续经营能力的一种综合评估,它涵盖了企业的各个方面,包括但不限于企业的资产、经营方式、管理模式等。整体价值反映了企业能产生的现金流量和获利能力,不仅仅是单一资产的简单累加,而是企业整体素质的体现。企业的各个组成部分对企业整体价值都有贡献,持续经营价值可以根据这些组成部分资产的贡献进行分配(科普兰等,1998)。

企业价值是动态的,与清算价值完全不同,它代表的是企业作为一个持续经营实体的价值,考虑的是未来的获利能力。投资价值则更为特定,它是指企业对于具有明确投资目标的特定投资者或某一类投资者所具有的价值,它可能与市场价值相等,也可能高于或低于市场价值。

在进行企业整体价值评估时,通常会考虑将企业未来的整体获利能力进行折现,以得出评估值。这种评估方式体现了企业的各项活跃因素,与当前基于价格对企业各个单项资产要素进行加总的实体资产购建成本不同,后者仅仅反映了企业的固定因素。

企业的整体价值不仅仅是资产的加总,它是一个多元化、动态的概念,涉及企业的未来收益能力、持续经营能力以及对特定投资者的价值。整体价值的评估综合了企业的管理、市场定位、资产结构等多方面的因素,目的是得出企业作为一个整体的市场价值。

2.2.4 企业的经济价值

经济价值是公平市场价值,通常用该资产所产生的未来现金流量的现值来计量。会计价值是指资产、负债和所有者权益的账面价值;而经济价值是未来现金流量的现值。现时市场价值可能是公平的,也可能是不公平的;而经济价值是公平的市场价格。

经济价值的内涵非常丰富,它不仅包括直接经济价值,也涵盖间接经济价值。直接经济价值通常指的是事物直接的经济效益,而间接经济价值则关联到社会、环境等更为广泛的领域。在企业的语境下,经济价值尤其指给企业所有利益相关者(包括股东、债权人、管理者、员工、政府等)提供回报的能力,是衡量一个企业整体经济效益与影响力的重要维度。

在企业价值评估领域,经常提到一个核心概念:价值恒等式。不同于资产负债表上所体现的会计恒等式"资产=负债+所有者权益",这一价值恒等式关注的是企业在市场中的价值及其构成,即企业的经济价值。价值恒等式中,企业价值特指公司核心资产的运营价值,而非核心资产的价值则单独计算。此外,恒等式中的"负债"并不包含所有债务,而仅仅是指那些具有付息义务的融资性负债。

$$企业价值+富余现金+非经营性资产价值=负债+权益价值$$

企业价值:这部分代表的是核心资产在市场上的运作价值,反映企业主营业务的价值。富余现金:企业流动资金中超出正常经营需要的部分,通常不用于日常运营,因而是可供分配的资金。非经营性资产价值:企业持有的非核心资产的价值,这些资产通常不涉及企业的日常业务活动。负债:在价值恒等式中,主要指的是那些具有付息义务的融资性负债,而不包括企业的经营性负债。权益价值:即股东权益的市场价值,包括普通股和优先股等所有者权益的市场估值。

这个恒等式不仅反映了企业在市场上的总体价值,而且也展示了这个价值是如何在不同的负债和权益之间分配的。它强调的是市场价值而非账面价值,更加注重企业未来创造价值的潜力与能力。经济价值的内涵在企业价值评估中被具体化,并且通过价值恒等式得到了量化的表达。这个恒等式有助于我们更全面和深入地理解企业的市场价值构成,以及如何从市场的角度去评估企业整体的经济效益。

2.2.5 企业价值的重构

企业价值的重构由企业内外环境的变革引起。企业是社会价值的共生体,企业承担的社会责任包括3层,即经济责任(提供产品、创造工作机会、促进经济增长),社会价值(与员工的关系、环保),积极改善社会环境(李志强,2007)。

在当前全球经济与社会日益关注可持续发展、数字化转型和高质量发展的背景下,企业的价值重构显得尤为重要。以下是基于绿色、数字化高质量发展,新质生产力,ESG(Environmental,Social,Governance;环境,社会,公司治理)投资价值观,绿色数字化管理,价值管理者的特征以及企业家精神的重要性构建的企业价值重构的含义与策略。

绿色、数字化高质量发展

(1)环境友好型业务模式:企业需创新和调整其业务模式,减少碳足迹和资源消耗,推动循环经济和清洁生产。

（2）可持续供应链：优化供应链管理，确保从原材料采购到产品交付的全过程都符合环保标准。

（3）数字化转型：通过大数据、人工智能、物联网等技术手段，实现业务流程的全数字化，提高运营效率和决策精准性。

（4）智能制造与服务：引入智能制造技术，提升产品质量和生产灵活性，同时发展数字化服务，提升客户体验。

新质生产力

（1）创新驱动：重视研发投入和技术创新，推动企业产品和服务的高质量发展。

（2）人才发展：培养和引进具备数字化、绿色发展意识和能力的人才，构建高素质的员工队伍。

ESG 投资价值观

（1）环境（E）：企业需在其运营过程中充分考虑环境影响，积极采取措施减少污染和碳排放。

（2）社会（S）：重视社会责任，推动社区发展，确保员工权益，促进多元化和包容性。

（3）治理（G）：优化公司治理结构，提升透明度和问责机制，确保企业经营的规范性和合法性。

绿色数字化管理

（1）数据驱动的环境管理：利用数据分析工具监控和优化企业的环境绩效。

（2）智能化管理系统：引入智能管理系统，实现资源的高效配置和运营的智能化管理。

价值管理者的特征

（1）远见卓识：具备长远的战略视野，能够前瞻性地识别行业趋势和机遇。

（2）责任感强：在追求经济效益的同时，重视环境和社会责任，推动企业可持续发展。

（3）创新与灵活：勇于创新，能够灵活应对市场变化和技术进步。

企业家精神的重要性

（1）冒险精神：具有敢于冒险和开拓创新的精神，推动企业不断突破和成长。

（2）领导力：具备强大的领导能力，能够激励团队共同奋斗，实现企业的战略目标。

（3）社会责任感：不仅关注企业的经济收益，更注重企业对社会和环境的贡献。

实施策略

（1）战略调整和业务模式创新：企业应重新审视其战略方向，结合绿色和数字化发展的趋势，创新业务模式，实现高质量发展。

（2）技术与数字化转型：大力推进技术和数字化转型，提升生产力和运营效率，构建智能制造和服务体系。

（3）ESG 导向的管理实践：将 ESG 理念融入企业管理的各个层面，提升环境、社会和治理绩效，满足利益相关方的期望。

（4）人力资源与文化建设：培养具备绿色发展和数字化能力的人才，营造创新、责任和可持续发展的企业文化。

(5)透明度和治理结构优化：提升企业治理的透明度和规范性，确保企业经营的合法性和合规性。

通过上述策略的实施，企业实现价值重构，提升企业综合竞争力和可持续发展能力，在不断变化的市场环境中立于不败之地。

2.2.6　企业价值重构的影响因素

企业价值重构受多个因素的影响，例如，财务状况、市场竞争环境、企业战略与管理、行业和宏观经济环境等。

(1)企业的财务状况是评估企业价值的重要因素之一。财务指标如收入、利润、现金流等对企业的价值产生直接影响。健康的财务状况通常会提高企业的价值。

(2)企业所处的市场竞争环境对企业价值有显著影响。市场份额、市场增长率、行业地位等因素会影响企业的市场前景和潜在回报，从而影响企业价值。

(3)企业的战略规划和管理能力对企业价值产生重要影响。清晰、可行的战略规划和有效的管理团队能够提高企业的竞争力和盈利能力，从而增加企业的价值。

(4)所处行业的发展状况和宏观经济环境对企业价值产生影响。行业的发展趋势、市场需求、政策法规等因素会影响企业的成长潜力和风险水平，从而影响企业价值。

(5)企业的技术水平和创新能力对企业价值有重要影响。具备先进技术和不断创新的企业能够提升产品或服务的竞争力，增加市场份额和利润，从而提高企业的价值。

(6)企业的品牌价值和声誉对企业价值产生重要影响。知名度高、品牌形象良好的企业通常能够吸引更多的客户和投资者，提高市场地位和企业价值。

(7)法律和政治环境对企业的经营和发展产生影响，进而影响企业的价值。法规变化、政策稳定性、政府支持等因素会直接或间接地影响企业的盈利能力和市场表现。

评估这些因素对企业价值的影响，有助于全面了解企业的价值状况和潜在风险，从而做出更科学的企业决策和投资决策。

2.3　企业价值最大化

企业价值最大化是指企业通过优化资源配置和决策，以实现企业利润的最大化。它是企业经营管理的核心目标之一，旨在确保企业在长期内获得最大的经济回报和财富增长，这意味着企业在追求利润最大化的同时，也应注重企业的长期可持续发展和满足利益相关者的需求。

2.3.1　企业价值最大化的关键

(1)信息质量：评估企业价值的关键是保证信息的准确性、完整性、可信度和及时性。信息的准确性是指所提供的数据或内容是否与事实相符。准确的信息应该基于可靠的数据来源，经过验证和确认后发布，避免发布错误或误导性内容。信息的完整性是指信息是否包含了所需的全部内容。缺乏完整性的信息可能会导致企业价值的不当估值。可信度是指信息的来源是否可靠、可信,以及发布信息的机构或个人是否具有公信力。信息的可信度直接关系到信息被接受和相信的程度。信息的及时性是指信息发布的时间是否符合需求,以便利益相关方及时做出决策。

(2)财务分析:评估企业价值的关键是对企业财务状况进行全面分析,这包括查看企业的资产负债表、利润表和现金流量表等财务报表,以了解企业的资产价值、盈利能力、现金流情况以及企业的经营效率等。此外,通过分析历史数据和市场趋势,财务分析不仅可以用来预测企业的未来成长潜力和收益能力,还有助于识别企业面临的风险和挑战。例如,通过分析负债水平和债务偿还能力,可以评估企业的债务风险。

(3)长期导向:企业价值最大化注重企业的长期发展和持续增长,而非短期盈利。它强调企业的长期竞争优势和可持续性,包括创新能力、客户满意度、品牌价值等。企业需要制定长期战略,以确保价值的持续增长,并在竞争激烈的市场中保持领先地位。

(4)利益相关方考虑:企业价值最大化需要综合考虑各相关方的利益,包括股东、员工、客户、供应商等。企业需要平衡各方利益,实现共赢,并确保其行为符合法律、道德和社会责任的要求。

(5)综合性指标:企业价值最大化不仅仅要关注财务指标,还需要考虑非财务指标,如企业的社会责任、环境影响等。企业应该采用综合性指标来评估和衡量企业的价值创造能力。

2.3.2 企业价值最大化的作用

在企业价值评估中,企业价值最大化扮演着至关重要的角色。它是指企业通过最优的资源配置和决策,使得企业的价值最大化。企业价值最大化的概念提供了一个明确的目标和准则,用以指导企业价值的评估。它强调了企业应该在经营决策中追求利益最大化,并且将股东利益放在首位。这使得企业价值评估不仅仅是对财务指标的测量,更是对企业战略、经营模式和市场环境等诸多因素的综合考量,企业价值最大化在企业价值评估过程中发挥着重要作用,主要体现在以下几个方面。

(1)评估绩效和决策依据:提供了一个评估企业绩效和决策的标准。通过确定企业的价值,管理层可以评估其决策是否有助于增加企业价值。

(2)确定价值创造机会:可以帮助企业确定价值创造的机会和潜在增长点。通过识别和评估不同的市场机会和战略选择,企业可以优化资源配置,专注于那些最有潜力的领域,以实现最大化的价值创造。

(3)优化资源配置:鼓励企业对资源进行有效的分配和利用。通过评估不同业务单元或项目的价值贡献,企业可以优化资源的分配,确保资源被分配到最具价值的领域,提高整体效率和回报率。

(4)激励和回报制度:可以作为一个激励和回报制度的依据。通过将企业的绩效与价值目标相联系,企业可以建立有效的绩效评估和激励机制,以激励员工自发为实现企业价值最大化做出贡献。

(5)评估投资决策:为评估投资决策提供了一个重要的框架。通过对潜在投资项目进行价值评估,企业可以确定哪些项目将为企业创造最大的价值,并做出相应的决策,从而提高投资回报率。

企业价值最大化在企业价值评估中起到了指导和优化的作用。它帮助企业明确目标、优化决策、提高资源利用效率，并为激励和回报制度的制定提供了依据，从而推动企业实现可持续增长，保持长期竞争优势。

(1) 企业价值评估如何帮助企业制定长期发展策略？
(2) 描述企业价值的内涵，并说明为什么单一的财务指标不能全面表示企业价值。
(3) 请解释企业价值构成中各个价值部分的内涵及其关系。
(4) 企业价值重构的含义及其内外互动的影响因素。
(5) 如何平衡企业短期盈利需求与长期价值最大化的矛盾？

3 企业价值管理与重构的特质理念

高质量发展的概念；新质生产力的概念；ESG 投资价值观；绿色数字化管理；价值管理者的特征；企业家精神的重要性。

理解高质量发展的概念和重要性；了解新的发展模式的内涵和特点，掌握新质生产力的概念和构成要素；了解 ESG 投资价值观的内涵和作用；理解绿色数字化管理的重要性和实施路径；掌握价值管理者的基本特征和职责；了解卓越价值管理者应具备的能力和素质；理解价值管理者在企业价值评估中的作用和责任；了解企业家精神的内涵和重要性。

在环境、社会责任、可持续发展，以及数字经济时代背景下，企业价值管理理念正经历深刻变革。这些变革旨在适应新时代的企业价值管理和投资理念，对企业价值和价值评估产生重要的影响，使得现有的企业价值发生重构。

比如以"价值共享"为核心的价值管理理念，确保企业发展与股东、员工、客户、供应商以及社会环境之间的利益平衡。企业应承担更多的社会责任，创造经济效益的同时促进社会效益的提升,体现企业价值的正外部性①。要推动企业从传统的增长模式转变为高质量发展模式,重点关注产品质量、服务质量、管理质量与效率质量的提升,以此来确保企业的长期竞争力和可持续发展。要融合绿色发展理念和数字化技术,促进企业生产经营活动的绿色化和智能化。利用大数据、云计算、人工智能等技术,优化资源配置,减少环境负担,并提高管理效率和透明度(曹裕等,2023;郭丰等,2023)。要将 ESG 融入企业战略规划和运营管理中,推荐加强非财务信息的披露机制,完善生态系统,增加 ESG 投资机构和金融产品,提升 ESG 评价机构的权威性,以此来提高企业的社会责任感和可持续性。在追求世界一流企业的过程中,中国国有企业应将全球化视作重要目标之一,积极参与全球市场竞争,扩大国际影响力,同时充分考虑全球责任,实现经济效益与社会效益的双重提升②。

通过上述新的管理理念,我们可以构建一个既符合时代潮流,又具有国际竞争力的新型企业价值管理框架。该框架不仅能够推动企业的持续成长,而且能够确保企业在追求经济效益的同时,也为社会和环境的可持续发展做出贡献。为此,本章重点介绍对企业价值产生重要影响的价值管理和投资理念。

3.1 高质量发展

高质量发展与企业价值的关系密切,高质量发展可以提高企业的价值。高质量发展要求企业在经济、社会和环境等方面实现可持续发展,这可以促进企业的长期发展和价值创造。企业在实现高质量发展的过程中,需要注重技术创新、提高生产效率、优化产品结构、加强品牌建设等方面的工作,这些都有助于提高企业的市场竞争力和盈利能力,从而提高企业的价值。此外,高质量发展还要求企业履行社会责任,提高企业的社会形象和声誉,这也有助于提高企业的价值。因此,高质量发展对企业的价值有着积极的影响。

高质量发展是全面建设社会主义现代化国家的首要任务,它涉及经济、社会和环境等方面的发展,最终实现可持续发展(张占斌和毕照卿,2022)。高质量发展的实现需要从以下几个方面努力。

(1)构建高水平社会主义市场经济体制:坚持和完善社会主义基本经济制度,发挥市场在资源配置中的决定性作用,更好地发挥政府作用。

(2)建设现代化产业体系:推进新型工业化,加快建设制造强国、质量强国、航天强国、交通强国、网络强国、数字中国。

(3)全面推进乡村振兴:坚持农业农村优先发展,坚持城乡融合发展,畅通城乡要素流动,加快建设农业强国,扎实推动乡村产业、人才、文化、生态等方面的发展。

(4)促进区域协调发展:深入实施区域协调发展战略、区域重大战略、主体功能区战略、新型城镇化战略,优化重大生产力布局,构建优势互补、高质量发展的区域经济布局和国土空间体系。

---

① 姜付秀.企业当在高质量发展上奋勇争先(新论)[N].人民日报,2022-02-14(5).
② 中国宏观经济研究院.在打造世界一流企业基本能力上下功夫[EB/OL].(2021-07-01)[2024-11-15].www.ndrc.gov.cn/xxgk/jd/wsdwhfz/202107/t20210701_1285230.html.

(5)推进高水平对外开放:依托我国超大规模市场优势,以国内大循环吸引全球资源要素,增强国内国际两个市场两种资源联动效应,提升贸易投资合作质量和水平,稳步扩大规则、规制、管理、标准等制度型开放。

3.2 新的发展模式

新的发展模式是指在不同领域中,为应对市场变化和发展难题,探索出新的发展方式和模式。例如,房地产领域正在探索构建新的发展模式,以应对市场变化和发展难题。数字化转型也被视为一种新的发展模式,特别是在推动绿色化、信息聚合和价值重塑方面发挥着重要作用。新的发展模式反映了不同行业在适应变革、提升可持续发展能力方面的努力和创新。因此,新的发展模式在不同领域都具有重要意义,可以推动产业升级和可持续发展。

中国目前进入了新的发展阶段,这一阶段的核心目标是全面建成社会主义现代化强国,向第二个百年奋斗目标进军①。在这个阶段,中国提出了一系列新的发展理念。

(1)创新发展:强调科技创新是引领发展的第一动力,推动经济社会全面创新。

(2)协调发展:注重发展的平衡性和协调性,包括区域间、城乡间以及社会各方面的协调。

(3)绿色发展:推动绿色、循环、低碳发展,实现人与自然的和谐共生。

(4)开放发展:扩大对外开放,推动形成全面开放新格局。

(5)共享发展:坚持以人民为中心,让改革发展成果更多更公平地惠及全体人民。

新的发展模式强调以新发展理念引领发展实践,这些理念在理论和实践上回答了关于发展的目的、动力、方式、路径等一系列问题,并阐明了政治立场、价值导向、发展模式、发展道路等重大政治问题②。同时,中国的现代化道路在全球尚无先例,因为在14多亿人口规模下整体进入现代化,是一项前所未有的挑战。

这些新发展理念之间相互支撑、协同发力,要求在实际工作中,重视整体部署和综合评价,按照新发展理念查找短板弱项,以推动社会主义现代化国家的全面建设。当前,中国的新发展模式正致力于落实这些新发展理念,以实现可持续、全面、平衡的发展目标。

3.3 新质生产力

新质生产力是当前经济社会发展的重要概念,它指的是在技术革命、产业转型升级和创新性配置生产要素的基础上产生的当代先进生产力。具体地,新质生产力以劳动者、劳动资料、劳动对象及其优化组合的质变为核心,以全要素生产率的提升为标志,强调效能的提高和质量的增强③。

与传统生产力相比,新质生产力融合了新的质态要素,具体体现在生产力水平的跃进。它不仅仅是简单的科技进步,而是基于基础科学、前沿技术和颠覆性技术创新的科技革命,这

---

① 秦宣.多维度理解新发展阶段[N].经济日报,2023-11-30(10).
② 刘伟.贯彻新发展理念、更好适应我国社会主要矛盾变化的必然要求[N].人民日报,2024-07-03(9).
③ 习近平经济思想研究中心.新质生产力的内涵特征和发展重点(深入学习贯彻习近平新时代中国特色社会主义思想)[N].人民日报,2024-03-01(9).

些技术创新将极大影响人类的生产、生活和思维方式,并带来深远的社会变革。

要加速发展新质生产力,需要从多个层面进行努力,包括培养新型劳动者队伍、使用新型生产工具、塑造适应新质生产力的生产关系。这意味着要全面提升生产要素的效能,提高配置效率,以促进生产力的发展。

强调整合科技创新资源、引领战略性新兴产业和未来产业的重要性,这是加快形成新质生产力、增强发展新动能的关键途径。新质生产力代表着新技术、新价值、新产业和新动能,对于全面建设社会主义现代化国家具有根本性的推动①。

新质生产力与企业价值之间的关系紧密且复杂。新质生产力,是指融合了全新质态要素的生产力,代表了生产力水平的飞跃,涵盖了基础科学、前沿技术和颠覆性技术的重大创新。这些创新能够根本性地改变生产和生活方式,进而引领经济社会的深刻变革。新质生产力的形成和发展被视为是实现高质量发展和中国式现代化的关键②。

企业价值通常指的是企业在长期发展过程中为所有利益相关方创造的价值。新质生产力通过科技创新,推动战略性新兴产业和未来产业的发展壮大,成为企业提升自身核心竞争力和市场竞争地位的重要途径。科技创新不仅能够直接提升企业的生产效率和产品质量,还能够通过开拓新市场和提供新服务来增加企业的收入来源,从而提升企业的经济价值。

此外,新质生产力还关联到企业社会责任和可持续发展的概念。通过科技创新引领的新型生产方式,企业能够在环境保护、资源节约和社会责任等方面做出积极贡献,这不仅提高了企业的社会形象,也为企业带来了符合可持续发展要求的长期价值。

3.4 ESG:投资价值观

ESG 是一种综合考量企业在环境、社会、公司治理 3 个方面表现的投资理念和价值观。它源自可持续发展和社会责任的概念,旨在指导投资者评估企业的长期价值和风险管理能力③。

环境:这一维度关注企业对自然环境的影响,包括但不限于温室气体排放、资源利用效率、废物处理和生物多样性保护等方面。

社会:这一维度评价企业对社会的贡献和责任,涵盖员工权益、社区互动、产品责任、供应链管理等方面。

公司治理:这一维度则着眼于企业的管理方式和结构,包括董事会构成、管理层薪酬、审计流程、内部控制和股东权利等方面。

ESG 的价值在于,它能够帮助投资者识别和规避潜在的风险,如环境风险、社会舆论风险和治理不善带来的风险。

---

① 人民网.加快形成新质生产力(人民要论)[EB/OL].(2023-11-09)[2024-04-15]. https://baijiahao.baidu.com/s?id=1782037604355565740&wfr=spider&for=pc

② 曾宪奎.「理响中国」新质生产力是我国高质量发展关键所在.中国社会科学网[EB/OL].(2024-03-27)[2024-04-15]. https://baijiahao.baidu.com/s?id=1794642145402030716&wfr=spider&for=pc

③ 李元丽.加快构建中国特色 ESG 体系[N].人民政协报,2022-07-19(5).

企业在开展经营活动时遵循 ESG 理念,并披露相关信息,可以提高企业在投资者中的信誉,有利于吸引长期投资(汪建新,2023)。然而,不同国家和地区的评级机构对 ESG 的理解可能存在差异,这也意味着 ESG 的标准和评价体系尚需进一步统一和完善(陈宏辉和刘梦蝶,2024)。

ESG 是一种重要的投资工具,有助于促进企业的可持续发展,并为投资者提供更全面的风险评估依据。随着社会对可持续发展的关注日益增加,ESG 将继续在全球投资领域扮演重要角色。

3.4.1 ESG 产生的历史沿革

ESG 的概念源自社会责任型投资(Socially Responsible Investing,简称 SRI),其理念可以追溯到 2000 多年前基于宗教和道德标准的投资行为①。20 世纪 60—70 年代,美国的民权运动、反战运动、种族平等和环境运动等社会变革事件对 SRI 理念产生了深远影响,推动了社会责任投资的发展。随着时间的推移,社会责任投资由最初的道德层面逐步转向更为策略性的投资层面。

随着 ESG 理念的不断发展和完善,与 ESG 相关的监管、实践、信息披露、评级、认证、咨询、投资和融资等活动相互促进和融合,逐步形成了一个完整的生态系统,各类机构在其中扮演着更细化的分工角色(钱依森等,2023)。相关机构在 ESG 的评价与研究中,应当加强与国际通用标准的接轨,并将评价结果有效反映到估值体系中,为全球投资者提供高质量的 ESG 投资研究报告。

全球有近 4000 家投资机构加入了联合国责任投资原则组织(United Nations-Supported Principles for Responsible Investment,简称 UN PRI),投资机构遍布 60 多个国家,资产超过 120 万亿美元,显示了 ESG 在全球范围内的广泛参与和影响力。

未来,随着各类工具和平台的引入,ESG 的披露和实践将趋向专业化,其广度和深度都将有所拓展,从而在全球范围内推动经济价值与社会价值的内在统一,对社会可持续发展产生积极影响。

3.4.2 ESG 在美国的实施情况

ESG 是衡量公司在可持续性和社会影响方面表现的一种标准,ESG 在美国的实施情况可以概括为以下几个方面。

(1)企业自愿性行动:美国许多企业已经自愿采取行动,以提高企业 ESG 表现。这些公司通常认为,良好的 ESG 表现可以帮助他们管理风险,吸引投资者,提高品牌价值,并满足其利益相关者的期望。企业会发布可持续性报告,设定减排目标,投资研究可持续技术,或采取措施改善社会责任。

(2)投资者压力:机构投资者,如养老基金、共同基金和保险公司越来越多地将 ESG 因素

---

① 新浪财经.ESG 投资系列:ESG 的兴起、现状与展望[EB/OL].(2021-09-07)[2024-11-16]. https://finance.sina.com.cn/esg/investment/2021-09-07/doc-iktzqtyt4511765.shtml.

纳入投资决策。投资者可能会要求企业披露相关的ESG信息,以评估企业潜在的长期投资风险和机会。

(3)法规要求:美国证券交易委员会(United States Securities and Exchange Commission,简称SEC)计划加强对上市公司ESG披露的要求,特别是与气候风险相关的披露。这可能包括要求企业披露其业务对气候变化的影响,以及气候变化对其业务的影响①。

(4)社会和消费者需求:消费者和公众对企业的社会责任和环境影响越来越关注。这促使企业在产品和服务设计、供应链管理等方面采取ESG原则。

(5)金融产品和服务:在金融服务行业,ESG相关的金融产品和服务正在增长,包括绿色债券、可持续性挂钩贷款、ESG投资基金等。

(6)政策和政治因素:美国的ESG政策在不同政府任期间可能发生变化。例如,在拜登政府期间,联邦政府强调了对气候变化行动的支持,并推动了相关的政策和监管发展,这影响了ESG的实施。

然而,ESG在美国的实施也面临挑战。一些批评者认为ESG标准缺乏统一性,难以比较和衡量。另外,存在ESG投资可能损害投资回报的争论。政治立场差异也可能导致关于ESG监管和政策的不一致性。

需要注意的是,这个领域是迅速发展的,因此,随着时间的推移,ESG的实施情况和相关法规可能会有所变化。

美国ESG的实施情况体现在几个关键方面。

第一,在政策法规方面,美国的ESG政策法规随着市场的发育日渐完善,要求也趋于严格。近年来,美国加速了ESG政策法规的制定和出台,确保这一领域的发展步入快车道。不同于欧洲市场ESG政策法规的先行,美国的ESG发展首先表现为资本市场对ESG的追捧,政策法规随后相伴而来②。

第二,在金融产品和服务方面,美国的ESG投资市场形成了较为完整的产业链和价值链,涌现出众多不同类型的投资者和各类ESG产品。同时,市场中也诞生了一批专业成熟的ESG评级机构、指数机构和服务中介机构。

第三,在市场驱动力方面,美国拥有较为开放的金融体系,市场自发的驱动力对ESG的发展起到了决定性作用。许多投资机构,包括大型养老金机构和洛克菲勒基金会等,自发推动可持续金融投资,这种自发性的驱动力早于监管机构(如证券交易委员会等)相关政策的出台。

第四,在信息披露方面,美国金融机构在ESG信息披露方面处于前沿地位。美国证券交易委员会(SEC)、纽约证券交易所及纳斯达克交易所是该领域的主要监管机构。上市公司需

---

① 德勤. SEC气候信息披露与鉴证:在美上市公司应作何准备?[EB/OL]. [2025-04-15]. https://www2.deloitte.com/cn/zh/pages/risk/articles/sec-climate-disclosure-and-assurance.html.

② 社投盟. 全球ESG政策法规研究-美国篇[EB/OL]. (2020-06-09)[2024-09-15]. https://finance.sina.com.cn/esg/sr/2020-06-08/doc-iirczymk5884117.shtml.

满足这些机构对ESG或可持续信息披露的法规和文件要求[①]。

在此基础上,可以看出美国的ESG实施情况是多方位、多层次的,涵盖了政策法规完善、金融产品和服务发展、市场驱动力的自发性和信息披露的规范性等各个方面。

3.5 绿色数字化管理

绿色数字化管理是指在数字化转型过程中,积极采用绿色技术创新,以降低碳排放、节能减排为目标,推动企业实施绿色决策,提高企业的ESG责任表现。这种管理方式依赖绿色技术创新,能够提升企业履行环境和社会责任的能力,实现信息聚合和价值重塑,推动企业生态环境管理信息化,从而对企业的ESG责任表现和社会责任感产生积极影响(曹裕等,2023;郭丰等,2023)。

绿色数字化管理的内容涵盖以下几个方面:绿色低碳转型,绿色技术创新,环境和社会责任的履行能力,信息聚合和价值重塑,以及数字化技术对生态环境管理的影响。绿色数字化管理对企业的价值影响包括:

(1)ESG责任表现提升。能够借助绿色技术创新,推动企业成长,助力企业履行更多的社会责任,提高企业的ESG责任表现。

(2)生态环境管理信息化。为企业生态环境管理信息化带来机遇,通过绿色技术创新,企业能够及时跟进生态环境数据,推动企业实施绿色决策,做出更好的ESG表现,助力生态文明经济高质量发展。

(3)提高企业服务水平。会进一步带动企业服务水平的提高,有助于企业履行更多的社会责任,提高企业信息的透明度,加强员工培训、细化供应链管理,强化生产经营活动各环节的安全性,提高员工的社会责任感。

这些方面的影响表明,绿色数字化管理不仅有助于企业提升ESG责任表现,还能推动企业实施绿色决策,助力生态文明经济高质量发展,提高企业的社会责任感和服务水平(胡洁等,2023;王应欢和郭永祯,2023)。

绿色数字化管理的具体实施方式包括但不限于以下几点。

(1)利用数字化技术建立ESG数据管理体系,以推动企业进入"数据"阶段,从而提高企业的ESG责任表现。

(2)绿色技术创新是绿色数字化管理的关键方向之一,通过绿色技术创新,企业能够降低碳排放、节能减排,提高环境和社会责任的履行能力(靳毓等,2022)。

(3)信息聚合和价值重塑是绿色数字化管理的实质,数字化技术可以帮助企业实现信息聚合和价值重塑,推动企业生态环境管理信息化,从而提升企业的ESG责任表现。

(4)加快数字基础设施的绿色转型,通过促进节能、提高能源效率来减少碳排放,特别是数据中心的转型,是绿色数字化管理的重要步骤之一。

---

① 德勤.聚焦美国证券交易委员会(SEC)气候信息披露新规——解读新规关键变化和应对策略[EB/OL].(2024-03-11)[2024-09-15].https://www2.deloitte.com/cn/zh/pages/audit/articles/sec-adopts-new-climate-disclosure-rules.html.

绿色数字化管理的具体实施方式涵盖了利用数字化技术建立 ESG 数据管理体系、绿色技术创新、信息聚合和价值重塑，以及加快数字基础设施的绿色转型等方面。

3.6 价值管理者

3.6.1 价值管理者的概念

价值管理者是指在组织中负责管理和实施价值导向策略的管理层，他们关注企业的核心价值观，并将其融入战略、决策和行动中。价值管理者的职责是推动组织实现长期增长和价值创造，他们的目标是推动组织实现长期的价值创造和可持续发展。在企业价值评估中，价值管理者起着至关重要的作用，他们是推动组织实现长期增长和价值创造的关键力量（科勒等，2007）。

3.6.2 卓越价值管理者的特征

（1）战略导向：具备战略思维和导向，能够将企业的长期目标和价值导向与战略规划相结合。

（2）责任心：对企业的整体价值创造负有责任，并致力于优化资源配置和业务流程，以实现更高效的价值链和价值网络。

（3）领导能力：具备优秀的领导能力，能够激励和影响团队成员，并引导他们朝着共同的价值目标努力。

（4）分析能力：具备分析和解读数据的能力，能够通过财务指标、市场数据等来评估企业的绩效和潜在的价值创造能力。

（5）文化引领：作为文化引领者，往往能够塑造和传播具有价值导向的企业文化，将核心价值观融入组织的日常工作中。

（6）敏锐洞察：对市场趋势、竞争环境和业务机会保持敏锐的洞察力，以适应各种变化并在其中寻求新的价值创造机会。

3.6.3 价值管理者理论的发展沿革

（1）企业伦理学的兴起。20 世纪 60 年代和 70 年代，企业伦理学开始引起关注，研究者开始探讨组织和管理在社会和道德层面的责任。诸如亚伯拉罕·马斯洛（2013）和 Drucker（1977）等学者强调了价值导向的管理和企业伦理的重要性。

（2）创造共享价值理论。迈克尔·波特（2014）在 20 世纪 80 年代末提出了"创造共享价值"的理论，主张企业应该同时追求经济利润和社会价值。他认为价值管理者应该考虑利益相关者的需求，并通过创新和协作实现可持续的商业成功。

（3）价值驱动型管理的兴起。20 世纪 90 年代，价值驱动型管理成为管理领域的一个重要概念。该理论强调企业应该通过关注价值创造和资本配置，优化股东价值并提高绩效。价值驱动型管理的核心观点是将价值观和目标与战略规划、绩效评估和激励机制相结合（巴雷特，2008）。

(4)可持续发展和环境责任。进入21世纪,可持续发展和环境责任成为价值管理者理论中的重要议题。组织越来越关注如何在经济活动中平衡经济利益、环境保护和社会责任。管理学者和从业者开始探讨如何将ESG因素纳入企业的价值管理和决策中(李诗和黄世忠,2022)。

(5)价值管理者的领导力与影响力。管理学者开始关注价值管理者作为领导者的角色,并探索他们如何通过领导行为和组织文化来塑造企业的价值观和行为准则。

价值管理者理论的发展经历了从关注企业伦理和创造共享价值,到强调价值驱动型管理和可持续发展,再到关注价值管理者的领导力和影响力的演变过程。这些理论和概念的发展为组织提供了更加全面和综合的框架,以实现在经济、社会和环境层面的可持续价值创造。

3.6.4 价值管理者的重要作用

(1)定义和明确价值指标:负责与高层管理层合作,确保价值指标的明确定义和共识,以便能够准确衡量企业的价值创造和增长。价值管理者参与制定指标的选择过程,确保这些指标与企业的战略目标、核心价值观和利益相关者的期望相符。

(2)分析和解读数据:不仅要收集和整理与企业价值相关的数据,还需深入分析和解读这些数据,以获得对企业价值创造的全面理解。他们运用财务指标、市场数据、客户反馈等多维度的数据,以识别趋势,发现机会和挑战,从而支持决策和行动。

(3)评估和监测绩效:不仅要关注企业整体绩效,还需注重对各个层面和部门的绩效进行评估和监测。他们通过建立绩效评估指标和绩效管理体系,跟踪和评估关键绩效指标的表现,并及时识别潜在的问题,发现改进的机会。

(4)指导战略规划:在制订战略规划过程中发挥关键作用,与高层管理层紧密合作,确保战略规划与企业的核心价值观和长期增长目标一致。他们帮助企业明确战略规划的关键要素,如目标设定、资源分配、市场定位和竞争策略,以实现企业的价值创造和增长。

(5)促进价值创造:与各个部门和团队合作,促进组织内外的价值创造。他们鼓励创新和协作,推动业务流程的优化和效率的提升,以提高企业的价值链和价值网络的整体效益。

(6)引领文化转变:作为文化引领者,努力塑造和传播价值导向的企业文化。他们通过制定明确的行为准则、推行价值观培训、营造积极的工作环境等方式,影响和激励员工将核心价值观融入日常工作中。

(7)领导价值驱动型决策:在决策过程中注重价值创造,并将企业的核心价值观纳入考量。他们运用价值驱动型决策模型和方法,综合考虑财务、市场、社会和环境等因素,制定明智的决策并推动组织朝着符合价值导向的方向发展。

通过价值管理者在定义价值指标、分析数据、评估绩效、指导战略规划、促进价值创造、引领文化转变和领导价值驱动型决策等方面的作用,企业能够更好地评估、管理价值创造和增长的过程。价值管理者的参与和贡献帮助企业在竞争激烈的市场环境中保持竞争优势,并实现长期的可持续发展。

3.7 企业家精神

价值创造管理要求管理者采取与许多其他管理者迥然不同的管理方式。价值管理者是一类特殊的职业,他们关心的不是回报的季度变化,而是长期的现金流。价值管理者对商业的判断靠的是回报是否高于机会成本,而不是靠规模、声誉或其他感情上的因素。最重要的是,价值管理者相信,价值管理就是要在整个组织中建立一种价值创造的理念①。

为达到这个目的,价值管理者不仅需要将价值作为公司的整体战略目标(包括确定公司的业务组合、明确重大的战略举措和确定价值创造目标),而且必须确保公司的日常流程都与价值创造保持一致。这些流程包括规划、绩效管理、薪酬体系和与投资者沟通。

管理者所具备的企业家精神往往决定了企业发展的高度与长远眼光,是推动企业发展和创造价值的重要驱动力。巴菲特对优秀管理层高度关注,几乎可以算得上一票否决,除了专业能力,他十分看重经理人的绝对诚信以及合理配置资金的能力。不管企业看起来多么优秀,如果管理层不诚信,就必须一票否决。因为长期来看,如果管理层不诚信,总有一天会走"歪门邪道",致使企业经营走下坡路,让投资者对企业的判断出现失误,投资受到损失(陆晔飞,2017)。因此在企业价值评估的过程中,应当充分考虑企业的价值理念、企业文化。

3.7.1 企业家精神内涵

企业家精神是指具备创新、冒险和承担风险的能力和精神,它是企业家所具备的重要品质和态度。企业家精神包括以下几个关键因素②。

(1)创新意识:企业家们不满足于现状,他们寻求创新的方式来改进产品、服务或业务模式,以满足市场需求并获得竞争优势。他们能够看到机会并勇于尝试新的理念和方法。

(2)冒险精神:企业家们愿意面对不确定性和风险,并且具备从失败中学习和迅速调整的能力。他们勇于挑战传统观念,尝试新的商业模式和市场机会,为自己和企业带来长期的成功。

(3)具备创业意愿:创业者有着强烈的渴望创造自己的企业,实现自己的梦想。他们有独特的愿景和目标,并愿意承担起实现这些目标的责任和义务。

(4)坚持不懈:创业道路上会遇到各种挑战和困难,但企业家们具备毅力和决心,能够克服困难并保持前进,直至成功。他们相信自己的愿景和价值,并且不断努力去实现。

(5)领导才能:企业家们有良好的人际关系技巧和团队合作能力,能够激励和引导团队成员为共同的目标而努力。他们能够做出艰难的决策,并在变化不断的商业环境中有效地管理和领导企业。

---

① 魏杰. 价值管理者[EB/OL]. (2016-09-02)[2024-09-15]. https://www.jiangshi99.com/article/content/21658.html.

② 习近平. 在企业家座谈会上的讲话[EB/OL]. (2020-07-21)[2024-11-15]. http://politics.people.com.cn/n1/2020/0721/c1024-31792296.html.

企业家精神是创业成功的重要基础之一。它不仅能够推动个体的事业发展,还对整个社会经济的创新和发展产生积极的影响①。

3.7.2 企业家精神的重要性

良好的企业家精神在企业价值创造过程中对企业的发展和成功起到了至关重要的作用(张志学,2021),主要体现在以下几个方面。

(1)创新与机会发现:使企业家具备了敏锐的市场洞察力和创新能力。他们能够发现市场中的机会,抓住变革中的挑战,并通过创新来满足市场需求;推动企业不断进行产品、技术和管理等方面的创新,使企业能够在激烈的竞争中取得优势。

(2)冒险与承担风险:鼓励企业家愿意承担风险并迎接挑战。创业本身就是一种冒险,而企业家精神使得企业家能够勇敢地面对风险并做出决策。企业家们敢于冒险,就更容易在市场中获得机会,实现成功。

(3)资源整合与管理能力:使企业家具备了良好的资源整合和管理能力。他们能够有效地整合内外部资源,包括人力、财务、技术等方面的资源,使其相互协调和优化利用,从而提高企业的竞争力和效益。

(4)创造就业机会与经济增长:促进了创业活动的开展,并带动了就业机会的创造和经济的增长。创业者通过开展新的企业活动,为社会提供就业机会,促进了劳动力的流动和经济的发展。

企业家精神在企业价值创造过程中至关重要。它推动了创新和机会发现,鼓励冒险和承担风险,提升了资源整合和管理能力,同时也带动了就业机会的创造和经济的增长。企业家精神是企业成功的重要因素之一,对于企业的长期发展具有不可替代的作用②。

思考题

(1)新质生产力如何影响企业价值?
(2)ESG 理念如何影响企业价值?
(3)绿色数字化管理如何影响企业价值?
(4)价值管理者如何影响企业价值?
(5)企业家精神如何影响企业价值?

---

① 习近平.激发市场主体活力弘扬企业家精神推动企业发挥更大作用实现更大发展[EB/OL].(2020-07-21)[2024-11-15].www.qstheory.cn/yaowen/2020-07/21/c_1126267590.htm.
② 何平.新时代的企业家精神[N].中国纪检监察报,2020-07-30(7).

4 企业价值与数据资产

数据资产的概念;数据资产的价值;第四张报表2.0与企业数据资产的关系。

了解数据资产的概念和特点;掌握数据资产在企业中的重要价值;理解数据资产价值评估的方法和技术;掌握数据资产价值评估体系的核心计算公式;了解数据资产价值评估过程中需要考虑的因素。

4.1 数据资产的概念

数据资产是指企业或组织拥有或控制的能够带来经济利益的数据资源。这些数据资源可以是以物理或电子形式记录的文件资料、电子数据等。数据资产的价值体现在它们能够为企业创造价值,比如通过提供决策支持、增强客户体验、提高运营效率等方式[①]。

随着大数据和人工智能的快速发展,数据已经成为了一种新的经济"资产类别",不仅为科学创新提供支持,而且能够直接创造财富。数据的流动和运行在经济规模上产生了显著的影响。

要有效管理数据资产,首先需要明确数据权属。分割原理将数据产权分为数据公有产权和数据私有产权,并在确权时平衡各方权益。对于公共数据,强调集体权益和共享收益的最大化;对于原始数据,强化个人信息的隐私保护;对于企业附加值后的衍生数据,则突出利益保护。

在实际的业务场景中,数据资产的变现是一个重要议题。企业需要利用数据进行分析、挖掘或者构建推荐系统等,以此来实现数据的经济价值。例如,通过广告赚取的收入中,数据所贡献的价值是数据资产变现的典型体现。正确的做法是在使用数据的同时,也要充分体现数据的价值。

数据资产的价值不仅在于当前的使用,更在于长远的战略规划和决策支持。正确管理和变现数据资产是当代企业面临的重要任务。

---

① 奇璞智.数据资产与数据资源:范围、分类和核算框架[EB/OL].(2024-08-02)[2024-11-15]. https://kms.qipuai.com/doc/4985.html.

4.2 数据资产的价值

数据资产的价值可以在多个方面体现,包括但不限于决策支持、风险管理、运营效率提升、客户体验优化、产品创新和竞争优势等。评估数据资产的价值需要综合考虑数据的质量、完整性、唯一性、相关性、可用性和时效性等多种因素。

4.2.1 数据资产的价值体现

(1)内在价值:数据自身的质量和实用性,如准确性、完整性和时效性。
(2)成本价值:创建、加工、存储和维护数据所产生的直接成本和间接成本。
(3)经济价值:数据在使用过程中能够带来的经济收益,如提升效率、降低成本、增加收入等。
(4)市场价值:数据在市场交易中的价值,受市场需求、供给和数据的独特性等因素的影响。

4.2.2 数据资产价值评估方法

(1)成本法:根据数据资产的获取成本、加工成本以及运维成本计算其价值。
(2)收益法:预测数据资产在未来能够带来的收益,并以此为基础估算其价值。
(3)市场法:通过比较市场上类似数据资产的交易价格来评估数据资产的价值。

4.2.3 数据资产价值评估过程中的考虑因素

(1)数据资产的非实体性和可复制性对评估方法的选择有着重要影响。
(2)数据资产价值评估的主观性和不确定性问题,评估结果可能因方法和假设不同而有所差异。
(3)市场环境、行业性质和数据本身的特点也是评估中需要考虑的重要因素。

4.2.4 数据资产价值评估体系的核心计算公式

(1)内在价值:内在价值=数据质量评分+服务质量评分+使用频度评分×数据规模
(2)成本价值:成本价值=获取成本+加工成本+运维成本

数据资产的价值评估是一项复杂的工作,不仅需要专业的方法和工具,还需要深入了解数据的使用环境和业务背景。研究者提出的以上的评估方法和公式为数据资产价值评估提供了基础框架和参考,但在实际操作中,还需要根据具体情况做出调整和优化。

4.2.5 数据资产对企业价值评估的影响

数据资产对企业价值评估方法的影响体现在:数据资产的价值评估需要依据数据的收益潜力和相关风险来综合考量,这意味着传统的资产评估模型需要做出相应的调整以适应数据资产的特点。数据资产的价值评估方法主要包括成本法、收益法和市场法,以及这些基本方法的衍生方法。因此,在企业价值评估时,需要选择合适的方法或多种方法相结合来确保评估的准确性。

企业在进行价值评估时必须考虑到数据资产评估的主观性和不确定性,以及数据质量、完整性和价值预测的假设等因素可能引入的偏差。数据资产具有不同于传统资产的特性,即非实体性、依托型、非竞争性、非排他性、可加工性、可共享性、非消耗性和价值易变性等特征,导致在对数据资产估值时会对评估对象造成影响。因数据资产成本与价值差异较大而使成本法难以适用,价值易变而使收益法缺乏评估标准,缺乏活跃的交易市场而使市场法缺少有效参考,因此,传统资产估值方法对数据资产并不完全适用①。此外,数据资产的价值受到市场环境、行业性质和数据本身特性的影响,因此在评估过程中需要考虑这些外部条件。

为了推动数据要素市场化配置,数据资产评估标准的统一性非常重要,它可以保障数据要素有序流通和价值挖掘②。企业在进行价值评估时需关注这些标准,以确保数据资产评估的合理性和准确性。

具体到评估体系,可以从内在价值、成本价值、经济价值、市场价值4个维度来构建数据资产的价值评估体系。内在价值计算公式结合了数据质量、服务质量、使用频度和数据规模4个因素;成本价值则涉及获取、加工、运维、管理以及风险成本;经济价值和市场价值的计算则更加关注数据资产的市场潜力和实际交易情况。

在此基础上,数据资产对企业价值评估的影响还表现在评估过程的复杂性和动态性上。由于数据资产的特性和市场环境的变化,企业需要定期重新评估数据资产的价值,并据此调整其商业策略和决策过程。

在考虑数据资产对企业价值评估的影响时,企业必须综合运用这些价值维度和计算公式,并考虑市场环境和行业动态得出最准确的数据资产价值。

微案例

案例 1

一家大型零售公司希望通过数据资产来提高销售额和客户满意度。该公司拥有大量的数据,包括客户购买记录、产品库存、广告活动数据等。然而,这些数据分散在不同的系统中,难以整合和利用。

为了解决这个问题,该公司决定实施数据资产管理系统。该系统将数据集中存储在一个地方,并提供统一的访问接口。这样,公司就可以方便地将数据用于各种分析和决策。

实施数据资产管理系统后,该公司获得了以下收益:①销售额提高了 10%;②客户满意度提高了 15%;③运营成本降低了 15%;④风险管理得到改善;⑤决策速度加快。

---

① 李晓冬,臧俊恒,张敏. 加快构建数据资产估值体系赋能数字经济发展[EB/OL]. (2023-11-16)[2024-11-15]. http://www.jjckb.cn/2023-11/16/c_1310750726.htm.

② 任心怡. 统一数据资产评估标准助力数字经济发展[EB/OL]. (2022-09-02)[2024-11-15]. www.gmw.cn/xueshu/2022-09/02/content_35998243.htm.

关键点

（1）数据资产是企业的重要资产，可以带来巨大的商业价值。

（2）数据资产管理系统可以帮助企业整合和利用数据资产，从而提高销售额、客户满意度、运营效率和风险管理水平。

（3）数据资产管理系统对于企业来说是一项重要的投资，可以带来长期的回报。

思考题

（1）数据资产是如何为企业带来巨大的商业价值？

（2）数据资产对企业的哪些业务活动带来了改善？是如何改善的？

案例2：拼多多的数据资产管理

拼多多在销售数据资产管理方面有以下独特的商业逻辑和模式。

（1）数字资产管理平台（DMP）：拼多多提供了一个数字资产管理平台（DMP），用于管理、整合和分析大量消费者数据。通过丰富的人群标签和灵活的打包方式，用户可以自定义专属的人群包，用于定向投放广告和推广活动，实现精准的市场定位和个性化营销策略。这种数据资产管理方案可以帮助企业更好地理解和利用目标受众[①]。

（2）社交电商模式：拼多多的模式基于社交电商，任何人都可以发起团购并动员身边的人购买。这种模式下，用户的参与感很强，任何人都能发出自己的声音，成为一个关键意见领袖（KOL）。基于熟人社交的电商模式解决了信任的问题，并通过用户之间的分享和裂变来获得新用户[②]。

拼多多通过数字资产管理平台和社交电商模式，实现了数据资产的有效管理和利用，以及用户参与感的提升。这些独特的商业逻辑和模式在拼多多的成功中起到了关键作用。

拼多多的数据资产管理是一个系统化的过程，旨在有效地组织、管理和利用企业的数据资产。下面列举了一些拼多多的数据资产管理的最佳实践。

（1）数据资产的识别和分类：拼多多首先需要识别和分类其拥有的数据资产，包括结构化数据（如交易记录、用户行为数据等）和非结构化数据（如文本、图像、视频等）。

（2）数据资产的治理：拼多多需要建立数据资产治理框架，确保数据资产的质量、安全性和合规性。这包括数据资产的访问控制、数据资产的使用规范、数据资产的备份和恢复等。

（3）数据资产的存储管理：拼多多需要选择合适的数据存储技术和平台来存储和管理其数据资产。这包括数据存储的容量、性能、安全性、成本等方面。

（4）数据资产的访问与共享：拼多多需要建立数据资产的访问控制机制，确保只有授权人员才能访问和使用数据资产。同时，拼多多也需要建立数据资产共享机制，以便不同部门和团队能够共享数据资产。

---

① 甩手网.拼多多「DMP 数据资产管理」全新升级,让你更懂消费者[EB/OL].(2023-02-28)[2024-11-15]. https://baijiahao.baidu.com/s? id=1759056486917922578.

② 张威 Gavin.一路狂奔上市的"黑马",从拼多多看社交电商模式的未来[EB/OL].(2018-07-06)[2024-11-15]. https://www.jiemian.com/article/2289717.html.

(5)数据资产的分析与利用：拼多多需要对数据资产进行分析和挖掘，以提取有价值的信息和洞察力。这包括数据分析、机器学习、人工智能等方面的技术和工具。

(6)数据资产的质量管理：拼多多需要对数据资产的质量进行管理，以确保数据资产的准确性、完整性和一致性。这包括数据清洗、数据验证、数据标准化等方面的流程和工具。

(7)数据资产的生命周期管理：拼多多需要对数据资产的生命周期进行管理，包括数据资产的创建、使用、存储、归档和销毁等。这包括数据资产的生命周期管理政策、流程和工具。

通过实施这些数据资产管理的最佳实践，拼多多可以有效地组织、管理和利用其数据资产，从而提高企业的数据资产价值，并为企业创造更多的业务价值。

搜集与讨论

(1)华为的数据资产特点及价值。
(2)京东的数据资产特点及价值。
(3)腾讯的数据资产特点及价值。

思考题

(1)如何对企业的数据资产进行管理来提升企业的价值？
(2)企业因数据资产的使用，对企业带来了哪些商机？
(3)请分析数据资产的风险有哪些？如何进行防范？

5 企业价值评估方法

本章要点

企业价值评估的方法；会计信息、会计分析与企业价值评估方法。

学习目标

理解不同的企业价值评估方法，包括但不限于折现现金流量法（DCF）、市场比较法、资产基础法等；掌握各种评估方法的基本原理和应用场景，以及在实际情境中的优缺点，能够根据企业的业务模式、行业特性和财务状况选择合适的评估方法，并运用相应的工具和技术进行分析和计算；理解科技企业和传统企业在价值评估中的差异，以及如何考虑和应对高增长、高风险等特征；通过案例分析和实践操作，加深对企业价值评估方法的理解和应用能力，为投资决策、并购交易等提供有力支持。

企业价值评估是一个多元化、复杂的过程，它不能简单地套用一个固定模式，企业价值评估涉及企业的整体素质，不仅仅是资产的简单累加。评估方法主要包括成本法、市场法和收益法。

企业价值的实现是通过在市场中保持竞争力和实现持续发展来达成的，评估时需要综合考虑企业未来的经济收益能力。在企业并购和外来投资的过程中，对目标企业进行合理的价值评估是非常重要的一环，合适的评估方法是保证评估准确性的前提。

在实际操作中，应选择适合企业实际情况的评估方法，考虑方法的基本原理、适用范围及局限性，进行综合分析和总结。

5.1　企业价值评估的方法

目前我国常用的企业价值评估方法有成本法、市场法、收益法、综合指标法、经济增加值法这5种方法，企业可以根据自身情况选择合适的方法进行评估。

5.1.1　成本法

成本法是通过客观地评估企业的整体资产和负债，以被评估企业的资产负债表为基准来确定被估价企业的价值，这种方法亦称为资产基础法或者加和法。成本法的原理是从买方的角度估算重新购置与被评估资产相似或相同的全新资产所支付的费用。使用成本法时，首先要根据现有市场条件估算重新购置相同资产所需要的全部费用，然后减除各种贬值，包括物理损耗引起的实体性贬值、技术进步带来的功能性贬值、外部环境变化产生的经济性贬值。这种方法适用于资产密集型企业，如房地产、采矿等。

成本法在企业价值评估运用中以企业资产负债表历史成本为基础，分别计算企业各单项资产的重置成本，再减去对应的各种贬值得到各个单项资产的重估价值。从卖方的角度来看，成本法的理论依据是生产费用价值论，以房地产行业为例，即房地产的价格是基于其"生产费用"，重在过去的投入。具体一点讲，是卖方愿意接受的最低价格，不能低于卖方为开发建造该房地产已花费的代价，如果低于该代价，卖方就要亏本。从买方的角度来看，成本法的理论依据是替代原理，即买方愿意支付的最高价格，不能高于买方所预计的重新开发建造该房地产所需花费的代价，如果高于该代价，买方还不如自己开发建造（或者委托另外的人开发建造）。例如，当该房地产为土地与建筑物合成体的房地时，买方在确定购买价格时通常会这样考虑：如果自己另外购买一块相当的土地，它的现时价格是多少，然后在该块土地上建造类似的建筑物，它的现时费用又是多少，此两者之和即为自己愿意支付的最高价格。如果所购买的房地中的建筑物是旧的，自然还要考虑建筑物的折旧，即还要减价。

成本法应用简便，对评估人员的能力要求不高，各项资产的评估结果易于检测，且与我国企业现实情况相符，所以成本法目前是我国企业价值评估中最主要的评估方法。然而现实中，企业的整体获利能力并非是各单项资产价值的总和，尽管是由单项资产组成，企业的获利能力也是通过有效配置之后才出现的。一旦使用成本法来进行评估，评估所得价值也只是各单项资产的价值简单相加汇总，成本法的估算含混了企业整体资产与单项资产二者当中的区别。由于使用成本法的现实性,资产负债表作为估值依据,但受限于会计核算原则,企业的表外资产就很难被完全体现出来。从资产评估师的角度来看,对企业受益有贡献的所有有形、无形资产和负债都应该体现在企业的价值上。因此,在使用成本法对企业并购价值进行计算时,是很难对资产的经济性贬值进行全面估算的。

5.1.2 市场法

市场法,顾名思义是参考市场上已有交易案例的企业、股权等进行对比,通过与参考对象的比例关系,得到被评估企业的价值。该方法的理论前提是相似的企业一定会有相似的价格。市场法中一般使用的方法有参考企业比较法、并购案例比较法和市盈率法。市场法根据市场上类似企业的市场价值来评估企业的价值。这种方法通常适用于市场竞争激烈的企业,如零售、餐饮等。

市场法以价格形成的替代原理为基础,选择近期市场上相类似资产的交易价格通过直接比较或者类比分析进行价值评估。市场法的原理决定了它的使用前提:一是必须要有一个活跃的公开市场才能找到参照物;二是参照物及被评估资产相关的指标、参数、价格等能够计量并且可以搜集到。市场法在企业价值评估中通常用可比企业基本财务比率乘以目标企业相关指标作为评估值。常用的基本财务比率有市盈率、市净率、市销率。

市场法是利用可比公司的市场倍数对目标公司进行估值的方法。可比公司的选取要综合考虑许多因素,如图 5.1 所示。

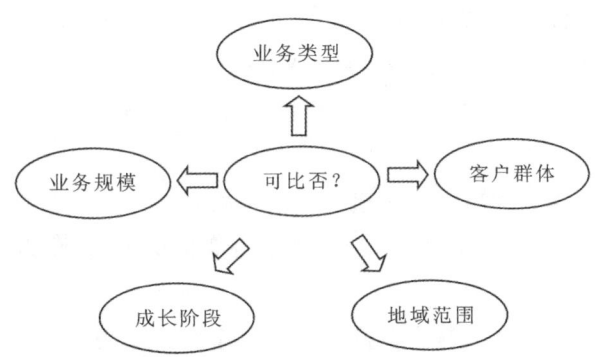

图 5.1 选取可比公司相关因素

结合企业所处的宏观经济环境及行业背景,对企业整体公允市场的股份价值进行综合分析、评估的过程。应充分考虑资本结构、经营状况、历史业绩、发展前景、行业经济要素、涉及交易、收入支出等,不得采用不合理假设。

当前中国资本市场还没有非常完善,其次我国并购市场起步较晚,且规模有限,尤其是信息透明度非常欠缺,从而导致难以寻找与被评估企业相同或者类似的可比对象。另外,可比公司与被评估企业相关的财务经营指标是目前市场法在企业价值评估中使用的基础,但是,企业的运营状况并不能用财务经营指标完全体现。最后,因为市场法只能在一定条件下运用,评估人员了解企业具体情况后,才能选择并适当调整可比对象和价值比率,这使监管会有一定难度，也为评价市场法的效果制造了一定的困难和障碍。同时市场法也容易被误用和操纵，相关监管部门对资产评估的监督也会遇到一定的困难。

5.1.3 收益法

收益法是根据估价对象的预期收益来求取估价对象价值或价格的方法，是预测估价对象的未来收益，利用报酬率或资本化率、收益乘数将未来收益转换为价值得到估价对象价值或价格的方法。这种方法适用于盈利能力强的企业，如高科技、金融等。

企业使用的收益法包括现金流量折现法、多期超额收益折现法、期权定价模型等估值方法。选择不同方法测算收益法中的企业收益，企业价值的最终分析结果也不一样。为此，评估人员应当根据评估项目的具体情况选择恰当的收益口径。同样，由于企业未来收益的风险存在着不确定性，使用收益法进行评估时，必须满足以下条件：①预期收益能够合理预测并用货币单位度量；②折现率即投资者为取得预期收益承担的风险报酬率也要能用确切数据衡量；③能够预测出产生收益的年限。这3点都满足时，才能得到较为合理的结果。

收益法中，由于被并购方企业历史营运期的不足和未来营运期的不确定性，便会对收益法评估造成限制，进而对收益法的评估结果造成影响。所以从收益法的具体评估模型来看，折现率、增长率评估参数都会影响企业的评估结果，这些参数的微小变化都有可能会引起评估结果的大幅波动，因此其参数的准确性就显得尤为重要。在基础资料不完备和评估人员缺乏经验的情况下，评估人员的主观意识可能会影响其判断。

5.1.3.1 现金流量评估法的起源

现金流量评估法是一种基于未来现金流量的估值方法，这种方法的起源，我们可以追溯到20世纪50年代，当时美国的金融学家约翰·伯尔·威廉姆斯（John Burr Williams）提出了现金流量折现法的概念。他认为，企业的价值应该基于其未来的现金流量，而不是基于其账面价值或利润。这种方法被称为现金流量评估法或折现现金流量法（Discounted Cash Flow，简称DCF）。随后，现金流量评估法被广泛应用于企业价值评估、并购目标企业的价值评估和投资决策等领域。

现金流量评估法的基本思想是将企业未来的现金流量贴现到现在，以确定企业的内在价值。这种方法考虑了资金的时间价值和风险，因此需要选择合适的折现率。现金流量评估法可以用于评估企业的内在价值，以及并购目标企业的价值评估。

5.1.3.2 现金流量评估法的演变过程

现金流量评估法自诞生到被现代社会广泛运用，经历了几十年的演变与发展，最终成为目前被广泛运用的完备的企业估值模型，其演变过程如下。

20世纪50年代，现金流量评估法的概念被提出，认为企业的价值应该基于其未来的现金流量，而不是基于其账面价值或利润。

20世纪60年代，现金流量评估法开始被应用于企业价值评估和投资决策领域。

20世纪70年代，现金流量评估法开始被应用于并购目标企业的价值评估。

20世纪80年代，现金流量评估法开始被广泛应用于企业价值评估和投资决策领域，成为一种主流的估值方法。

21世纪以来,随着金融市场的不断发展和创新,现金流量评估法也在不断演变和完善,例如引入实物期权定价模型、实物资产定价模型等。

5.1.3.3 现金流量评估法所使用的技术工具

现金流量评估法的应用需要一些技术工具或软件来辅助预测和计算,以下是一些常用的技术工具或软件。

(1)电子表格软件:例如 Excel 等,可以用于建立现金流量预测模型和进行现金流量折现计算。

(2)财务软件:例如 Bloomberg、Wind 等,可以提供企业财务数据和分析工具,辅助进行现金流量预测和估值计算。

(3)数据分析工具:例如 Python、R 语言等,可以用于分析历史数据和建立预测模型,辅助进行现金流量预测和估值计算。

5.1.3.4 现金流量评估法的分类

现金流量评估法进一步细分为企业自由现金流(Free Cash Flow to the Firm,简称 FCFF),股权自由现金流(Free Cash Flow To Equity,简称 FCFE),股利贴现模型(Dividend Discount Model,简称 DDM)。

(1)企业自由现金流(FCFF):也称为无杠杆自由现金流,指的是公司在不考虑财务杠杆(即不考虑债务融资)的情况下,通过正常的商业运营活动所产生的现金流。它的计算方式为息税折旧及摊销前利润(EBITDA)减去企业所得税、资本性开支(CapEx)和营运资本的净投资。FCFF 反映了企业所有的资本提供者(包括股东和债权人)可获得的现金流量。

(2)股权自由现金流(FCFE):这是针对公司股东的自由现金流量,即扣除了公司支付给债权人的利息和偿还债务本金后,剩余可供股东分配的现金流量。FCFE 是在 FCFF 的基础上进一步扣除净债务支付(包括利息支付和债务本金偿还)计算出来的。

(3)股利贴现模型(DDM):指的是公司支付给股东的现金股利。在股利现金流折现模型中,投资者关注的是公司未来能够支付给股东的现金股利的现值。

不同的现金流对应不同的折现率,折现率体现了现金流的风险水平,理论上各种方法估计出来的股权价值应当一致(图 5.2)。3 种现金流量计算方法的区别如下。

图 5.2 现金流量评估法的比较

(1)面向不同的受益者:FCFF 面向的是所有资本提供者,包括股东和债权人,FCFE 仅面向股东。

(2)计算方式不同:FCFF 计算时不考虑债务影响,而 FCFE 则考虑了债务的影响,即在 FCFF 的基础上减去了净债务支付。

(3)用途差异:FCFF 常用于企业价值评估,通过折现得到的企业总价值可以进一步推导出股权价值;FCFE 直接用于评估股权价值,是折现到现在的股东可得现金流量。

(4)结果指向不同:FCFF 折现得到的是企业整体价值,包含了债权人和股东的权益;FCFE 折现得到的则是股东的权益价值;DDM 通常得到的是最保守的股权价值评估,因为它仅考虑了公司实际支付出去的现金股利。

虽然这 3 种现金流量的计算方法和面向的对象存在差异,但它们都是评估企业价值和股东权益的重要工具。在实际应用中,FCFF 和 FCFE 的选择往往取决于企业的财务结构和投资者的需求,DDM 则更多地反映了公司的分红政策和实际给予股东的回报(表 5.1)。

表 5.1　FCFF 折现表

方法	面向对象	计算方式	用途	结果指向
FCFF	股东和债权人	EBITDA－税－CapEx－营运资本的净投资	企业价值评估	企业总价值
FCFE	股东	FCFF－净债务支付	股权价值评估	股东权益价值
DDM	股东	实际发放的现金股利	股权价值评估	实际支付的现金股利现值

5.1.4　经济增加值法

经济增加值法是指以经济增加值为核心,建立业绩指标体系,引导企业注重价值创造,并据此进行绩效管理的方法。这种方法适用于注重价值创造的企业。

经济增加值是指税后净营业利润扣除资本成本后的净值。经济增加值及其改善值是全面评价经营者有效使用资本和为企业创造价值的重要指标。经济增加值为正,表明经营者在为企业创造价值;经济增加值为负,表明经营者在损毁企业价值。经济增加值法需要企业树立价值管理理念,明确以价值创造为中心的战略经营目标,建立以经济增加值为核心的价值管理体系,使价值管理成为企业的核心管理制度。企业应综合考虑宏观环境、行业特点和企业的实际情况,通过价值创造模式的识别,确定关键价值驱动因素,构建以经济增加值为核心的指标体系。经济增加值法的本质是经济利润,考虑了所有资本的成本,其核心是企业的盈利只有高于其资本成本时才会创造价值,更真实地反映了企业的价值创造能力。以经济增加值改善值为基础的激励体系,实现了企业利益、经营者利益和员工利益的统一,可以激励经营者和所有员工为企业创造更多的价值。应用经济增加值法,能有效遏制企业盲目扩张规模以追求利润总量和增长率的倾向,引导企业注重长期价值创造。

经济增加值是对企业当期或未来 1~3 年价值创造情况的衡量和预判,它无法衡量企业长远发展战略的价值创造情况,与企业战略的关联度不高。经济增加值的计算主要基于财务指标,无法对企业的运营效率与效果进行综合评价,需与其他非财务指标结合使用。经济增加值及其改善值的计算,涉及大量会计调整项目,并且不同行业、不同规模的企业,其加权平均资本成本率各不相同,计算比较复杂,评估人员需要较强的专业素养。

5.1.5 综合指标法

综合指标法通过综合考虑估价企业的财务、经营、市场等多个方面的指标来评估企业的价值。对企业价值的综合评价不仅仅要考虑当前企业资产的经济价值,而且对企业发展人力服务水平等方面也要进行评价,从各方面选择合适的指标并进行研究可以较为全面地评价企业。这种方法适用于综合实力强的企业,如大型集团公司。

企业使用综合指标法需要注意全面性、重要性、代表性、可比性与可操作性这5项原则。首先企业价值是很难通过一两个指标进行全面说明的,充分考虑到企业内外部利益者的需要,企业应该从财务、经营、市场等多方面设置相应的指标去反映企业的整体价值。其次不同指标反映的内容也不同,选取指标时应该考虑到对企业价值影响的重要性与代表性,这样有助于企业减少工作量,降低误差,提高工作效率。各指标间应有可比性,有助于在同行与非同行间进行比较。最后,各评价指标应含义明确,信息集中,资料易于获取,方法简明易懂。系统科学地反映企业价值的全貌,也能在某一方面揭示对企业价值有重大影响的项目。常用的方法有平衡计分卡、层次分析法等。

但实际上该方法在选取指标时,指标需要随着经济形势变化做出必要的修正,同时大多数指标缺乏国际通行标准,还没有在社会上形成统一的标准,因此由这种方法评估出的结果可能不具有权威性。再则有些指标,例如资产负债率、成本费用利润率、销售增长率等指标,同行业间差别较大,有时也不便进行比较。因此评估人员在对公司使用综合指标法进行分析时可能会存在偏差,一般会和其他方法结合使用。

企业价值评估的指标包括财务指标、市场指标、经营指标等多个方面,如净利润、市盈率、市净率、资产负债率、净资产收益率等。不同行业所适用的指标不同,企业可以根据自身情况选择合适的指标进行评估。以下将介绍一些常用的企业价值评估指标。

(1)市盈率(P/E),也称"本益比""股价收益比率"或"市价盈利比率"。市盈率是指股票价格除以每股收益(EPS)的比率,或以公司市值除以年度股东应占溢利。市盈率反映了在每股盈利不变的情况下,当派息率为100%,并且所得股息没有进行再投资的条件下,经过多少年投资可以通过股息全部收回。一般情况下,一只股票市盈率越低,市价相对于股票的盈利能力越低,表明投资回收期越短,投资风险就越小,股票的投资价值就越大;反之则结论相反。

(2)市净率(P/B),指的是每股股价与每股净资产的比率。市净率可用于股票投资分析,一般来说市净率较低的股票,投资价值较高,相反,则投资价值较低;但在判断投资价值时还要考虑当时的市场环境以及公司经营情况、盈利能力等因素。

(3)市销率(P/S),指股价除以每股销售收入。在基本分析的诸多工具中,市销率是最常用的参考指标之一。可以认为,对于成熟期的企业,通常使用市盈率来估值,而对于尚未盈利的高成长性企业,则使用市销率来估值更为可靠。市销率越低,说明该公司股票的投资价值越大。

(4)市盈率相对盈利增长比率(PEG),从市盈率衍生出来的一个比率,由股票的未来市盈率除以每股收益(EPS)的未来增长率预估值得出。须注意的是,PEG值的分子与分母均涉及对未来盈利增长的预测,出错的可能性较大。计算 PEG 值所需的预估值,一般取市场平均预估,即追踪公司业绩的机构收集多位分析师的预测所得到的预估平均值或中值。一般而言,PEG 越低越好。

(5)折现现金流量法(DCF),是通过预测公司将来的现金流量并按照一定的贴现率计算公司的现值,从而确定股票发行价格的定价方法。投资股票为投资者带来的收益主要包括股利收入和最后出售股票的差价收入。使用此法的关键确定:第一,预期企业未来存续期各年度的现金流量;第二,要找到一个合理的公允的折现率,折现率的大小取决于取得的未来现金流量的风险,风险越大,要求的折现率就越高。把企业未来特定期间内的预期现金流量还原为当前现值。一般而言,此值越大越好,高于公司当前市值越多越好。

(6)股息率,指每股现金股息除以股价,是一年的总派息额与当时市价的比例。以占股票最后销售价格的百分数表示的年度股息,该指标是投资收益率的简化形式。股息率是股息与股票价格之间的比率。在投资实践中,股息率是衡量企业是否具有投资价值的重要标尺之一。一般而言,股息率越高越好。

5.2　会计信息、会计分析与企业价值评估方法

企业价值评估是一个综合的体系,企业价值评估需要进行会计分析,一些评估师在拿到企业的会计报表(或审计报告)和资产清单以后就直接开始进行企业价值评估,这中间缺少一个十分重要的环节——会计分析。在企业价值评估过程中,没有足够的会计信息以及对信息足够的理解会导致评估失误。

会计信息、会计分析与企业价值评估方法之间存在紧密的关系。会计信息是企业价值评估的基础,它提供了一组关于企业财务状况和经营成果的数据和事实。会计分析是对会计信息进行解读和分析的过程,通过这一过程,可以识别和解释企业的财务表现和趋势。企业价值评估方法则是在会计信息和会计分析的基础上,应用特定的理论和技术,来估算企业的价值。

企业价值评估的目的及其选择的方法对于确认、计价和资产报告有重要影响,这是因为资产评估和会计在资产披露问题上有着共同的科学基础。会计计量属性对企业价值评估方法的选择具有指导作用,因为它们反映了会计信息的市场性,这些信息是企业价值评估的关键。中国环境下的企业价值评估不能完全套用西方模式,必须结合本土实际情况,因为企业价值评估涉及的因素多样,例如企业利用资产获得利润的能力、影响因素,以及企业发挥的社会责任方面有不同。比如国有企业承担了一些公共社会责任,没有体现在市场价值上。

会计信息的相关性体现了它与企业实际经济状况和业务活动之间的关联程度,财务指标与经营报告的关联性等指标是评估会计信息质量的重要方面。高质量的会计信息能够提供准确、可靠和有用的信息,对投资者和利益相关者的决策有积极影响,并能影响企业的融资成本和市值。

企业价值评估是财务管理中的重要工具,是现代财务不可或缺的组成部分。它不仅仅基于资产评估理论和方法,还需要结合企业财务报表分析,以全面评估企业的价值。会计信息提供了进行企业价值评估的数据基础,会计分析帮助解释和理解这些信息,而企业价值评

方法则利用这些分析结果来估算企业的总体价值。高质量的会计信息关联性强,能更好地支持企业价值评估的准确性和有效性。

💡 **思考题**

(1) 市场法适用于什么范围的评估？
(2) 收益法具有什么优点？可否进行价值管理？为什么？
(3) 经济增加值法与其他方法有什么不同？其特点和优势是什么？

6 企业价值评估的基本程序

企业价值评估的目的；企业价值评估的对象；企业价值评估的方法；企业价值评估的范围；企业价值评估报告。

掌握企业价值评估的目的；了解评估对象和范围，评估的方法；掌握数据的搜集，评估的计算；了解评估报告编写，评估报告审核，评估报告发布。

6.1 确定评估目的

企业价值评估的目的决定了选择什么样的评估方法、程序以及遵循的估价标准。评估的目的贯穿整个评估过程,它影响评估人员对评估对象的界定以及对资产价值类型的选择。因此,明确评估的目的是拟订评估计划的必要前提,也是选用合适的评估方法和估价标准的基础。

基于不同的评估目的,企业价值的评估结果将对企业产生不同的针对性影响,以下是确定企业价值评估目的的具体作用。

(1) 收购与兼并:确定企业的价值可以帮助决策者在收购或兼并交易中确定合理的价格,并评估预期的收益和风险。

(2) 股权出售与融资:企业可能需要进行股权出售或融资活动,确定企业价值可以帮助决策者确定适当的股权定价或借款金额。

(3) 决策支持:确定企业价值可以为管理层提供重要的决策支持,在战略规划、业务扩张或资本投资方面提供指导。

(4)制订财务报告:企业价值评估可以提供关于企业价值的独立验证,帮助公司制订准确的财务报告和账目。

(5)税务目的:在税务规划和税务申报方面,确定企业价值可以为企业提供准确的评估结果,以确保遵守税务监管要求。

(6)诉讼和争议解决:确定企业价值可以为法律争议提供依据,并为解决合作伙伴之间的纠纷提供指导。

在确定评估目的时,应明确目标、需求和利益相关方的期望。这样可以确保评估过程和结果在满足特定目的上是有效和可靠的。需要针对不同的目的采用不同的企业价值评估方法,如市场比较法、收益法和资产法等。最终,根据具体情况选择适当的方法来实现评估目的。

6.2 确定评估对象和范围

企业价值评估确定评估范围与对象时,通常要遵循以下原则:首先,评估对象应包括被评估企业的全部资产和负债;其次,对于某一项或某类资产是否列入具体评估范围,应以委托方或相关当事方提供的相关法律权属资料为主要判断依据;再次,企业价值评估的范围不仅包括企业自身占有的全部资产和负债,还应包括企业控股子公司资产的相应份额以及全资子公司的资产。确定需要评估的企业或资产,以及评估的范围,会直接影响到评估的准确性和全面性。

6.2.1 评估对象

确定评估的对象是指要确定价值的特定企业、业务单位或资产。这可能是整个企业、某个业务部门、特定的项目或资产,如股权、品牌价值或不动产等。评估对象的选择应基于评估的目的以及利益相关方的需求和关注点。

评估对象的选择通常由评估目的和可获得数据的可靠性决定,以下是常见的选择评估对象应考虑的因素。

(1)上市公司:上市公司的价值评估相对较为简单,因为它们的财务信息公开透明,容易获取。可以采用市场价值、市盈率、市净率等指标进行评估。

(2)非上市公司:对于非上市公司,评估过程可能更复杂,因为其财务信息不公开,数据难以获取。在这种情况下,可以考虑使用调整净资产法、收益法、市场比较法等方法进行评估。

(3)创业型企业:对于初创企业或创业型企业,常常缺乏历史数据和稳定的盈利模式,传统的估值方法可能不适用。在这种情况下,可以考虑使用风险投资方法、市场调研、市场竞争分析等关键因素进行评估。

(4)特殊行业:某些特殊行业,如金融、医疗、科技等,由于其特殊的经营模式和资产结构,可能需要采用行业专业的估值方法或指标,以更准确地评估企业的价值。

(5)多元化企业:如果企业经营多个不同行业或拥有多种业务,评估过程需要对每个业务进行细分评估,并综合考虑整体价值。

无论选择哪种评估对象,都需要收集充分的财务信息、市场数据和行业情况,并结合专业知识和经验,灵活运用多种估值方法进行综合评估,以获得更准确和可靠的企业价值评估结果。同时,在实际应用中要考虑到评估目的、数据的可靠性和评估方法的适用性等因素。

6.2.2 评估范围

评估范围包括评估的时间段、地理范围以及涵盖的业务活动和资产类型等。确定评估范围时,需要考虑以下因素。

(1)时间范围:评估可以基于历史数据,将过去的业绩考虑在内,也可以是对未来的预测,考虑潜在增长和风险。

(2)地理范围:评估可以针对特定市场、国家或地区进行,也可以是全球范围内的跨境企业。

(3)业务活动:确定评估范围时,需要明确涵盖的核心业务活动,例如销售、生产、营销等。

(4)资产类型:评估范围还取决于涵盖的资产类型,如固定资产、无形资产、商誉等。

确定评估对象与范围时,需要充分了解评估的目的和需求,并与利益相关方进行沟通和协商。同时,要考虑到评估数据的可获得性和可靠性,在现实情况允许的范围内确保评估结果的准确性和可信度。

6.3 确定评估基准日

基准日是指评估的时间点,也是评估所基于的特定日期。评估的基准日对于确定企业的价值和财务状况至关重要,因为它将作为衡量和比较的参考点。确定评估基准日,即评估所基于的时间点。这一步骤是为了确保评估的数据和情况准确反映该时间点的企业价值。以下是确定评估基准日的几种常见方法。

(1)当前日期:可以选择当前日期,即评估报告编写时的日期。这样可以确保评估报告反映的是企业最新的情况和价值。

(2)财务报告公布日期:可以选择财务报告公布的日期。这样可以确保评估基于最新可获得的财务信息。

(3)定期评估日期:某些企业定期进行价值评估,例如每年、每季度或每月评估一次,可以选择定期评估日期,以便进行比较和追踪。

(4)重要事件日期:如果在企业中发生了重要事件,如收购、兼并、业务重组或其他重大变动,可以选择这些事件发生的日期。这样可以更准确地反映企业价值的变化。

在确定评估基准日时,需要考虑以下几个因素。

(1)数据可获得性:选择的日期应确保能够获得相关财务和市场数据。

(2)数据准确性:应尽可能准确地反映企业财务状况和市场情况。

(3)事件影响:应考虑重要事件的发生,以反映企业价值的变化。

(4)目的需求:评估基准日的选择也要根据评估的具体目的和需要来确定。不同的目的可能要求不同的基准日。

确定评估基准日需要综合考虑以上因素,选择最适合评估目的和需求的日期。评估基准日的选择应在评估过程中进行合理的权衡和决策。

6.4 选择评估方法

根据评估目的和评估对象的特点,选择合适的评估方法。常用的评估方法包括市场法、收益法和成本法。

6.4.1 市场法

市场法是一种常用的方法,通过分析和应用市场上类似企业的交易数据和指标,来判断特定企业的价值。这种方法基于市场供需关系、竞争环境和投资者预期等因素,将市场上的交易价格和指标应用于目标企业,以评估其潜在价值。

市场法的核心思想是市场上发生的交易反映出买方和卖方对企业价值的共识。它主要依赖于市场中真实的交易数据,包括股票市场上的价格、市盈率、市净率等指标,或者类似企业的收购交易、融资交易等。

市场法的具体步骤通常包括以下几个方面。

(1)寻找可比较企业:首先需要寻找与目标企业相似的其他企业,包括同行业、规模、盈利能力等方面的相似性。

(2)收集市场数据:收集可比较企业的市场数据,如股票价格、市盈率、市净率等,或者类似企业的收购交易、融资交易等数据。

(3)计算估值指标:根据收集到的市场数据,计算估值指标,如平均市盈率、平均市净率等。

(4)应用估值指标:将计算得到的估值指标应用于目标企业,例如目标企业的盈利能力乘以平均市盈率,或者目标企业的净资产乘以平均市净率,从而得到目标企业的估值。

需要注意的是,市场法存在一些限制和假设。首先,它假设市场是有效的,即市场上的交易价格反映了真实价值。其次,市场法的结果可能受到市场波动、交易数据的可靠性等因素的影响。因此,在使用市场法进行企业价值评估时,需要综合考虑各种因素,并结合其他方法进行验证,以获得更准确的评估结果。

6.4.2 收益法

收益法通过分析企业未来的现金流量来评估其价值。该方法基于企业未来产生的现金流量对投资者的吸引力,以及投资者对风险的考虑,从而确定企业的价值。

收益法通常使用折现现金流量法(DCF)进行企业价值评估。它将企业未来的现金流量折现至今时点,以反映时间价值和风险,从而计算出企业的净现值(Net Present Value,简称NPV)或者内部收益率(Internal Rate of Return,简称IRR)。收益法在进行企业价值评估时的具体步骤如下。

(1)预测未来现金流量:首先需要预测企业未来的现金流量,包括经营活动、投资活动和融资活动所产生的现金流量。这需要对行业趋势、市场前景、竞争状况等进行分析,并结合企业自身的财务及经营状况进行预测。

(2)确定折现率:折现率反映了投资者对未来现金流量的风险和时间价值的考虑。通常使用加权平均资本成本(Weighted Average Cost of Capital,简称WACC)作为折现率,该折现率考虑了企业的权益成本和债务成本。

(3)折现现金流量:将预测得到的未来现金流量按照不同年份进行折现,得到折现后的现值。每年的现金流量乘以相应年份的折现系数得到折现的现金流量,再将这些现金流量加总。

(4)计算净现值或内部收益率:将折现后的现金流量与企业的起始投资进行比较,计算净现值或内部收益率。净现值表示企业价值与起始投资之间的差额,而内部收益率则是指净现值为零时所需的折现率。

收益法在进行企业价值评估时需要依赖大量的预测数据,并且对于未来现金流量的估计具有一定的不确定性。因此,在使用收益法进行评估时,需要合理选择预测模型和假设,并进行敏感性分析和风险评估,以增加评估结果的可靠性和准确性。

6.4.3 成本法

企业价值评估的成本法是一种常用的方法,通过考虑企业所拥有的资产的成本来评估企业价值。该方法主要侧重于企业的资产和投入成本,以确定企业的价值。

成本法通常使用两种不同的方法进行企业价值评估:调整净资产法和复原成本法。

(1)调整净资产法:该方法基于企业的净资产价值进行评估,通过对企业的资产和负债进行调整,以反映出它们在市场上的实际价值。这些调整可能包括重新评估企业的固定资产、调整存货价值、评估无形资产和商誉等。最终,从企业的总资产减去总负债,得到企业的净资产价值。

(2)复原成本法:该方法基于企业所需的重建或复原成本来评估企业价值。它考虑了企业的资产重建或复原所需的成本,包括固定资产、无形资产和商誉等。这个方法假设企业的价值等于将其所有资产重建或复原所需的成本,而不考虑市场上的实际价值。

使用成本法进行企业价值评估需要考虑以下因素。

(1)资产评估:需要对企业的各类资产,如固定资产、存货、商誉等进行评估。这可以通过市场价值、专家估计、资产负债表和相关文件等进行。

(2)调整过程:在调整净资产法中,需要对资产和负债进行合理的调整,以反映出它们在市场上的实际价值。这可能需要考虑因折旧、过时、损耗等而引起的价值变动。

(3)重建或复原成本估计:在复原成本法中,需要考虑资产的重建或复原所需的成本。这可能包括重建固定资产、重新购买无形资产等。

成本法在进行企业价值评估时可能忽略了企业的市场地位、品牌价值、未来盈利能力等因素,因此在实际应用中需要结合其他方法进行综合评估。此外,成本法还可能受到资产估值准确性和调整合理性等方面的限制和风险。

6.5 收集评估数据

收集评估数据的类型取决于所选择的评估方法。为了确保真实可靠,这些数据应该为所选择的评估方法服务,并且也是对评估结果最有力的证明。在数据整理与分析过程中,应该去伪存真、去粗取精,尽量选择最可信、最有证明力的数据作为评估的依据。

评估人员除了在清点资产的基础上对企业提供的数据进行汇总、核对和整理外,还需要进行现场勘察,了解资产的账面原值、已使用时间、磨损情况、维修、改造、实际功能和技术状况,并将这些信息记录在工作底稿中。评估人员应该对现场取回的资料进行分类、筛选、审核和编号,关注资料的来源,分析资料的完整性和可靠性。

收集数据主要指收集和整理企业相关的财务数据、市场数据、行业数据等,以供评估使用。这包括企业的财务报表、市场交易数据、行业指标等。

企业价值评估需要收集大量的评估数据,以便进行准确的分析和计算,可以从以下几个方面入手收集。

(1)公司财务报表:通过查看公司的财务报表,包括资产负债表、利润表和现金流量表,可以获取到公司的财务状况和经营绩效数据。

(2)公司业务情况:了解公司的业务模式、市场份额、产品和服务的竞争力等信息,可以帮助评估公司的增长潜力和市场前景。

(3)行业研究和市场调查:寻找行业研究报告和市场调查数据,获取行业发展趋势、竞争格局以及相关的市场数据,这些可以作为评估的参考依据。

(4)相关数据调查和采访:与公司管理层、员工、客户和供应商等进行访谈,了解公司的运营情况、行业地位、品牌声誉等,以获取更详细的信息。

(5)法律和合规文件:分析公司的法律文件、合同、许可证等,以了解公司的法律风险和合规情况。

(6)市场交易数据:参考类似企业的市场交易数据,比如股价、企业并购交易等,可以提供一些市场对企业价值的估计。

这些数据收集方法是常见的,但具体的数据收集过程可能因企业评估的目的和方法而有所不同。在进行企业价值评估时,可以结合多个数据来源并进行合理的数据分析,以得出准确且可靠的评估结果。

6.6 进行评估计算

根据选择的评估方法,对收集到的数据进行计算和分析,确定企业的价值。不同的评估方法会使用不同的计算公式和指标。

6.6.1 市场法的估算

市场法是一种常用的企业价值评估方法,通常使用市盈率(P/E)或市销率(P/S)来计算企业的价值。

$$市盈率(P/E) = 市值 / 净利润$$
$$市销率(P/S) = 市值 / 销售收入$$

这些比率可以用来衡量市场对企业未来盈利能力的预期,进而估算企业的价值。具体计算时,可以根据实际情况选择合适的市盈率或市销率,并将其应用于企业的净利润或销售收入,以得出企业的价值。

6.6.2　收益法的估算

收益法是一种企业价值评估方法,基于企业未来的收益能力来估计其价值。主要计算公式如下:

$$折现现金流量 = \sum [现金流量 / (1 + 折现率)^n]$$

这里 n 指的是预测期内的年份数。

在折现现金流量法中,将企业未来的现金流量进行折现处理,以考虑时间价值的影响,具体步骤如下。

(1) 预测未来的现金流量:基于企业的历史财务数据和市场环境,进行预测未来一段时间内的现金流量。

(2) 确定折现率:折现率是考虑风险和投资回报率的参数。可以根据企业的风险水平、行业平均回报率等因素来确定。

(3) 计算折现现金流量值:将每期的预测现金流量除以相应年份的折现率的 n 次方,然后将这些折现值相加,得到企业的折现现金流量值。

(4) 得出企业价值:将计算得到的折现现金流量值与其他因素(如残余价值、增长率等)相结合,得出企业的价值评估结果。

折现现金流量法需要预测未来现金流量,并对风险和折现率进行合理估计,因此在使用这种方法时,需要对数据和假设进行合理分析和调整,以得到较为准确的企业价值评估结果。

6.6.3　成本法的估算

成本法是一种企业价值评估方法,基于企业的资产价值来估算企业的价值。主要计算公式如下:

$$净资产(Net\ Asset\ Value) = 总资产 - 总负债$$

这个方法通过计算企业的净资产,即总资产减去总负债,来估算企业的价值。净资产法适用于企业的资产负债表比较明确和稳定的情况下。

$$修正净资产(Adjusted\ Net\ Asset\ Value) = 净资产 + 无形资产$$

修正净资产法在净资产的基础上,加上了企业的无形资产价值,如商誉、专利权等。这种方法适用于企业含有大量无形资产的情况。

成本法通常适用于实物性资产较多的企业,如房地产、制造业等,对于服务型企业或技术创新型企业,可能需要结合其他方法来进行综合评估。

6.7 编写评估报告

根据评估计算的结果,编写评估报告。评估报告应包括评估目的、评估对象和范围、评估方法、收集的数据、评估计算的过程和结果等内容。

编写企业价值评估报告时,可以按照以下结构进行。

(1)封面和摘要:包括评估报告的标题、日期、编写人员等基本信息。摘要部分应简明扼要地概括评估结果和主要结论。

(2)目录:列出报告的各个章节和子章节,以便读者可以快速定位所需信息。

(3)简介:介绍评估背景、目的和范围,说明评估方法和数据来源。

(4)公司概况:对被评估企业的基本情况进行介绍,包括行业背景、历史发展、组织架构等。

(5)评估方法:详细介绍采用的评估方法和模型,例如财务比率分析、市场比较法、收益净现值法等。解释选取这些方法的理由,并说明方法的前提和限制。

(6)数据分析:根据评估方法,对企业的财务数据、市场情况等进行分析,获取相关指标和数值。可以使用图表和表格展示数据,以便读者清晰地理解和比较。

(7)评估结果:根据评估方法和数据分析,计算出企业的价值范围或具体数值。给出评估结果的解释和主要结论,说明结果的可靠性和不确定性。

(8)敏感性分析:对评估结果进行敏感性分析,考虑不同假设和变动对价值的影响。例如,利率变动、税率变动等因素的影响。

(9)结论和建议:总结评估结果,指出企业的价值状况和潜在问题,提出针对性的建议,帮助决策者明确下一步的发展战略和目标。

(10)附录:包括评估所使用的模型、数据表格、详细计算过程等。

(11)参考文献:列出评估报告中引用的资料和文献,确保评估过程的可追溯性和准确性。

在编写评估报告时,要求语言简明扼要、结构清晰、逻辑严谨。图表和表格应当清晰易读,便于读者理解。报告应当客观公正,准确反映评估结果和分析过程,避免主观偏见和不可靠的数据。

6.8 审核评估报告

对评估报告进行内部审核,确保评估过程的准确性、合法性和合规性。评估报告的审核可以由内部专业审核团队或外部独立审核机构来进行。

审核评估报告时,有以下几个注意事项值得考虑。

(1)确保报告的准确性:评估报告应基于可靠的数据和信息进行编制。审核人员应核对并验证所提供的数据和信息是否真实、完整和准确。如果有疑问或不符合事实的地方,应及时与报告编制人员进行沟通和澄清。

(2)关注评估方法和假设:评估报告通常会使用一定的方法和假设来进行计算和分析。审核人员应了解和评估所使用的方法和假设的合理性,并确保其符合业界标准和最佳实践。如果发现方法或假设存在问题,应及时提出疑问和建议。

(3)注意评估范围和对象：评估报告应明确评估的范围和对象。审核人员应核对报告中所定义的范围和对象是否明确和符合要求。如果范围或对象有误或不全面，应及时进行修正和补充。

(4)关注风险和不确定性：评估报告中通常会涉及一定的风险和不确定性。审核人员应了解和评估这些风险和不确定性，并确保在报告中对其进行了充分的描述和分析。如果风险和不确定性未被适当考虑或未得到妥善处理，应提出相应的意见和建议。

(5)确保报告的逻辑性和连贯性：评估报告应有清晰的逻辑结构和连贯的论证。审核人员应检查报告的各个部分之间的逻辑关系和论证链条是否合理和完整。如果发现逻辑不清或不连贯的地方，应提出相应的修改建议。

6.9 发布评估报告

发布企业价值评估报告是一项重要的活动，有助于向投资者、股东和其他利益相关方传达企业价值和潜力。以下从发布评估报告的流程和注意事项两个方面进行阐述。

6.9.1 发布评估报告的流程

(1)准备报告：评估报告应包括详细的数据分析、市场研究和财务信息。确保报告内容准确、完整，并符合相关法规和标准。

(2)审核和批准：报告需要由高层管理人员、董事会或评估专家进行审核和批准。他们将确保报告内容的准确性和一致性。

(3)内部沟通：在发布报告之前，与内部团队进行沟通，以确保每个人都了解报告的内容和目的。这有助于提供一致的信息，并减少对外沟通时的误解。

(4)公开发布：选择合适的渠道和平台，向外界发布报告。可以通过公司的网站、新闻发布、社交媒体等途径进行公开宣布。

(5)宣布与解释：报告发布后，组织一次发布会或在线会议，向投资者、股东和媒体解释报告的主要发现和结果。这有助于回答任何问题和澄清观点。

(6)跟踪反馈：在发布后，密切关注股东、投资者和其他利益相关方的反馈。积极回应他们的疑问和关注，以及预期之外的影响。

6.9.2 发布评估报告的注意事项

(1)法规合规性：确保评估报告符合相关法规和准则，如会计准则、财务报告要求等。

(2)透明度和真实性：确保报告内容准确、真实，没有误导性的声明或数据。

(3)语言简明扼要：使用清晰简明的语言，避免使用过于专业化的术语和复杂的句子结构。这样可以让读者更容易理解报告的内容。

(4)扩散方式：选择多种途径和平台发布报告，以确保尽可能多的利益相关方都能获得信息。

(5)及时性：确保定期发布评估报告，以便利益相关方及时了解企业的价值和业绩。

总之,发布企业价值评估报告需要认真准备、审核和宣布,并与利益相关方进行及时有效的沟通和反馈。这样可以提高企业的透明度和信任度,促进投资者的参与和支持。

这些步骤构成了企业价值评估的基本程序,对于确定企业的价值是非常重要的。每个步骤都需要严谨和细致的处理,确保评估结果的准确性和可信度。

6.10 企业价值评估中的利益相关者及考虑的其他影响因素

企业价值评估需要考虑不同企业主和潜在投资者的想法及期望。虽然有一些通用方法可以用来快速地计算企业合并、收购或清算的价值,但这些方法只能生成理论数据,如果简单地将这些数据当作通用的企业价值计算器,最后可能会导致其在实际市场上无法赎回。另外,还需要确保企业价值评估是准确且适当的,而不仅仅只局限于买方市场。

价值评估服务首先需要考虑公司的资产、债务、主要利益、法律历史、基本假设、商誉、客户基础和盈利能力等因素。

资产包括知识产权、复杂金融工具、房地产和设备,以及其他潜在的价值来源。资产可以是企业的核心,但资产无法单独构成整个企业。

假设是与影响盈利的经营活动有关的可变因素,可以有把握地预测。其中最常见和最重要的例子就是客户基础。如果企业提供零售产品,其客户基础是广泛的,其价值需要根据品牌价值、市场占有率和分布来确定。相对地,对提供批发产品的企业而言,客户基础小但其合作关系是持续的,这意味着这些合作关系的数量、重要性和持续性经证实后需计入公司价值。

融资和债务可以表明公司的业务和负债情况。

在金融机构中的良好历史纪录和信用额度可明确表明公司价值,而未偿债务可表明买方或合作人需承担的责任。公司价值评估服务最重要一点就是,正确核算公司在这一方面的历史和结构组成。

公司的诉讼历史表明了其法律地位,以及其实力在投资者眼中的可信程度。

之前任何法律纠纷的结果都是企业历史的重要组成部分,对这一方面的描述会影响人们对其未来的认知。对于诉讼相关的评估服务,我们会以丰富的法律经验和专业知识去分析公司历史,清晰明确地进行评估。

出售、合并或收购的成功最终取决于找到一个能认可你价值的有能力的投资者。市场价值与企业主对其企业的估价可能会有所不同,而这可能仅仅是因为投资者的可用资金状况不同。

小企业应该多关注资产和商誉的价值。企业的公允市价反映了其对普通投资者的价值,而投资价值反映了其对特定投资者的价值。通过客观和主观方式,企业的内在价值可衡量盈利能力,评估商业模式和市场重要的是要综合衡量内在价值与市场价值,以便进行合适的评估报价。要想找到与投资者的共同点,需要熟练的评估和预测。

搜集与讨论

(1)华为的价值评估书。

(2) 小米的价值评估书。
(3) 比亚迪的价值评估书。
(4) 宁德时代的价值评估书。

💡 **思考题**

(1) 企业价值评估的目的有哪些？不同的价值评估目的，其估值有什么不同？
(2) 企业价值评估的数据如何进行搜集？
(3) 简述企业价值评估的流程。
(4) 从利益相关者的角度企业价值评估中应该注意哪些影响因素？

7 市场法

市场法的基本原理；市场法的分类与应用；市场法的适用条件和局限性。

理解市场法的基本原理，掌握市场法的应用步骤，掌握选择可比公司的方法，包括确定可比公司的行业、规模、增长率等关键指标；熟悉确定估值指标的方法，如市盈率、市净率、市销率等；了解进行调整的方法，包括调整估值指标和财务数据，以及考虑可比公司的相似性和差异性；理解市场法的适用条件和局限性，理解市场法在不同情境下的适用性，如成熟市场和新兴市场的差异、行业特性的影响等；掌握市场法的局限性，如市场数据的时效性、可比公司的选择标准、市场波动的影响等；应用市场法进行企业价值评估；实践案例分析：通过实际案例分析，加深对市场法的理解和应用能力；结合实际情境，灵活运用市场法进行企业价值评估，为不同场景下的决策提供有效支持。

股市起源于17世纪，最早的股票交易所可以追溯到荷兰。当时的交易所主要是为了方便买卖股票和债券，并为企业提供融资，市场法也在此时应运而生[①]。在前文中我们曾经提到，市场法是利用可比公司的市场倍数对目标公司进行估值的方法，其应用原理为市场中的

---

① 和讯网.股市成立的历史背景[EB/OL].（2024-07-05）[2024-11-15]. https://stock.hexun.com/2024-07-05/213433551.html.

"投机套利"理论(即套利理论)。在本章中,我们将详细讲述市场法的具体操作及应用实例,让学生掌握市场法的基本内容与方法,进行企业价值评估的操作。

市场法的使用前提:一是必须要有一个活跃的公开市场才能找到参照物。二是参照物及被评估资产相关的指标、参数、价格等能够计量并且可以搜集到。

7.1 市场法的分类

市场法在企业价值评估中通常用可比企业基本财务比率乘以目标企业相关指标作为评估值。常用的基本财务比率有市盈率、市净率、市销率。

7.1.1 市销率

7.1.1.1 市销率的概念

市销率是将企业的市值除以其销售收入,是一种用于评估企业估值的指标,也是一种将股价与公司销售收入联系起来的指标。公司的利润来自营业收入,营业收入是企业利润的基础,因此市销率可以反映企业的经营前景。对于一些成长性企业,在早期占领市场份额的过程中,可能会部分的放弃利润赢得市场份额从而争夺话语权,这就会使得公司市盈率显得特别高,一旦建立了规模优势,营业收入就可以逐步兑现盈利。同时,一些公司的市盈率虽然低,但是如果其利润主要来自非经营性收益,也反映出该公司的收益基础不可靠,收益的质量水平不高,因此市销率尤为重要。

7.1.1.2 市销率的起源

在股市早期阶段,投资者通常使用基本的估值指标,如市净率来评估企业的估值。然而,市净率在评估一些新兴行业和高成长企业时存在一些限制。这些企业可能没有形成较高的净资产,但具有较高的销售收入和潜在的增长潜力。为了解决市净率的限制,投资者开始关注企业的销售收入。因此,市销率作为一种新的估值指标被引入,提供了一个相对的估值水平。随着技术的进步和数据的可用性,投资者能够更容易地获取和计算企业的销售收入数据,使得市销率指标的使用更为广泛。

7.1.1.3 适用范围

市销率估值法主要适用于主营业务相对稳定的公司,但是主营业务收入和利润波动较大的板块、行业、公司。例如创业板指数、中证500指数,例如高科技企业、互联网公司,尤其是成长性强的公司,比如腾讯、京东等。这些行业和企业通常具有较高的销售收入和增长潜力,而净资产可能相对较低。

7.1.1.4 优缺点

优点:它不会出现负值,对于亏损企业和资不抵债的企业,也可以计算出一个有意义的价值乘数;它比较稳定、可靠,不容易被操纵,往往能够更准确地反映企业的经营实质;收入乘数对价格政策和企业战略变化敏感,可以反映这种变化的后果。

缺点:不能反映成本的变化,而成本是影响企业现金流量和价值的重要因素之一;只能用于同行业对比，不同行业的市销率对比没有意义；上市公司关联销售较多，该指标也不能剔除关联销售的影响。

7.1.1.5 应用

市销率是一种相对估值法，主要用于横向比较同类企业的估值相对高低，也可以用于跟自己的历史比较。

(1)市销率倍数较高的公司。关注公司的高利润能否持续，以及未来销售规模是否有增长空间。比如医药股中的片仔癀，高利润来自持续的涨价，那未来还有多大的空间，就值得关注。

(2)市销率倍数较低的公司。关注市销率的变化趋势，是否出现了利润率的拐点。低利润率的公司，如果能够借助市场规模优势，或者行业重组机会，获得产品定价权，那么，未来可能会有更好的增长。比如水泥行业的海螺水泥，在环保要求淘汰了一批落后产能后，逐渐形成了垄断优势。

(3)在同行业对比，寻找被低估的公司。同一行业中，市销率高的公司，可能有更好的利润率水平，可以挑选出来跟踪和分析，很可能会找到行业中某个细分领域有独特优势却被低估的公司。

总的来说，市销率作为一种相对估值指标，出现在股市发展的早期阶段，并逐渐被投资者采用。它的引入主要是为了解决市净率在评估新兴行业和高成长企业时的限制，并更全面地考虑企业的销售收入和增长潜力。随着科技行业的兴起和数据的可用性提高，市销率在估值分析中的应用也越来越广泛①。

7.1.2 市净率

7.1.2.1 市净率的概念

市净率是将企业的市值除以其净资产（资产减去负债），是一种用于评估企业估值的指标。在股市早期阶段，投资者主要使用基本的估值指标来评估企业的估值，其中之一就是市净率。在早期的股市，企业的资产价值被认为是企业估值的重要指标。市净率在20世纪以来的金融危机中发挥了重要作用。特别是在1929年的经济大萧条和2008年的金融危机期间，投资者开始关注企业的净资产和负债情况，以评估其抵御风险的能力。随着技术的进步和数据的可用性，投资者能够更容易地获取和计算企业的净资产数据，使得市净率指标的使用更为广泛。

7.1.2.2 市净率的起源

市净率的起源可以追溯到本杰明·格雷厄姆（Benjamin Graham），他是一位著名的投资者和价值投资理论的创始人，他在其著作《证券分析》中提出了使用市净率作为估值指标的方法（格雷厄姆和多德，2014）。格雷厄姆在《聪明的投资者》一书中提出的价值投资理论，认为

---

① 长风.市销率：一个被大多数人忽略的估值指标，新修证券法体现出其重要性 | 风云课堂[EB/OL].(2019-12-30) [2024-11-15]. https://finance.sina.com.cn/wm/2019-12-30/doc-iihnzhfz9310500.shtml.

投资者应该寻找低估值的股票,即市场价格低于其内在价值的股票(格雷厄姆,2010)。此外,市净率的使用也起源于投资者对于公司内在价值以及财务状况的关注。通过比较公司的市场价值和其净资产,投资者可以判断公司是否被低估或高估。净资产是公司的资产减去负债,因此市净率可以帮助投资者了解公司的财务状况。总之,市净率的使用起源于投资者对于公司内在价值和财务状况的关注,以及格雷厄姆的价值投资理论。

7.1.2.3 市净率的适用范围

市净率估值法主要适用于那些无形资产对其收入、现金流量和价值创造起关键作用的公司,高风险行业以及周期性较强行业,拥有大量固定资产并且账面价值相对较为稳定的企业。不同行业的市净率可能存在巨大差别,制造企业和新兴产业的企业不适合采用这种估值方法。因为有些行业(如金融、房地产)的企业通常拥有较高的净资产,因此市净率较低,而其他行业(如科技、创新型行业)的企业可能具有较低的净资产,因此市净率较高。

7.1.2.4 市净率的优缺点

优点:净资产数值通常是正的,所以市盈率失效的时候,市净率仍可用;每股净资产比每股收益稳定,当每股收益大幅波动的时候,市净率指标更有用;实证研究显示市净率对于解释长期股票回报差异时具有帮助。

缺点:公司规模有差异的时候,市净率可能具有误导性;会计政策差异可能导致股东运用市净率对于公司真实投资价值的判断错误;通货膨胀和技术变革可能导致资产的账面价值与市场价值之间差异显著。

7.1.2.5 市净率在实务界的应用

(1)股票估值:常被价值投资者用来评估股票的估值。价值投资者通常寻找低市净率的股票,因为较低的市净率可能意味着股票被低估,提供了较好的投资机会。

(2)资产导向行业:特别适用于银行、房地产、能源等资产导向行业。这些行业的企业通常拥有大量的实物资产,市净率可以提供一个相对估值的指标,用于比较不同企业的资产质量和价值。

(3)资产重组和兼并收购:企业可以利用市净率来评估潜在目标企业的估值,以确定是否具有吸引力的投资机会。

(4)行业比较:用于比较同一行业中不同企业的估值水平。通过比较企业的市净率,投资者可以了解企业在同一行业中的资产质量和相对估值水平。

(5)初创企业评估:初创企业通常没有稳定的盈利能力,但通过市净率可以关注其净资产的质量和价值。

市净率作为一种相对估值指标,出现在股市发展的早期阶段,并逐渐被投资者采用。它的引入主要是为了关注企业的净资产和抵御风险的能力,并提供一个相对的估值水平。因此,在使用市净率时,投资者应综合考虑其他指标和因素,并结合详细的财务和经营分析来做出全面的判断。

7.1.3 市盈率

7.1.3.1 市盈率的概念

企业价值评估中的市盈率是一种常用的衡量企业估值的指标。市盈率是指公司的市值与其盈利能力之间的比率关系。具体而言,市盈率是将公司的市值(即股价乘以流通股数)除以其盈利(即每股盈利)得出的结果。市盈率可以用于判断市场对一家公司的盈利能力的期望和估值水平。较高的市盈率可能意味着市场对该公司的未来盈利增长持乐观态度,而较低的市盈率则可能意味着市场对该公司的未来盈利增长持保守态度。市盈率也可以用于相对估值,即将一家公司的市盈率与同行业或整个市场的平均市盈率进行比较。这种比较可以帮助投资者评估一家公司的估值水平是否合理,以及其相对于其他公司或市场的相对优势或劣势。

然而,需要注意的是,市盈率并不是唯一衡量企业价值的指标,也不是左右投资决策的唯一依据。在进行企业价值评估时,还需要考虑其他因素,如市场前景、行业竞争力、财务状况、管理团队等。此外,市盈率本身也有局限性,比如无法考虑公司的成长潜力、风险因素以及非经常性收益等。

因此,在使用市盈率进行企业价值评估时,应综合考虑多个指标和因素,以获得更全面准确的企业估值。

7.1.3.2 市盈率的起源

随着社会环境的变化,从以下4个方面对市盈率的变化做简要说明。

(1)市场观察:市盈率最早是投资者通过对股票市场观察和分析得出的。早期投资者通过对公司的股票价格和盈利能力的观察,以及与其他投资者的交流和讨论,得出相对估值和市盈率等指标。

(2)财务报表:市盈率的计算需要利用公司的盈利数据。随着证券市场的发展和监管要求的提高,公司开始公开披露财务报表,包括盈利数据。这使得投资者能够更准确地计算市盈率并进行估值分析。

(3)统计数据:随着证券市场的发展和技术进步,金融数据提供商和研究机构开始收集、整理和发布市场数据,包括公司的盈利数据。这些统计数据的出现使得市盈率的计算更加便捷和精确。

(4)专业研究和指数:随着金融研究的发展,学者和研究机构开始对市盈率等估值指标进行深入研究,并提出了一系列的理论和方法。同时,一些股票指数(如道琼斯工业平均指数和标准普尔500指数等)开始计算和发布市盈率等指标,为投资者提供参考。

7.1.3.3 市盈率的适用范围

市盈率估值法的适用条件为目前的收益状况可以代表未来的收益及其发展趋势,如公共服务等周期性较弱的企业。市盈率估值法不适用以下企业:周期性较强的企业,如一般制造业、服务业;每股收益为负的公司;房地产等项目性较强的公司;银行、保险和其他流动资产比例高的公司;难以寻找可比性很强的公司;多元化经营比较普遍、产业转型频繁的公司。

7.1.3.4 市盈率的优缺点

优点:计算市盈率所需的数据容易获得,简单易行,它运用了近期的盈利估计,而近期的盈利估计一般比较准确,可以有广泛的参照比较;市盈率指标直接将资产的买价与资产目前的收益水平有机地联系起来。

缺点:盈利不等于现金,由于在收益表中,利润是最终的计算结果,因此收益比例对会计政策的敏感性非常高;忽视了公司的风险,如高债务杠杆,因为同样的市盈率,用了高债务杠杆得到的收益与毫无债务杠杆得到的收益是截然不同的;市盈率无法顾及远期盈利,对周期性及亏损企业估值困难;市盈率估值忽视了摊销折旧、资本开支等维持公司运转的重要的资金项目;收益乘数并未明确地将未来增长的成本考虑在内,正常情况下,高速增长的公司的收益乘数会更高一些,由于需要更多的资本以支持公司的高速增长,会降低权益资本的回报率。

7.1.3.5 市盈率的作用

(1)相对估值。通过将一家公司的市盈率与同行业或整个市场的平均市盈率进行比较,可以评估该公司的相对估值水平。如果公司的市盈率低于行业平均水平,可能意味着其股票被低估,可能是投资机会。

(2)行业比较。市盈率可用于进行行业比较,帮助投资者了解不同公司在同一行业内的盈利能力和估值水平。这有助于确定行业中的领先者和落后者,并支持投资决策。

(3)盈利预期。较高的市盈率可能反映市场对一家公司未来盈利增长的乐观预期。这可以作为投资者参考,但需要注意市场对未来盈利的预期是否合理和可持续。

(4)评估投资回报。市盈率也可用于评估投资回报的潜力。较低的市盈率可能意味着投资者可以以较低的价格购买公司股票,并获得相对较高的盈利。

然而,需要注意的是,市盈率只是估值的一个指标,不能作为唯一依据进行投资决策。在评估一家公司的价值时,还需要考虑其他因素,如财务状况、行业竞争力、市场前景、管理团队等。此外,市盈率也有其局限性,无法考虑公司的成长潜力、风险因素以及非经常性收益等。因此,投资者应综合考虑多个指标和因素,以做出更全面和准确的投资决策。

7.1.3.6 市盈率的运用

假设有一家公司的市值为1000万美元,每股盈利为2美元。通过计算市盈率,可以得到:

$$市盈率 = 市值/每股盈利 = 1000万美元/2美元 = 500万$$

在这种情况下,该公司的市盈率为500万。这意味着市场认为每年获得1美元的盈利需要投资500万美元。从市盈率的角度来看,该公司的盈利能力相对较高。

然后,我们可以将该公司的市盈率与同行业或整个市场的平均市盈率进行比较,以了解其相对估值水平。假设该行业的平均市盈率为400万,那么该公司的市盈率高于行业平均水平,可能意味着市场对其未来盈利增长持较为乐观的态度。

然而,仅仅通过市盈率无法完全确定企业的价值,因为市盈率忽略了许多其他重要因素,如公司的财务状况、行业竞争力、市场前景等。因此,在进行企业价值评估时,应结合其他财务指标和定量分析方法,以及对行业和公司的基本面进行综合考虑,以获得更准确和全面的价值评估。

特斯拉(Tesla)是一家全球知名的电动汽车制造商,要使用市盈率对特斯拉进行估值,需要考虑特斯拉的市值和盈利情况。

根据市场数据,假设特斯拉的市值为 8000 亿美元,同时假设特斯拉的最近一年每股盈利为 10 美元。通过计算市盈率,可以得到:

$$市盈率 = 市值/每股盈利 = 8000 亿美元/10 美元 = 800 亿$$

在这种情况下,特斯拉的市盈率为 800 亿。这意味着市场认为特斯拉每年获得 1 美元的盈利需要投资 800 亿美元。从市盈率的角度来看,特斯拉的盈利能力相对较高。

然后,可以将特斯拉的市盈率与同行业或整个市场的平均市盈率进行比较,以了解其相对估值水平。需要注意的是,特斯拉所在的电动汽车行业通常具有较高的市盈率,因为该行业被视为具有高增长潜力。因此,特斯拉的市盈率可能高于整个市场或行业的平均水平。

需要注意的是,单一指标如市盈率并不能完全确定特斯拉的价值。在进行综合估值时,还需要考虑其他因素,如特斯拉的财务状况、销售增长趋势、竞争优势、技术创新以及未来的市场前景等。此外,市盈率也可能受到市场情绪和投资者情绪的影响,因此需要综合考虑多个因素来进行准确的价值评估。

7.1.4 企业价值倍数

7.1.4.1 企业价值倍数的概念

企业价值倍数(EV/EBITDA,也称 EBITDA 倍数)估值法是众多估值法当中的一种,是一家公司企业价值相对其年度 EBITDA(可以是历史数据也可以是预测或估算数据)的财务比率,通常用于确定一家公司的价值以及同类型公司之间的价值比较。一家公司的企业价值倍数提供了一个资本结构、税收和固定资产差异的标准化率。企业价值倍数的计算公式是 EV/EBITDA,尽管无法确定第一个使用 EV/EBITDA 指标的具体人物,但 EV/EBITDA 在金融和投资界已经成为一种广泛使用的估值指标。

其中,企业价值是指企业的市值加上净债务,它表示了市场对企业总体价值的估计。而 EBITDA 是企业的税前息税折旧摊销前利润,它可以被视为企业经营业绩的一个指标。

EV 指的是企业价值(市值+净负债),计算公式为

$$EV = (市值 + 负债 + 少数股东权益 + 优先股) - (现金及现金等价物)$$

EBITDA 指的是税息折旧及摊销前利润,计算公式为

$$EBITDA = 税前盈利 + 利息 + 折旧 + 摊销$$

7.1.4.2 企业价值倍数的适用范围

企业价值倍数适用于不同行业和规模的企业,可以用于比较跨行业的企业价值。然而,EV/EBITDA 也有一些局限性。首先,它只是一个相对估值指标,需要结合其他因素进行综合分析。其次,它可能受到市场情绪和行业周期性的影响,需要谨慎使用。

EV/EBITDA 是企业价值倍数法中的一种重要指标,用于评估企业的相对估值。它在金融和投资领域被广泛使用,但在使用时需要谨慎选择可比公司,并结合其他估值方法和因素进行综合分析。

7.1.4.3 企业价值倍数的优缺点

优点:不同行业的企业可能有不同的财务结构和税收策略,使用 EV/EBITDA 可以更准确地比较他们的经营绩效和相对估值;EV/EBITDA 提供了一个更全面的指标来评估企业价值。EV/EBITDA 可以用作衡量并购交易的合理性和相对估值的依据,高 EV/EBITDA 可能意味着企业估值较高,从而对于潜在的并购方可能需要更多的资金;通过将企业的市值加上净债务,得到企业价值,然后将企业价值除以 EBITDA,可以得到一个相对的估值指标,用于评估企业的相对估值水平。

缺点:企业价值倍数只是一个相对估值指标,需要结合其他因素进行综合分析;企业价值倍数可能受到市场情绪和行业周期性的影响,需要谨慎使用;企业价值倍数无法考虑到企业的财务结构和盈利能力的变化,以及行业和市场的特定情况。

7.1.4.4 企业价值倍数在实务界的应用

(1)在科创板上市公司的估值中,EV/EBITDA 是常用的估值方法之一。例如,某些前期投资巨大导致巨额折旧摊销扭曲盈利的高科技公司,可以使用 EV/EBITDA 进行估值。

(2)在保险投资领域,EV/EBITDA 也是常用的估值方法之一。例如,可以通过比较被评估企业的 EV/EBITDA 与行业平均水平或历史水平,来确定被评估企业的估值水平。

(3)在企业并购和重组中,EV/EBITDA 也是常用的估值方法之一。例如,可以通过比较被收购企业和同行业或同类型企业的 EV/EBITDA,来确定被收购企业的估值水平。

(4)在投资分析中,EV/EBITDA 也是常用的估值方法之一。例如,可以通过比较被评估企业的 EV/EBITDA 与同行业或同类型企业的估值水平,来确定被评估企业的估值水平。

7.1.4.5 企业价值倍数的运用

假设有一家公司的市值为 1000 万,每股盈利为 2 元。通过计算市盈率,可以得到:假设该公司截至 2018 年 3 月 1 日的市值为 693 亿,截至 2017 年 12 月 31 日的现金余额 3 亿,负债 14 亿。公司报告 2017 全年 EBITDA50.4 亿,分析师平均预测 2018 年的 EBITDA 为 55 亿。根据以上数据,该公司的历史和前瞻企业倍数分别是多少?

以下是计算步骤:

(1)企业价值(市值+负债-现金):963 亿+14 亿-3 亿=704 亿

(2)历史企业价值倍数(2017 年):704 亿/50.4 亿=14.0 亿

(3)前瞻企业价值倍数(2018 年预测值):704 亿/55.0 亿=12.8 亿

7.2 市盈率与市净率的区别

市盈率和市净率都是上市公司估值方法,准确来说属于相对估值法的范畴。市盈率的高低意味着市场对于 A 公司预期的好坏,而市净率无论是股票还是公司,更注重的是投资价值。市盈率与市净率也有其局限性。

假如一些很有前景,但目前没有利润的创业型公司就不适合用市盈率法估值,因为负值的市盈率毫无意义。而对于拥有大量固定资产的制造行业和轻资产的新兴行业来说,市净率又变得不再适用。

在财务报表中,可以调节利润的其他项目非常多。因此,上市公司的利润很容易被操控,从而导致市盈率指标失真。而市净率也对固定资产依赖越来越少,看不见摸不着的知识财产权、商誉、品牌等在当今社会越来越重要,可这类资产却很难估值。另外,科技进步或通胀导致企业账面净资产与市场值会相差很多。

市盈率和市净率更适合横向对比和业内的纵向对比,因为不同行业之间的指标差别实在太大了。例如制造业是重资产行业,企业往往拥有大量实物净资产,这样一下子就会拉低市净率。

市盈率、市净率只是投资的参考指标。如何正确地选择参数则比较困难。未来股利、现金流的预测偏差、贴现率的选择偏差,都有可能影响到估值的精确性。从理论上讲只有当市场完善,会计制度健全,信息披露能够较为真实地反映企业的过去和现状时,运用这种方法才最为合理。

7.3 市场法评估一般的经验杂谈

公司的内在价值取决于公司的资产及其获利能力。此外,估值是一个区间,不是一个精确的数值。而且,每个人因为自己的投资理念、投资经历的不同,对公司了解的程度不同,对同一家公司的估值区间也不同。

格力的估值,市盈率10倍以下算低估,12～15倍算合理;可能有的人却认为格力市盈率12倍以下就算低估,20倍以上才算高估;或者有的人认为格力市盈率8倍以下才算低估,12倍以上就算高估了。

价值评估陷阱,一般来说,一家公司市盈率越低越好。但对于强周期行业而言,如钢铁、化工、大宗商品等行业的公司,如果在低市盈率时买入反而会落入估值陷阱。因为此时往往是行业景气高峰期,企业处于盈利顶峰,随着行业景气度下降,企业盈利下降甚至亏损,市盈率越来越高。对于强周期性行业,反而要在高市盈率时买入,在低市盈率时卖出。

高增长给予高估值,比如说科技公司初期成长性强,市场给予的估值就高,常常可达几十倍、上百倍市盈率。

低增长给予低估值,比如说公路、自来水、燃气、电力等公用事业股,因为价格受管制,需求较为稳定,业绩增长低,市场给予的估值就低,常常是个位数的市盈率。

永续经营行业给予高估值,比如白酒行业存在了几百上千年,市场给予的估值往往比较高。

高杠杆行业给予低估值,如银行、地产等高杠杆行业,一旦经营不善,很有可能就破产倒闭,所以市场给予的估值就较低。

市场行情好的时候,给予的估值就高,如2007年的大牛市,地产、银行的估值可以高达几十倍市盈率;市场行情不好的时候,给予的估值就低,如2008年之后的熊市,银行的估值低至市盈率5倍。估值简单说就是数字的计算,但投资并不止于此。

估值的前提是了解公司。如果对公司不了解,谈估值是没什么意义的。一家公司市盈率

10倍,估值到底是高了还是低了,要看公司处于哪个行业,要看行业的景气度,要看公司处于哪个发展阶段,要看公司业绩怎么样,要看企业未来的发展前景等,才能得出结论。

比如说,就算粗略地晓得公司被低估,但因为不是很了解公司的基本面,一旦市场波动很多人就各种担心,跌也担心、涨也担心。

对一家企业的估值,要全面、动态、综合地参照行业、成长性等各种因素来看。常看3个指标:总市值、市盈率、股息率。

总市值:提供了一个思考框架,公司整体值多少钱?

市盈率:回归生意的本质,按照当前盈利情况,多少年可以收回投资本金?

这里要规避强周期性行业的低市盈率陷阱,要规避应收账款高的、无现金流入的、非经常性损益大的各种"盈利"陷阱。

股息率:公司股息率是否赶得上理财收益、存款收益?股息率要看企业处于哪个发展阶段。

估值一定要保守。"十不投资"就有一条纪律"不买高市盈率股票""一般不买超过15倍市盈率的股票"。坚持估值的保守,往往会错过一些机会,宁愿错过也不进行有风险的投资。

不同行业估值方法也不同,消费行业,弱周期,就适合用市盈率来估值。银行业,一般用市净率来估值;保险行业,一般用内涵价值来估值;地产行业,常用净资产价值法来估值。

思考题

(1)什么样的公司适合用价值倍数法?请举例。
(2)请举例并解释市盈率的适用范围。
(3)请举例并解释市净率的适用范围。
(4)请举例并解释市销率的适用范围。

8 收益法——自由现金流量评估法

自由现金流量的概念;折现现金流量计算原理;自由现金流量评估法的适用性;现金流量的企业价值评估步骤。

学习目标

(1)理解自由现金流量评估法的基本原理。

(2) 了解折现现金流量的原理和应用。
(3) 理解自由现金流量评估法的适用条件和局限性。
(4) 应用自由现金流量评估法进行企业价值评估。

8.1 自由现金流量的概念

自由现金流量的概念,主要是由美国西北大学学者拉巴波特和哈佛大学学者詹森提出的,就是企业经营活动中的现金流入减去现金支付后产生的经营活动现金净流入[①],在满足了企业研发及投资等资本性支出所需现金流出后剩余的现金流量,这部分现金流量可供资本的所有者(股东和债权人)进行分配,且完全不影响企业的正常经营活动和投资活动。

自由现金流量可分为企业整体自由现金流量和企业股权自由现金流量。企业整体自由现金流量是指企业经营活动相关的现金收入,扣除了经营活动相关的现金支出、研发及投资投入的资金流出、企业缴纳的相关税费之后,在归还企业的债务本金、利息支出、股东分红等融资支出之前的剩余现金流量;而股权自由现金流量是在整体自由现金流量的基础上,清偿债务本金和利息之后的剩余现金流量。整体自由现金流量再通过加权平均资金成本折现,用于反映企业整体的价值(股权价值和债务价值);股权自由现金流量再通过股东的预期收益率折现,反映股东所拥有的股权价值,两者使用的折现率是不同的。

8.2 自由现金流量的意义与作用

自由现金流量在企业价值评估和财务管理中具有重要的意义和作用,主要包括以下几个方面:①能够反映企业的现金流量状况,是评估企业财务状况的重要指标;②能够反映企业的盈利能力,是评估企业盈利能力的重要指标;③能够反映企业未来的现金流量状况,是评估企业价值的重要指标;④自由现金流量能够反映企业的现金流量状况和未来的现金流量变化趋势,既为投资决策提供重要的依据;也能为企业的财务管理提供重要的依据。

企业可以根据自身情况合理运用自由现金流量指标,以提高企业的财务管理水平和投资决策能力。

8.3 自由现金流量的计算

自由现金流量是指企业在扣除税收、必要的资本支出和营运资本增加后,能够支付给所有企业资本的供给者的现金流量。一般来说,现金流量评估法中,自由现金流量的计算方法有以下 3 种:

自由现金流量=净利润+折旧与摊销-资本支出-营运资本变化
自由现金流量=税后净利润+折旧与摊销-资本支出-营运资本变化
自由现金流量=经营活动产生的现金流量净额+投资活动产生的现金流量净额

---

① MBA智库.自由现金流[EB/OL].[2024-11-15]. https://wiki.mbalib.com/wiki/%E8%87%AA%E7%94%B1%E7%8E%B0%E9%87%91%E6%B5%81

以上3种计算方法都是以现金流量为基础,考虑了企业的资本支出和营运资本变化等因素,能够更全面地反映企业的现金流量状况。企业可以根据自身情况选择合适的计算方法进行自由现金流量的计算。

自由现金流量的计算公式中各项指标的含义如下。

(1)净利润。企业在一定时期内的总收入减去总成本和费用后的余额。

(2)税后净利润。净利润扣除所得税后的余额。

(3)折旧与摊销。企业在一定时期内对固定资产和无形资产进行折旧和摊销的费用。

(4)资本支出。企业在一定时期内用于购置、维修和更新固定资产和无形资产的支出。资本支出＝净经营长期资产的增加＋折旧与摊销＝经营长期资产的增加－经营长期负债的增加＋折旧与摊销,它是指为了获得长期资产而发生的支出,属于发生额的概念。

(5)营运资本变化。企业在一定时期内用于运营业务所需的流动资产和流动负债的变化。营运资本的增加＝流动资产的增加－流动负债的增加,是资产增加与负债增加的差额。

以上指标都是自由现金流量计算公式中的重要组成部分,能够反映企业的经营状况、资本支出和营运资本变化等情况,是评估企业现金流量状况和未来现金流量变化趋势的重要指标。企业可以根据自身情况选择合适的计算方法进行自由现金流量的计算。

非现金经营费用是指企业在经营活动中发生的,但不涉及现金收支的费用,如折旧、摊销等,在自由现金流量的计算中,非现金经营费用需要加入到自由现金流量的计算公式中,以反映企业的实际现金流量状况。根据不同的计算方法,非现金经营费的计算方式也有所不同。

自由现金流量＝净利润＋折旧与摊销－资本支出－营运资本变化,其中折旧与摊销即为非现金经营费用。

自由现金流量＝税后净利润＋折旧与摊销－资本支出－营运资本变化。其中折旧与摊销即为非现金经营费用。

自由现金流量＝经营活动产生的现金流量净额＋投资活动产生的现金流量净额。其中经营活动产生的现金流量净额中已经扣除了折旧等非现金经营费用。

以上三种计算方法都将折旧与摊销作为非现金经营费用的代表,反映了企业在经营活动中的实际现金流量状况。企业可以根据自身情况选择合适的计算方法进行自由现金流量的计算。

折旧:指企业在一定时期内对固定资产和无形资产进行折旧的费用,是一种非现金经营费用。

摊销:指企业在一定时期内对无形资产进行摊销的费用,也是一种非现金经营费用。

无形资产减值准备:指企业对无形资产进行减值准备的费用,也是一种非现金经营费用。

长期待摊费用摊销:指企业在一定时期内对长期待摊费用进行摊销的费用,也是一种非现金经营费用。

以上是自由现金流量中的常见非现金经营费用项目,企业可以根据自身情况确定具体的非现金经营费用项目,并将其加入到自由现金流量的计算公式中,以反映企业的实际现金流量状况。

自由现金流量中的非现金经营费用是指企业在经营活动中发生的,但不涉及现金收支的费用,如折旧、摊销等。而非经营性现金流量是指企业在非经营活动中发生的现金收支,如投资活动和筹资活动等。两者的区别在于,非现金经营费用是指企业在经营活动中发生的费用。但不涉及现金收支,而非经营性现金流量是指企业在非经营活动中发生的现金收支。两者都是企业财务状况的重要指标,但反映的角度和内容不同。

8.4 确定折现率

自由现金流量模型中采用加权平均资本成本(WACC)作为折现率。加权平均资本成本代表的是企业的整体风险,即所有投资者(股东和债务人)对公司的平均期望收益率。加权平均资本成本的计算公式如下

$$WACC = Kd * (1-t) * D/(D+E) + Ke * E/(D+E)$$

式中:Kd 表示公司的债务资本成本,可用公司的边际筹资成本(如向银行的借款利率、公债券的收益率)近似估计;t 表示所得税;Ke 表示公司的股权资本成本,可用资本资产定价模型(Capital Assets Pricing Model,简称 CAPM)来计算;D 表示负债,E 表示所有者权益,它们都可按照债权和股本的市场价值来确定、或参考可比公司的资本结构、或者按照公司的目标资本结构来确定,而非当前的资本结构。

8.5 资本资产定价模型

资本资产定价模型是美国斯坦福大学威廉姆·夏普(William Sharpe)教授于 1964 年提出的。在哈里·马柯维茨(Harry Markowitz)的投资组合理论的基础上,威廉姆·夏普(2016)对证券市场的价格机制进行了大量、深入的研究,并在其论文《资本资产价格:风险下的市场均衡理论》中提出了 CAPM 模型。

8.5.1 资本资产定价模型简介

资本资产定价模型是一种描述风险与期望收益率之间关系的模型,也是迄今为止最为成熟的风险度量模型。该模型用方差来度量不可分散风险,并将风险与预期收益联系起来。在这一模型中,某种证券的期望收益率就是无风险收益率加上该种证券的系统风险溢价。与任何模型一样,资本资产定价模型也是建立在一些假设基础上的。这些假设包括:①投资者对于资产和收益的变化的预期是一致的;②投资者可以按照无风险利率进行借贷;③所有资产是可交易的,而且是完全可分割的;④不存在交易成本;⑤资本市场上没有卖空交易的限制。

CAPM 模型认为,风险与收益是成正比的,投资的风险越大,投资者期望收益率就越高。因为风险的存在或增加而导致期望收益率相对于无风险时的收益率的增加部分就是作为一种风险的回报补偿,通常称为风险溢价。

$$K_e = R_f + \beta(R_m - R_f)$$

式中:R_f 表示无风险收益率;R_m 表示市场的期望收益率;$R_m - R_f$ 表示市场风险溢价;K_e 表示投资者要求的收益率(权益资本成本);β 表示系统风险指数。

无风险收益率(R_f)可以从国债收益率得到观察,建议使用评估基准日当天的 10 年期国

债利率。β 是单个股票随股票市场总体趋势变化的幅度,是一个回归值,收入波动性越高(如周期性行业)、经营杠杆越高(如固定成本较高的行业),或财务杠杆越高的公司 β 系数越高。β 反映了市场中无法通过资产组合规避的风险,因此反映的是系统风险。

历史 β 值一般用二元线形回归计算:注意要剔除异常时期,如泡沫时期(估值混乱),资产重组之前的时期(主业发生了根本性变化)。

8.5.2 加权平均资本成本

加权平均资本成本是按各类资本所占总资本来源的权重加权平均计算公司资本成本的方法。资本来源包括普通股、优先股、债券及所有长期债务,计算时将每种资本的成本(税后)乘以其占总资本的比例,然后加总。加权平均资本成本多用于公司资本预算。

8.6 基于现金流量的企业价值评估步骤

现金流量评估法是企业价值评估的一种常用方法,其基本原理是通过预测企业未来一段时间内的现金流量,将这些现金流量按照折现率进行现值计算,得到未来现金流量的现值,最后将未来现金流量的现值加总,得到企业的总价值,其评估步骤和方法,本书参考了科勒(2004)著作《价值评估》。

(1)预测未来现金流量。对企业未来一段时间内的现金流量进行预测,包括对企业的经营活动、投资活动和筹资活动等产生的现金流进行预测。在预测未来现金流时,需要结合企业过去的经营状况与财务数据,预测企业未来年度的现金流(通常在5年及以上)。

(2)确定合适的折现率。基于现金流量的企业价值评估可采用多种模型,包括股利折现模型和企业自由现金流折现模型等。进行企业价值评估需要我们根据企业的风险和资本成本等因素的需要,选择适应的模型,并确定合适的折现率。

(3)计算现值。将预测的现金流量按照折现率进行现值计算,得到未来现金流量的现值。

(4)计算企业价值。将未来现金流量的现值加总,得到企业的总价值。

(5)进行灵敏度分析。对预测的现金流量和折现率进行灵敏度分析,评估不同变量对企业价值的影响。

以上是现金流量评估法的基本步骤,企业可以根据自身情况进行适当地调整和补充。现金流量评估法的优点是能够充分考虑企业未来现金流量的变化和风险,但也存在着预测不准确、折现率难以确定等缺点,企业在使用时需要谨慎评估。

8.7 财务预测的编制步骤

财务预测的编制是企业价值评估的关键步骤,其核心在于基于历史数据,合理假设和应用科学方法预测企业未来的财务状况。通过系统的步骤和严谨的分析,财务预测能够为企业估值、投资决策和战略规划提供可靠的数据支持。那么价值评估者该如何进行财务预测呢?可参见图 8.1 了解企业财务预测及其编制步骤。

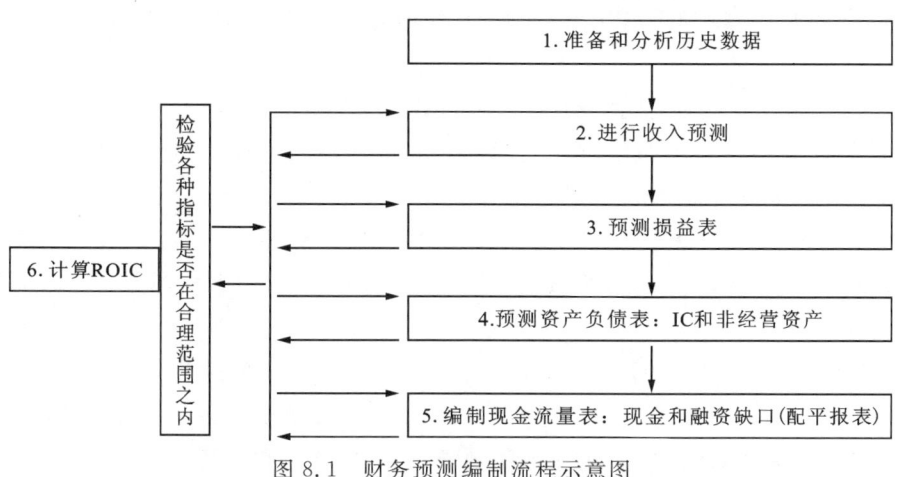

图 8.1　财务预测编制流程示意图

8.7.1　准备和分析历史数据

1) 重组财务报表

重组财务报表用以反映公司的经济绩效（并非会计绩效），将企业资产与负债分为经营性与非经营性是为了更准确地反映企业的经济绩效，剥离非核心业务和财务活动的影响，聚焦于核心业务的真实盈利能力。这种分类方法不仅支持企业估值和财务预测，还能优化资源配置、支持战略决策，是财务分析中的重要步骤。对资产和负债进行区分为经营性与非经营性的具体的内容见图 8.2。

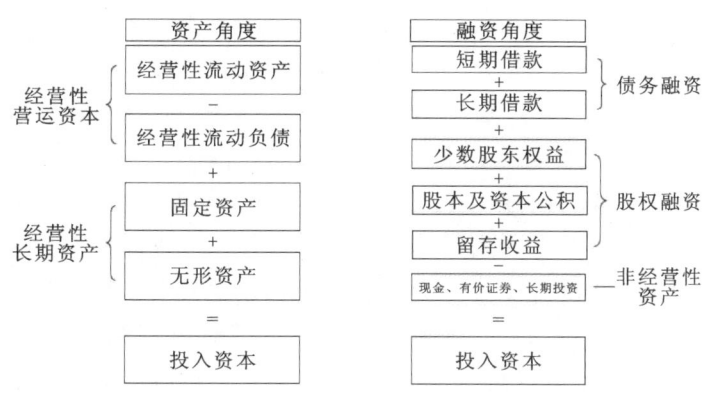

图 8.2　重组财务报表

图 8.2 中的经营性流动资产包括应收账款、预付货款、存货、固定资产等；经营性流动负债包括应付账款、预收账款、应付票据、应付工资、应付税款等；非经营性资产包括有价证券、富余现金、不并表的子公司和其他权益投资等。

2) 分析重要财务指标

扣除调整税后的净营业利润（Net Operating Profits Less Adjusted Taxes，简称 NOPLAT），指扣除与核心经营活动相关的所得税后公司核心经营活动产生的利润。

$$\text{NOPLAT} = \text{EBIT} - \text{调整税} \approx \text{EBIT}(1-t) = \text{EBIT} - \text{EBIT} \times t \quad (t\text{ 为税率})$$

具体说明：不从经营利润中扣除利息；扣除任何非经营性收入和不由IC所产生的回报或损失。

$$调整税 = EBIT \times t = (EBIT - I) \times t + I \times t$$

式中，I为利息，$(EBIT - I) \times t$就是财务报表上的税收数据，$I \times t$是利息费用的税盾，就是对损益表税收数据的调整项。当然，从严格意义上说，还要从损益表上的税收数据中剔除非经营性活动产生的税收。

投入资本（Invested Capital，简称IC），指公司在核心经营活动（房屋、厂房、设备以及经营资金等）上已投资的累计数额。

$$IC = 经营性营运资本 + 经营性长期资产 = 债务融资 + 股权融资 - 非经营性资产$$

具体说明：如果是购得的无形资产和商誉，应该算作经营资产的一部分；长期的融资租赁不反映在资产负债表中，但事实上就是一种融资行为，应该将租赁资产当作一项资产对待，并增加相应的负债。否则会使得公司显得"轻资产"化，并会影响ROIC的真实性；如果该研发费用的成果能够对公司长期经营产生价值，应该资本化，并逐年摊销。

投资回报率（Return on Invested Capital，简称ROIC），指对核心经营活动进行投资的回报率（ROIC有两种解释，一种是所有资本的回报率，另一种是新增资本的回报率，此处假设两者是相等的，除非有特殊说明）。

$$ROIC = NOPLAT/IC_*$$

其中，净投资$(IC_*) = IC_{t+1} - IC_t$

为了能更好地理解投资回报率，分解投资回报率公式，分解公式如下

$$\begin{aligned}投资回报率(ROIC) &= (1-t) * (EBIT/收入) * (收入/投入资本) \\ &= (1-税率) * 销售净利率 * 资产周转率 \\ &= (1-税率) * (息税前利润/销售收入) * (销售收入/投入的资本) \\ &= (1-税率) * [(销售收入 - 销售成本 - 销售费用 - 管理费用)/ \\ &\quad 销售收入] * /投入资本的周转率\end{aligned}$$

根据上述公式的分解，发现分解的投资回报率（ROIC），可以作为企业进行价值管理的分析工具，通过以上将整体ROIC拆解为多个财务指标，发现投资回报率的多个关键驱动因素（如销售净利润率、投入资本周转率等），帮助企业识别影响投资回报的具体环节。这种方法使管理层能够更精准地评估业务绩效，找出改进点，并优化资源配置，从而提升整体企业价值。通过分解ROIC，企业可以更好地理解财务表现背后的动因，制定更具针对性的战略决策。

根据投资回报率拆解公式可得到驱动投资回报率的多关键驱动因素与财务指标的关系，见图8.3。其中，SG&A是指销售和管理费用（Selling, General and Administrative）。

分解的ROIC可以应用在①和同业公司相比，确定公司ROIC为什么高或者低；②分析公司ROIC变化趋势及其原因。

3）分析行业和公司竞争优势

ROIC作为衡量资本效率的核心标尺，其表现是外部行业环境与企业内部能力共同作用的产物。波特五力模型揭示了行业竞争结构对企业盈利空间的系统性约束，而价值链理论则

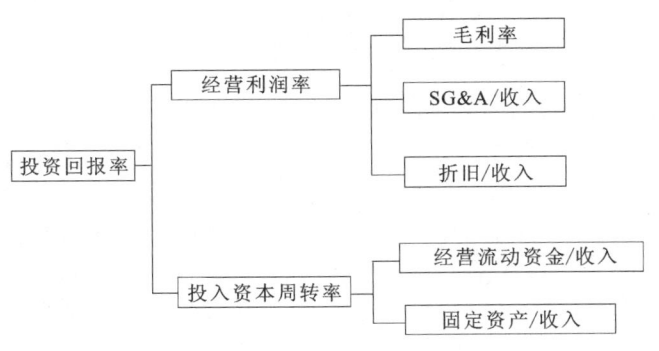

图 8.3　投资回报率

剖析了企业突破这些约束的可能性路径。二者的结合,为 ROIC 评估提供了兼顾宏观格局与微观效率的完整分析框架。在验证 ROIC 测算时,需回溯波特价值链的原始逻辑:"优势源于活动间的协同,而非单一环节",避免孤立分析某环节的 ROIC 而忽略系统效应。

具体投资回报率估计及检验分析如下

第一维度:行业结构——ROIC 的生存边界

通过波特五力模型解构行业竞争本质,波特五力模型见图 8.4。

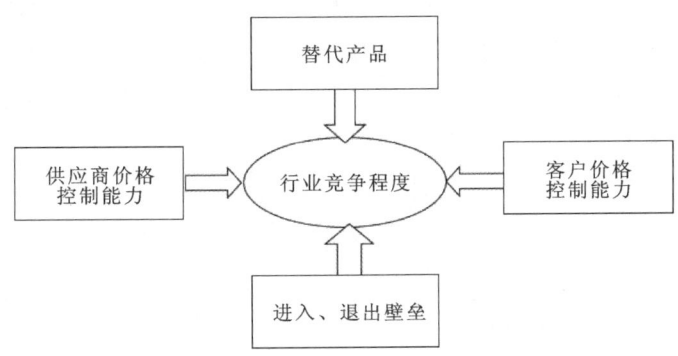

图 8.4　波特五力模型解构行业竞争本质

①上游控制力:供应商集中度决定成本刚性。典型案例:全球高端光刻机市场由 ASML 垄断,芯片代工企业议价能力受限。②下游压制力:买方议价权影响价格弹性空间。如沃尔玛通过规模化采购压缩快消品供应商利润率。③潜在冲击力:进入壁垒决定超额收益持续性。民航业因技术、资本壁垒形成双寡头格局,维持 15%＋行业平均 ROIC。④替代颠覆力:技术迭代设定增长天花板。数码相机颠覆胶卷行业,柯达 ROIC 从 18% 暴跌至 -5%。⑤同业消耗力:竞争强度决定利润池稳定性,中国电商行业 CR5 超 85%,价格战导致 ROIC 中位数 5 年下降 50%。

第二维度:企业能力——ROIC 的突破引擎

运用波特的价值链理论识别竞争优势,波特价值链分析见图 8.5。

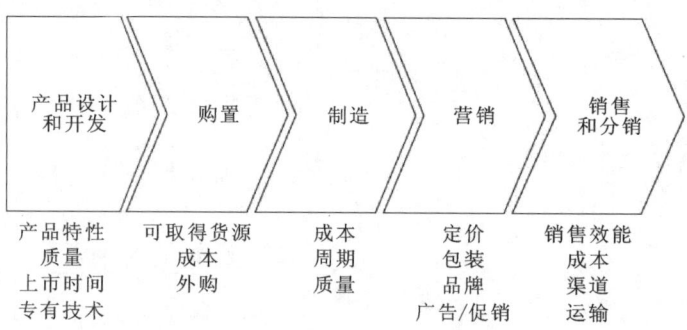

图 8.5 波特价值链分析图

波特将企业活动划分为基本活动(如生产、销售、服务)和支持性活动(如技术研发、人力资源),强调通过优化各环节的协同效应与成本效率来构建竞争优势。其研究背景是为了弥补传统战略理论(如五力模型)对企业内部能力分析的不足,将视角从行业竞争转向企业内部价值创造流程。

为此,价值链理论通过分解企业活动的价值贡献,为 ROIC 测算提供了更精细的分析框架:精准定位高回报环节:例如,若研发环节的专利技术显著提升产品溢价,其 ROIC 应高于低附加值环节(如物流)。识别成本失真风险:若企业将大量资源投入低效环节(如冗余的行政流程),可能导致整体 ROIC 测算偏离实际价值。不过,波特指出仅依赖财务数据测算 ROIC 可能忽略隐性价值(如品牌忠诚度),需结合价值链分析进行动态修正。

比如,①核心活动增效,生产环节:车企精益制造降低 15% 成本,ROIC 提升 3%;营销环节:某家电企业通过技术营销塑造高端定位,毛利率达 65%。②辅助活动赋能,技术研发:信息通信技术公司近十年研发投入 9773 亿元,铸就关键同学技术领域定价权;供应链管理:服装企业两周上新周期,库存周转率超同业 3 倍。

分析框架实施路径:①行业基准定位,量化五力强度:采用集中度指数、替代品渗透率等 12 项指标建立行业风险矩阵,对标标杆企业:选取 ROIC 持续超行业均值 20% 以上的企业作为参照系。②企业能力诊断,绘制价值链成本地图:识别采购、生产、物流等环节的效率差值,评估战略资源配置:研发强度、渠道覆盖率等指标对比行业 75 分位值。③ROIC 预测与验证,建立动态修正模型。

$$ROIC 预测值 = 行业基准 ROIC \times (企业价值链效率指数/100)$$

ROIC 不仅是财务结果,更是行业结构的映射,五力模型为投资者提供了一种动态评估工具:在行业层面识别 ROIC 的"系统风险",在企业层面挖掘突破约束的战略能动性。理解这种外生力量与内生力量的交互,方能穿透短期财务数据,捕捉 ROIC 可持续性的本质驱动因子。

4)企业价值链效率指数及测算

企业价值链效率指数是衡量企业在价值链各环节中资源投入与价值产出比率的综合指标,其核心在于量化各环节的运营效率,计算公式为

$$价值链效率指数 = (各环节价值贡献/资源投入)的加权平均值$$

其中，价值贡献包括收入、利润、客户满意度等产出指标。资源投入包括成本、时间、人力等投入指标。权重：根据环节对企业整体价值的重要性分配权重（如研发权重30%、生产权重40%等）。横向对比评估企业与竞争对手的效率差异。纵向优化识别内部低效环节并改进资源配置。

计算步骤与公式

步骤1：分解价值链环节

按波特价值链理论划分企业活动，例如：
- 基本活动：内部物流、生产制造、外部物流、市场营销、售后服务。
- 支持活动：采购、技术研发、人力资源管理、基础设施。

步骤2：定义各环节的投入与产出指标

价值链环节	投入指标（分母）	产出指标（分子）
内部物流	仓储成本、库存周转时间	原材料利用率、订单交付准时率
生产制造	生产成本、设备维护费用	单位时间产量、产品合格率
市场营销	广告费用、销售团队成本	销售额、市场份额、客户增长率

步骤3：计算单一环节效率值

环节效率值＝产出指标投入指标×100% 环节效率值＝投入指标产出指标×100%

例如：
- 生产制造环节效率＝（单位时间产量/生产成本）×100%
- 市场营销环节效率＝（销售额/广告费用）×100%

步骤4：标准化与加权计算总指数

(1) 标准化处理：将各环节效率值转换为0～1的标准化值（避免量纲差异）。标准化值＝（实际效率值－行业最低效率值）/（行业最高效率值－行业最低效率值）或标准化值＝（行业最高效率值－行业最低效率值）/（实际效率值－行业最低效率值）

(2) 分配权重：根据战略重要性分配权重（总和为100%）。例如：生产制造（30%）、研发（25%）、市场营销（20%）、其他（25%）。

(3) 计算总指数：价值链效率指数＝∑（标准化效率值×权重）价值链效率指数＝∑（标准化效率值×权重）

计算示例

案例：某家电制造企业数据

环节	投入指标	产出指标	行业基准（最低/最高）
生产制造	生产成本500万元	产量10万台	最低：0.8万/百万，最高：1.5万/百万
市场营销	广告费200万元	销售额8000万元	最低：30倍，最高：50倍

(1) 计算环节效率值：生产制造效率＝10万/500万＝0.02→标准化值＝（0.02－0.008）/（0.015－0.008）＝1.71（超过行业最高按1计算）；市场营销效率＝8000/200＝40倍→标准化

值=(40-30)/(50-30)=0.5

(2)总指数计算(假设权重:生产40%、营销30%):总指数(1×40%)+(0.5×30%)=0.55(满分1,实际效率中等)

关键注意事项:①数据准确性,需确保投入与产出指标的真实性(如避免成本分摊不合理)。②动态调整权重,随战略重心变化调整权重(如技术驱动型企业提高研发权重)。③行业对标,需参考行业基准值,避免孤立分析。

在投资决策方面,若某环节效率指数长期低于行业均值,需警惕ROIC虚高。在内部优化方面,例如生产环节效率低,可通过自动化或供应链优化提升指数。通过价值链效率指数,企业可精准定位资源浪费环节,优化ROIC测算模型,实现竞争优势的可持续提升。

5)企业价值评估财务预测的编制

企业价值评估中,投资回报率的确定需结合企业所处成长阶段(初创期、成长期、成熟期)的动态特征:初创期高风险对应潜在高回报,成长期聚焦增速与市场份额的平衡,成熟期侧重稳定现金流与行业壁垒。同时需量化行业竞争格局(如集中度、政策导向)、市场需求趋势,并结合企业核心能力(技术优势、管理效率、资源整合)进行风险溢价调整,最终通过加权资本成本(WACC)或现金流折现模型(DCF)等工具实现动态收益率的精准锚定。

从企业的历史、成长、在行业中的地位以及各项财务指标判断企业所处的成长阶段,根据已有信息决定可明确预测的年限(一般5～7年)确定企业的稳定状态:企业以不变的比率增长(一般为中国的长期通胀率的2%～3%),并把营业利润以不变的比率用于再投资新增的ROIC不变,企业基准水平的ROIC不变。

8.7.2 进行收入预测

由图8.6可知,收入增长是财务预测中的一个关键变量,而在收入预测之前,可以通过收入分解,首先找到收入增长的驱动因素:

$$收入 = 单价 \times 数量$$

可以直接分析产品单价和数量的变化,确定到底是哪个因素在驱动收入增长,从而将其作为收入预测的关键变量。

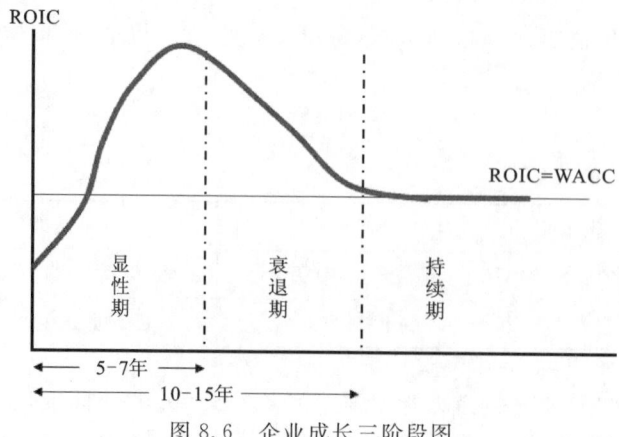

图8.6 企业成长三阶段图

收入预测可采用自上而下＋自下而上相结合的方式。

自上而下：预测市场总量，确定市场份额（渗透率），预测价格和数量，确定收入，可以结合公司公布的增长目标和增长能力来进行。

自下而上：从市场需求出发预测。通过综合各方面客户的需求，可以预测短期内现有客户带来的收入。

容易犯的错误：根据企业的产能，甚至是计划产能来预测收入！

收入预测表见图8.7。

	项目	预测驱动因素	预测比率
经营	销售成本	收入	销售成本/收入
	营业费用和管理费用	收入	营业费用和管理费用/收入
	折旧	上一年不动产、厂房和设备的净值	折旧/PP&E净值
非经营	非经营收入		非经营收入/非经营资产，非经营收入增长率
	利息费用	债务平均值	利息费用/债务平均值
	利息回报	现金平均值	利息回报/现金平均值

图8.7　收入预测表

8.7.3　预测损益表

预测损益表是企业基于历史数据、市场趋势及经营计划，对未来特定期间（如季度或年度）的收入、成本及利润进行的系统性预估。它通过量化预期销售收入，扣除可变成本（如原材料、直接人工）和固定成本（如租金、折旧），测算营业利润（EBIT），再结合税费和利息支出，最终推导出净利润。该表不仅用于评估企业盈利目标的可行性，还能辅助管理层优化资源配置、调整定价策略，并提前识别成本超支或收入不足的风险，是战略决策和投资者沟通的核心工具。

结合本书的价值评估的各步骤，预测损益表，可根据各项目占预测收入的比重进行预测。

8.7.4　预测资产负债表

在企业价值评估与管理中，预测资产负债表（图8.8）是一种重要的工具，用于估算企业未来的财务状况，从而为价值评估和管理提供重要依据。根据企业价值评估中分析的历史数据，企业在行业中的竞争力，以及企业自我的能力，确定企业投资回报率，同时分析企业价值驱动因素的价值贡献，预测各个环节的比率，由此更准确地预测企业未来的资产负债情况，为企业价值管理提供可靠的依据。

	项目	推荐的预测驱动因素	推荐的预测比率
经营	现金(不含富余现金)	收入	现金/收入
	应收账款	收入	应收账款/收入(应收账款周转天数)
	存货	COGS	存货/COGS(存货周转天数)
	应付账款	COGS	应付账款/COGS(应付账款周转天数)
	应计费用	收入	应计费用/收入
	PP&E净值	收入	PP&E净值/收入
非经营	非经验资产		非经营资产增长率
	养老金资产或负债		趋向于零
	递延税款	调整后税项	递延税款变化/调整后税项

注：COGS（Cost of good sold）为销售成本，PP&E（Property, Premise and Equipment）为不动产、厂房及设备。

图 8.8 预测资产负债表

首先，对于经营部分，现金（不含富余现金）的预测基于企业的收入，通过现金/收入比率进行评估。应收账款的预测则依据应收账款/收入（应收账款周转天数）进行调整，旨在逐步趋向管理层设定的目标值。存货的预测使用存货/销售成本（存货周转天数）进行，而应付账款则通过应付账款/销售成本（应付账款周转天数）进行预测。应计费用和PP&E净值分别依据应计费用/收入和PP&E净值/收入进行预测。

其次，对于非经营部分，非经营资产的预测基于非经营资产增长率，而养老金资产或负债则趋向于零。递延税款的预测通过递延税款变化/调整后税项进行调整。

长期来看，PP&E和收入的比例会趋向稳定，但在显性期，应该根据公司的产能扩张计划或者固定资产投资计划进行测算。资本支出（Capital Expenditure，简称CapEx）在企业价值评估中也是一个关键因素，它反映了企业在固定资产上的投资，影响未来的生产能力和经济效益。

通过详细分析预测资产负债表中的各项驱动因素和预测比率，并结合企业的具体经营计划和资本支出计划，可以较为准确地预测企业未来的财务状况，从而为企业价值评估与管理提供科学的依据。这不仅有助于企业管理者做出更明智的决策，还能提升企业的整体价值。

8.7.5 编制现金流量表

在进行企业价值评估时，最后编制现金流量表的原因在于现金流量表能够准确反映企业在一定时期内的现金流入和流出情况，是评估企业盈利质量和财务健康状况的重要依据。通过现金流量表，可以具体分析企业的经营活动、投资活动和融资活动的现金流情况，从而评估企业的持续经营能力和支付能力。

编制现金流量表的步骤如下：首先，根据资产负债表和利润表的科目变化，调整和归集各类现金流项目，如经营活动现金流、投资活动现金流和融资活动现金流。其次，通过计算营运资金变化、固定资产购置、融资缺口等中间指标,逐步填充现金流量表的具体项目。最后,核对净现金流和股利/红利,确保现金流量表的平衡和准确性。通过这些步骤,可以编制出反映企业真实现金流情况的现金流量表,为价值评估提供可靠依据。

另外需要注意:现金流量反映的是资产、负债和权益的变化,基本规律是:资产增加/减少则现金减少/增加,负债与权益增加/减少则现金增加/减少,估计现金流量表时应当基于持续性原则,对非经常损益进行调整。资产负债表上每个科目的变化都应该体现在现金流表中,否则资产负债表要么不平,要么出错。自由现金流量调整表见图8.9。

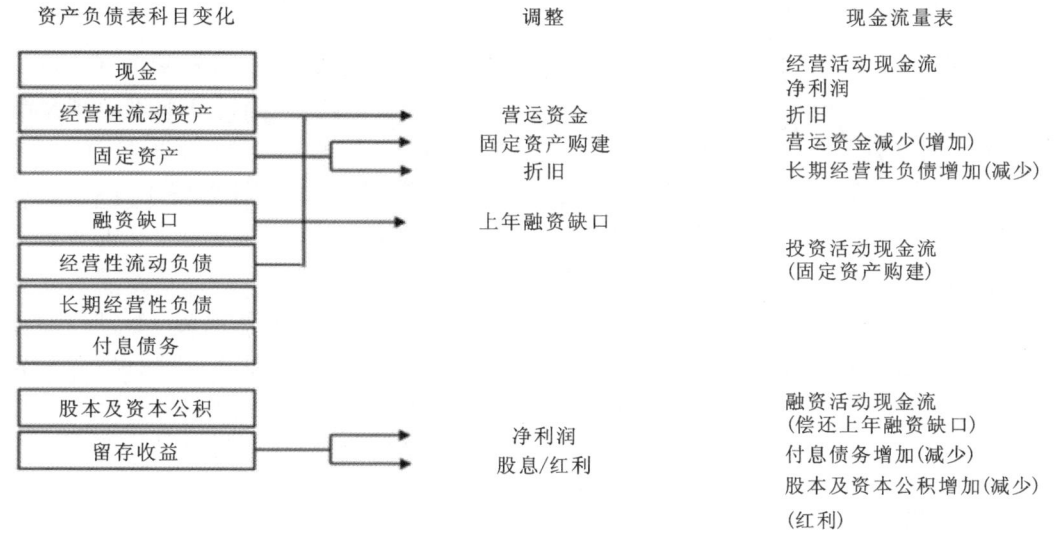

图8.9　自由现金流量调整表

此外,企业并不会告诉你哪些是"经营必须"的现金,哪些是"富余"的现金,只能根据经验和行业属性来判断。

根据标准普尔及多项最新研究,企业现金储备需求已从1993—2000年销售额的2%基准显著上升:当前跨国企业普遍采用动态现金管理模型(波士顿咨询2023),基准线提升至4%~5%,其中标普500企业现金占比达5%~8%,黑天鹅事件(如疫情、供应链危机)推动制造业现金储备较疫前激增40%(麦肯锡),而美联储加息周期促使科技巨头(苹果、微软)维持超10%的"安全垫"。行业分化明显,能源/汽车等重资产领域因大宗波动现金占比升至6%~9%,SaaS等轻资产服务业借订阅模式压缩至3%~5%,ESG评级每提升1级则现金需求增加0.7个百分点(标普数据)。值得注意的是,新经济企业通过实时数据中台(如阿里云案例)可将运营现金需求优化至1.5%以内,凸显技术赋能下的流动性管理革新。

比较结余现金和最低现金需求,若结余现金多于最低现金需求,则为现金盈余,否则为现金缺口。若为现金盈余,则计算其利息收入;若为现金缺口,则可通过增加短期负债来解决,因此要计算相应的利息费用。现金流量表编制完成后,可将年末现金和融资缺口的结果填入资产负债表,利用循环运算将三张表配平,图8.10为现金与融资缺口关系图。

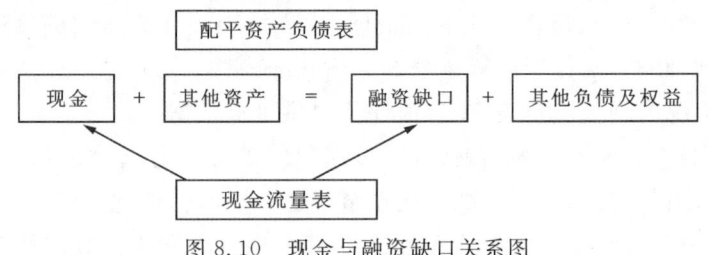

图 8.10　现金与融资缺口关系图

8.7.6　配平三张报表的变量：现金和短期负债循环贷款的原理

在进行企业价值评估时，通过计算期初现金余额、经营活动现金流、投资活动现金流以及新增循环贷款前的融资活动现金流的总和，并与最低现金需求进行比较，从而确定现金盈余或缺口，最终决定新增循环贷款的数额，以优化企业的现金流管理并提升企业的价值。

现金与短期负债管理中的循环贷款，本质是银行为企业提供的弹性融资工具：在预设授信额度内（如1000万元），企业可随时提取资金应对短期现金流缺口（如支付供应商货款），随借随还且还款后额度自动恢复，利率通常挂钩基准利率（如LPR＋1%）。其核心原理在于将企业现金池与信贷额度动态匹配——当运营现金低于安全阈值（如销售额的4%）时，通过循环贷款快速补充流动性；待应收账款回笼或存货变现后立即偿还，既避免长期负债的利息负担，又能循环使用以应对季节性采购或突发事件，形成"用款－还款－再启用"的持续资金缓冲机制，尤其适合应对账期错配导致的短期偿债压力（如30天到期的应付票据）。

8.7.7　财务预测合理性检验

财务预测合理性检验可以与同行业同类公司相比，参考公司历史财务状况以及未来战略规划，注意是否有内部/外部重大事项的发生，检验重要财务指标（如ROIC）的趋势是否合理。ROIC应该符合三种情况之一：①保持接近当前水平（公司具有卓越的、可持续的竞争优势）；②趋向行业平均值；③趋向WACC。

假设我们对某公司进行估值。公司预测未来10年的成本每年下降4%，由于是高度竞争的行业，成本的下降大部分被消费者分享，因此公司预测产品价格每年下降3%。这样的估值假设是否合理？

该假设并没有太多值得怀疑之处，但我们通过计算发现：在此假设下，该公司的ROIC从5%提高到15%，这对于处于高度竞争行业的公司来说是不可信的。因此，看似合理的假设并不合理！

对于预测数据的可靠性要进行检验，要有怀疑一切的精神，各方面都要兼顾，每一个假设都必须有论据支撑！

8.8　自由现金流折现模型的应用

8.8.1　稳定增长FCFF模型

使用这个模型必须满足两个条件。第一，企业的现金流以固定的增长率增长，且增长率是合理的;第二,资本支出和折旧的关系必须满足稳定增长的假设。因为没有额外的增长,也不需追加资本投资,所以一个稳定增长企业的资本性支出不应该显著大于折旧。当企业以某一固定的增长率增长时,可以使用稳定增长的 FCFF 模型进行评估,其基本公式为

$$企业价值 = \frac{FCFF_1}{WACC - g}$$

式中:$FCFF_1$ 是指未来年度的 FCFF;WACC 是加权平均资本成本;g 是指 FCFF 的固定增长率。

8.8.2 阶段性的 FCFF 模型

针对企业增长呈现的阶段性特征,有不同的阶段模型,但最常见的是两阶段的模型(图 8.11)。在两阶段的模型中,一个阶段为调整阶段,此时企业的增长比率很不稳定,可能是超额增长,也可能是平稳增长,或者增长处于严重的波动状态;另一个阶段为稳定阶段,企业的经营发展情况比较稳定,开始以稳定的增长率 g 增长,此时企业经营价值为

$$企业经营价值 = \sum_{t=1}^{n} \frac{FCFF_t}{(1+WACC)^t} + \sum_{t=1}^{n} \frac{FCFF_n + 1}{(WACC - g)(1 + WACC)^n}$$

式中:$FCFF_t$ 表示第 t 年预期的企业自由现金流量;$FCFF_{(n+1)}$ 表示第 $(n+1)$ 年的企业自由现金流量;g 表示 n 年后的稳定增长率。

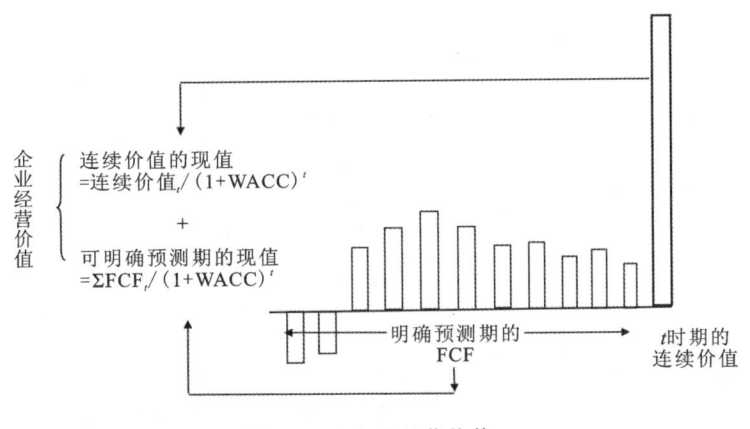

图 8.11 企业经营价值

企业自由现金流是企业偿还债务之前的现金流,并不受企业债务比率的影响,因而用 FCFF 模型可以评估那些财务杠杆比率较高或容易发生变化的企业。股权自由现金流考虑了债务因素,因此容易受财务杠杆比率的影响,用它评估财务杠杆比率容易发生变化的企业会比较困难。

$$企业经营价值 = 可明确预测期的价值 + 连续价值$$
$$股权价值 = 企业经营价值 + 非经营资产 - 债务价值$$

A 公司是一家食品制造企业,其 2022 年的销售收入为 1 253.2 亿元,销售成本为 969.34 亿元,销售费用为 30.23 亿元,管理费用为 28.28 亿元,折旧为 45.12 亿元,详细信息如表 8.2 所示。A 公司发行在外的债务为 10.82 亿元,且在外有 75.82 亿股,每股市价为 42.00 元,股

票的 β 值为 0.99，无风险利率为 3.24%。预计在 2023—2027 年间，A 公司进入高速发展期；2027 年后，A 公司以 8.1% 的增速平稳增长。

估计公司的价值，以及公司的每股价值。

Ⅰ：高速增长期（2023—2027 年）

预期 A 公司各年的自由现金流如表 8.1 所示。

表 8.1 2023—2027 年 A 公司自由现金流预测表　　　　　　　　单位：元

项目	2023 年	2024 年	2025 年	2026 年	2027 年
主营业务收入	16 780 426.16	21 032 565.32	25 284 704.48	29 536 843.63	33 788 982.79
减：主营业务成本	12 800 428.65	16 044 041.38	19 287 654.11	22 531 266.83	25 774 879.56
税金及附加	87 816.884 74	110 069.574 3	132 322.263 9	154 574.953 4	176 827.64
加：其他业务利润					
减：销售费用	11 802.998	641 493.242 3	771 183.486 6	900 873.730 9	1 030 563.975
管理费用	434 613.037 6	544 743.441 8	654 873.846	765 004.250 1	875 134.654 3
加：投资收益	79 380	24 000	107 800	79 980	318 529.24
营业外收入	771.8	818.5	1413	3086	4 778.05
营业外支出	973.9	5908	7339	45 450	70 957.94
加：营业外利润	43 629.11	54 684.67	65 740.23	76 795.79	87 851.36
息税前利润	2 981 515.49	3 661 533.01	4 480 730.54	5 188 308.07	6 162 254.84
息税前利润×(1−T)	2 534 288.16	3 112 303.06	3 808 620.96	4 410 061.86	5 237 916.62
加：折旧	637 656.19	799 237.48	960 818.77	1 122 400.06	1 283 981.35
摊销	16 780.43	21 032.57	25 284.70	29 536.84	33 788.98
流动资产	2 290 000.00	3 737 000.00	5 510 000.00	5 895 000.00	6 307 650.00
流动负债	1 488 000.00	2 462 000.00	4 309 000.00	4 250 000.00	4 369 254.72
减：营运资本增加	917 889.31	1 150 481.32	1 383 073.33	1 615 665.35	1 848 257.36
减：资本性支出	1 245 107.62	1 560 616.35	1 560 616.35	1 560 616.35	1 404 554.71
FCFF	477 964.23	536 575.39	753 610.56	890 512.72	1 981 672.35

加权平均资本成本：WACC＝3.623 1%×15.80%＋15.18%×84.20%＝13.35%

Ⅱ：永续增长期（2027 年之后年度）

公司以 8.1% 的增速平稳增长，即永续增长率 g 为 8.1%，WACC 为 13.35%。

企业价值＝公司前 5 年的价值＋高速增长阶段末企业价值的现值＝4 049.30（亿元）

公司股权价值＝公司价值−公司发行债务的价值＝4 049.3−880.4＝3 168.9（亿元）

公司股票的每股价值＝3 168.9/75.82＝41.80（元）

思考题

(1) 解释自由现金流的概念和计算方法,并说明其在企业价值管理中的作用和重要性。为什么自由现金流被视为评估企业价值的重要指标?如何利用自由现金流来评估企业的潜在投资价值和财务健康状况?

(2) 自由现金流受到哪些因素的影响?请列举并解释影响自由现金流的关键因素,如盈利能力、资本支出、运营资本变化等。如何管理这些因素以最大化企业的自由现金流,从而提升企业价值?

(3) 如何利用自由现金流来指导企业的投资决策?当评估新项目或收购机会时,如何使用自由现金流方法来确定投资的合理性和潜在回报?自由现金流如何影响企业的战略规划和长期增长?

(4) 自由现金流如何反映企业的财务健康状况?在管理企业价值时,为什么需要重视自由现金流的稳定性和增长性?如何通过优化财务运营和资本结构来提升自由现金流,以支持企业的增长和发展?

(5) 自由现金流如何用于企业估值?解释自由现金流折现模型的原理和应用,说明如何根据预期未来自由现金流来确定企业的合理价值。如何利用自由现金流评估法来评估企业的投资回报和潜在风险,以支持企业价值管理和决策制定?

9 绿色数字化的企业价值评估体系

绿色数字化企业价值评估的方法与工具;绿色数字化对企业价值的影响;绿色数字化管理的实践;绿色数字化转型的策略。

理解绿色数字化的概念与重要性;掌握绿色数字化的关键要素;了解绿色数字化企业价值评估的方法与工具;学习构建绿色数字化企业价值评估体系;探索绿色数字化对企业价值的影响;实践案例分析与应用。

9.1 企业价值评估的新方向:绿色数字化管理

企业价值评估在数字化转型的背景下正经历重大变革。传统的三张财务报表(利润表、资产负债表和现金流量表）已不足以全面反映企业价值，尤其是在评估数字化投资和项目时。因此，企业需要构建一套数字化价值评估体系，即所谓的"第四张报表2.0"，来量化数字化尝试给企业带来的价值。这涉及识别数字化发展的价值驱动因素和影响因子，绿色数字化管理可以实现更精准的业务决策和价值管理。

同时，绿色数字化管理是当前企业发展的另一重要方向，它的本质在于利用跨领域的数据，通过数据综合应用来优化机器和生产过程，提高能效和降低排放。绿色数字化管理不仅促进了生产效率的提升，也使得政策执行更为精准，从而支撑了绿色发展链路的每一个环节。中央网络安全和信息化委员会印发的《"十四五"国家信息化规划》也强调了深入推进绿色智慧生态文明建设，推动数字化与绿色化的协同发展，这一政策导向为企业在实现绿色转型的同时，积极融入数字化变革提供了方向①。

新一代数字技术是企业实现全价值链节能减排的支撑，对助力企业实现"碳达峰"和"碳中和"目标至关重要（郭沛瑶等，2024）。数字化手段能够提高企业能源的生产和使用效率，进而构建绿色低碳的新产业格局（雷玉桃等，2024）。随着"双碳"目标的确立，绿色低碳发展成为产业发展的新要求，数字技术在低碳转型中发挥着加速剂的作用，二者相互支撑、协同融合，对经济长效发展的意义深远②。

在追求"双碳"目标的过程中，设计一套科学合理的绿色绩效评价体系也显得尤为重要。这将有助于精准评估经济社会发展的绿色转型成果，引导变革向正确方向发展。当前是构建绿色绩效评价体系的关键时期，需要各界积极克服阻碍，推动全面绿色转型，助力中国经济实现高质量发展。

企业在进行价值评估时应综合考虑数字化转型和绿色管理两大方向，构建相应的评估体系和绩效指标，确保企业发展战略与当前的政策导向和市场趋势保持一致。

在构建数字化价值评估体系时，主要考虑产业数字化转型过程中能够带来的有益效果。体系可以依据影响范围和直接收益来划分不同的级别。例如，工业互联网作为典型场景之一，已经在产品开发、生产管理、产品服务等环节取得了数字化的进展，但要实现全场景应用（如智能化服务、产业链协同、智能工厂等），还存在进步空间。

数字化能力成熟度评估对企业的数字化转型至关重要，它可以帮助企业明确数字化转型的目标和方向，确保在推进过程中的每一步都能为企业带来价值。评估体系一般会涉及多个维度，如战略维度，它评估企业如何基于清晰的愿景和目标来定义并实施有效的数字化战略。在战略维度下，评估体系可以进一步划分为数字战略、金融投资模式和业务敏捷性等子维度，每个子维度都有相应的三级要素及评估内容。

在产品价值评估方面，虽然没有绝对的量化标准，但可以通过一系列量化指标来衡量价值的相对提升，并考虑数据产品场景的多样性。这意味着，数据产品的价值可能来自评估框架中的多个不同场景。

---

① 网信办网站.中央网络安全和信息化委员会印发《"十四五"国家信息化规划》[EB/OL].（2021-12-28）[2024-11-15]. https://www.gov.cn/xinwen/2021-12/28/content_5664872.htm.

② 寇冬雪.推动数字化绿色化双转型的必要性和着力点[N].中国经营报，2023-05-29(4).

目前，数字化转型下的数字价值创造尚未形成一个系统化、独特化的概念体系，尚需研究数字化转型情境下价值创造的本质、内容、机制变化，以及实现数字价值创造的方法和影响效应。

数字化价值评估体系需要综合考虑多个方面，包括产业数字化转型所能带来的效益、企业数字化能力成熟度的多维度评估、产品价值的相对量化指标以及对数字价值创造的深入研究。这样的体系能够帮助企业在数字化转型的过程中，确保每一步都是朝着提升价值的方向前进。

数字化价值评估体系主要用于评估产业在数字化转型过程中可能获得的效益。这一体系可以根据影响范围和直接收益划分为不同的级别。在讨论企业的数字化转型时，企业关心的是在产品开发、生产管理、产品服务等环节的数字化发展成果，以及如何通过数字化转型实现智能化服务、产业链协同以及建立智能工厂等全场景应用。

对于企业而言，数字化能力成熟度评估有助于识别企业在数字化转型过程中的位置，明确现阶段存在的问题，并提供相应的改进措施。成熟度评估模型中的战略维度特别重要，它涉及数字战略、金融投资模式和业务敏捷性，这能帮助企业基于明确的愿景和目标来定义和实施有效的数字化战略。

产品价值的评估没有绝对量化标准，但可以通过量化指标来衡量价值的相对提升。在建立量化指标体系时，应首先考虑数据产品场景的多样性，确保评估框架能够覆盖产品价值可能来源的多个分支场景。

数字化价值评估体系包括了对数字化转型各个阶段的效益评估，战略规划的成熟度评估，以及通过量化指标来监测产品价值提升的体系。通过这样的体系，企业可以更好地理解其数字化转型的进度，识别问题并制订针对性的解决策略，同时保持在正确的发展路径上。

9.2 绿色数字化价值评估体系

构建适应数字化转型和绿色管理的评估体系与绩效指标，首先需要理解数字化转型与绿色管理的核心要素，然后设计出能够评价企业在这两个方面进展与成效的指标和模型。

9.2.1 数字化转型评估体系

（1）成熟度模型：可以参考现有的数字化能力成熟度评估模型，将企业的数字化能力分级，比如策略制定、技术应用、人才培养、流程改造等方面。

（2）数字化治理：评估企业的数字化治理模式是否到位，包括领导层对数字化的认识、组织结构是否支持数字化转型、相关管理制度是否完善等方面。

（3）变革管理：考察企业变革管理人员的技能，包括他们在推动数字化转型中的角色定位、技能掌握情况和实施效果。

（4）数字愿景和战略：企业是否有明确的数字化愿景和战略，并且能够清楚地描述其在数字生态系统中的角色。

在数字化转型评估体系中，关键绩效指标（Key Performance Indicators，简称KPIs）可包括数字化投资回报率、数字化流程效率、员工数字化技能水平、数字化产品/服务创新等。

9.2.2 绿色管理评估体系

(1)全局化与系统化：构建绿色绩效评价体系需要考虑到全面性和系统性，确保评价体系能够覆盖经济社会发展的各个方面，并且促进绿色转型。

(2)精准评估：针对绿色转型的各项工作，如减碳、循环经济、绿色产品设计等，设计出能够精准评估其成效的指标。

(3)引导价值：绿色绩效评价体系不仅仅是评价工具，还应当具有引导作用，推动企业和社会向更加绿色可持续的方向发展。

(4)"双碳"目标：在设计绿色绩效指标时，应当以实现国家的"双碳"目标为导向，确保评价体系与国家战略保持一致。

在绿色管理评估体系中，关键绩效指标可以包括能源消耗效率、再生资源使用率、碳排放量、环境影响评估、绿色产品市场份额等。

以上指标，可以构建一个包含多维度指标的评估体系，不仅能够衡量当前成绩，还能够指导企业在数字化和绿色管理方面持续改进。在构建评估体系的过程中，需要确保指标的可测量性、相关性、可比性和可操作性，以便企业能够根据评估结果制订相应的策略和行动计划。

9.3 绿色数字化转型与企业价值

数字化转型是在市场需求和技术进步的驱动下，企业通过采用数字技术，以数字优先的方式重塑客户体验、业务流程以及员工的工作方式[①]。这一过程不仅包括业务模式、组织架构和企业文化的变革，还涉及智能制造、智慧城市等新兴概念的应用。

9.3.1 绿色数字化转型对企业价值的贡献

绿色数字化带来的价值主要体现在以下几个方面。

(1)业务流程、商业模式及经济形态的重定义：数字化转型重新定义了企业的业务流程、商业模式，甚至是整个经济形态，使之更加适应数字经济的要求。数字化转型已经深入社会生活的各个层面，数字化转型提高了工作效率，创造了新的经营理念，提供了新的市场机会。

(2)生产运营优化：在生产和运营的优化方面，数字化转型能够显著提升效率，降低成本，提高产品或服务的质量。

(3)产品/服务创新：数字化转型促进了新技术、新产品的开发，服务的延伸与增值，以及主营业务的增长，为企业带来了新的增长点。

(4)数字化定制：企业能够通过数字化手段为客户提供更加定制化的产品和服务，从而增强市场竞争力。

---

① 国资委.数字化转型知识方法系列之一：数字化转型的基本认识与参考架构[EB/OL].(2020-12-03)[2024-11-15]. http://www.sasac.gov.cn/n4470048/n13461446/n15927611/n16058233/c16135120/content.html.

(5)运营业绩的改善:通过采购销售的数字化、办公流程自动化、生产和供应链的互联透明等措施,企业能够提高资产和人员效率,从而在竞争中保持领先。

(6)价值创造的全新范式:数字化转型下的价值创造是一种新的范式,需要系统化和独特化的探讨,以适应数字化转型情境下企业价值创造内容和机制的变化。

(7)发展战略与新型能力:在数字化转型的新形势下,企业需要提出新的价值主张,构建新型能力体系,创新价值支持的要素实现体系,并变革价值保障的治理机制和管理模式。

数字化转型为企业带来了包括业务模式创新、运营效率提升、成本降低、质量提高、产品服务定制以及新型价值创造等多方面的价值。随着技术的不断进步,这些价值将持续深化,对企业乃至整个社会经济产生深远影响。

数字化带来的价值见表9.1。

表9.1 数字化价值表

数字化运用方面	价值效益
生产运营优化	效率提升、成本降低、质量提高
产品/服务创新	新技术/新产品开发、服务延伸与增值、主营业务增长
提升竞争力	效率提高、成本与资源浪费降低、促进创新
组织协作与创新	跨部门协同工作、信息共享、创新能力和响应速度提升
数字化转型定义	利用数字化技术推动业务模式、组织架构、企业文化的变革

9.3.2 绿色数字化价值驱动因素与影响因子

数字化价值驱动因素与影响因子的分析需要从多维度来考虑。首先,数字化价值不仅仅体现在传统的收入或利润上,它包含更多维度的业务价值,如供应链的韧性、员工的参与度、操作效率的提升以及可持续性的发展等。这些价值多寡的衡量要素是多元的,并且以数据为基础。

企业应当建立一套数字化价值评估体系,即所谓的"第四张报表2.0",来量化和评估数字化尝试对企业带来的具体价值。该评估体系能够帮助管理者决策,判断哪些数字化尝试是值得的,哪些是需要削减的,以便更好地进行资源的优化配置。

数字化转型的成功也受到多个关键因素的影响,包括但不限于首席技术官(CTO)或首席信息官(CIO)的领导力(姚小涛等,2022)、技术提供商的支持、行业合作伙伴的协作,以及这些举措所依托的广泛生态系统。其中,关键技术如人工智能(宋华等,2024)、数据分析和流程自动化在提高供应链韧性和实现可视化等方面发挥着重要作用,它们也日益成为企业投资战略的核心。

在中国特定的环境下,数字化转型和创新的探讨可以帮助拓展现有理论,并指导当地的实践。中国企业,尤其是中小企业,多从低端市场起步,且数字化基础较差,受政策影响较大(李勇坚,2022)。因此,在这样的背景下推行数字化转型会面临诸多不同的阻碍,需要针对性地制定转型策略和思路。

数字化价值的驱动因素与影响因子包括但不限于以下几点：多元化的业务价值体现，如供应链韧性、员工参与度、操作效率和可持续发展；管理层的决策支持以及数字化价值评估体系的建立；CTO或CIO的领导力、技术提供商和行业合作伙伴的支持；关键技术如人工智能、数据分析和流程自动化的应用；中国特有的政策环境、市场环境及企业特性。

9.3.3 绿色数字化转型实施步骤，提升企业价值

有效实施数字化转型并提升企业价值，企业需要从数字化、网络化和智能化3个方面入手，并注重提升企业价值的关键效益和制定合适的实施策略。

数字化

（1）数据自动化收集：将企业运营中的数据自动化收集，利用高效的数据处理和分析能力取代传统的人工收集和计算方法。

（2）管理决策数字化：运用大数据和分析工具，为管理决策提供数据支持，提高决策的精确性和效率。

网络化

（1）提升连接性：建立内外部网络的高效连接，利用云服务和平台化策略，打通企业内部与供应链、客户等的信息壁垒。

（2）协同效应：通过网络化促进不同部门和团队之间的协同作业，提升跨部门、跨地域的工作效率。

智能化

（1）自动化与智能化生产系统：采用智能化技术优化生产流程，减少浪费，降低成本。

（2）智能物流系统：应用智能化解决方案优化物流路径，提高物流效率。

提升企业价值的关键效益

（1）效率提升：通过自动化和智能化手段大幅提高企业的运营效率。

（2）成本降低：利用数字技术优化生产运营，减少资源浪费，降低成本。

（3）质量提高：采用先进技术提升产品和服务质量，满足市场和消费者需求。

（4）增强安全性：通过数字化手段提升对数字风险和安全事件的识别与应对能力。

（5）提升竞争力：数字化转型有助于推动企业创新，从而在市场上保持竞争优势。

实施策略

（1）文化建设：构建一个支持创新、鼓励尝试的企业文化，培养员工的数字化思维。

（2）技术探索：积极探索和融合新兴技术，如AI、大数据、云计算等，以获取先发优势。

（3）持续优化：将数字化转型视为一个持续的过程，不断根据市场和技术发展进行调整和优化。

数字化转型是一项系统工程，需要企业在战略、文化、技术等多个层面进行综合考虑和推进。通过这些措施，企业能够实现价值的最大化，保持市场竞争力。

9.4 企业绿色数字化价值评估的步骤

在对企业进行价值评估时，将企业的绿色数字化管理优势体现在企业价值中，并对其进

行评估,可以通过以下几个步骤进行。

(1) 明确评估目的与经济行为:首先,要根据企业价值评估的目的,即为什么要评估这家企业的价值,是出于投资、并购、重组还是其他目的。这一步骤决定了评估的方向和侧重点。

(2) 分析企业的绿色数字化管理特点:绿色数字化管理可能包括节能减排、循环经济、绿色供应链等环境友好型的企业数字化管理实践。这些特点可能对企业的成本结构、品牌形象、市场竞争力等产生影响,进而影响企业的盈利能力和风险水平。

(3) 评估企业以往经营业绩:根据企业的历史财务数据、市场表现和绿色管理实践的效果,评估企业以往的经营业绩。这包括对企业过去的收入增长、成本节约以及由于绿色数字化管理带来的任何税收优惠或补贴的综合评估。

(4) 预测企业未来经营前景:绿色数字化管理可能会为企业带来长期的竞争优势,通过提高效率、创造新的业务模式或满足监管要求,从而对未来现金流有正面影响。预测时要考虑市场趋势、技术发展、环境法规变化等因素。

(5) 选择合适的评估方法并进行调整:可以采用市场法、成本法或收益法等传统的企业价值评估方法。对于绿色数字化管理的企业,可能需要对这些方法进行调整以反映其特有的价值。例如,在使用市场法时,选取具有类似绿色数字化管理实践的可比企业作为参考,然后根据企业绿色管理的成熟度和市场认可度进行相应的价值调整。

(6) 综合分析并形成评估报告:将上述分析综合起来,形成对企业绿色数字化管理优势的价值评估报告。在报告中明确指出绿色数字化管理如何提高企业的盈利能力、降低风险以及对企业价值的长期正面影响。

在评估过程中,需要注意的是,由于中国企业价值评估领域仍在发展过程中,可能没有一个完全成熟的理论和方法体系来直接应用于绿色数字化管理的价值评估。因此,评估人员需要结合国际经验和国内实际,创新性地调整和应用评估方法。

9.5 绿色数字化的价值评估模型与表格

针对绿色数字化的企业价值评估,可按照以下步骤定制评估模型和表格(表 9.2)。

表 9.2 绿色数字化维度企业价值评估表

维度	子维度	三级要素	评估指标	评分
战略维度	数字战略	企业愿景与目标	战略明确性与实施效果	
		业务与IT整合	业务应用的数字化程度	
	金融投资模式	资本配置与投资回报	投资效率与数字化项目的ROIC	
	业务敏捷性	组织机制建设	组织的响应速度与变革能力	
技术维度	IT架构	系统的集成性与扩展性	IT系统的可靠性与灵活性	
	数据治理	数据质量与安全性	数据管理的成熟度	

续表 9.2

维度	子维度	三级要素	评估指标	评分
创新维度	绿色创新	节能减排与绿色技术应用	节能减排效果与技术创新水平	
	信息共享平台	信息共享与协同工作	平台的使用频率与协作效率	

注：此表格可根据企业的具体情况进行适当调整。

（1）评估目标设定。基于企业的绿色数字化战略，明确评估的主要目标。这包括评估企业的数字化能力成熟度和绿色创新能力，以及这些能力如何帮助企业实现可持续发展。

（2）多维度模型构建。参照前文中提到的数字化成熟度评估体系，构建一个包含战略维度、技术维度和创新维度的模型。在战略维度中，可以包含子维度如数字战略、金融投资模式和业务敏捷性等。每个子维度需关注具体的三级要素并进行详细评估。

（3）具体指标制定。根据企业的具体情况，为每个子维度制定具体的评估指标。例如，在数字战略方面，评估企业如何基于清晰的愿景和目标实施数字化战略；在金融投资模式方面，评估企业的资本配置与投资回报等。

（4）数据收集与处理。收集相关的企业内外部数据，如业务应用、IT 架构、组织机制建设情况等。同时，关注企业在绿色经济方面的表现，如节能减排、资源配置效率等。

（5）评估表格设计。设计评估表格，将上述指标具体化为可量化的评分项，以便进行定量分析。

（6）结果分析与解释。根据评估结果，分析企业在绿色数字化转型中的优势和劣势，以及可能的改进措施。

（7）报告撰写。将评估结果和分析整理成详细的评估报告，为企业提供决策支持。

在构建评估模型和表格时，应考虑当前数字化与绿色转型的趋势，以及企业面临的内外部环境等因素。

 微案例

比亚迪的数字化管理

比亚迪，一个在电动汽车制造领域具有重要地位的企业，其管理理念在业界备受瞩目。它的管理理念强调无为而治，即追求员工自我管理，最终达到管理的极致。在数字化管理方面，比亚迪展示了明确的战略方向和强烈的技术驱动力。

从比亚迪与华为云的合作来看，比亚迪在数字化转型的道路上，利用华为云的底层技术支持，强化了其在汽车智能网联、智能驾驶领域的能力。华为云提供了技术基础，而比亚迪则专注于应用层的开发，这种分工合作极大地提升了比亚迪在数字化领域的发展速度和质量[1]。

在实际操作层面，比亚迪面对的是从工业设计到零部件采购、组装、调试直至最终成品下

---

[1] 木子.比亚迪 DiLink 携手华为云，蹚出了一条产业数字化升级新路径[EB/OL].（2021-12-21）[2024-10-15]. https://www.leiphone.com/category/transportation/N3td4DerWDGJnlcf.html.

线的数百个工序和复杂程序。信息化系统的深入应用,使得原有系统功能和性能出现瓶颈。比亚迪通过打通不同系统,实现了数据的实时共享,这在制造业中是一个具有挑战性的过程。

此外,比亚迪的IT系统采用自主研发的策略,形成了独特的软件开发管理模式。这种模式虽然在业界有利弊争论,但对于比亚迪来说,自主开发的长期实践证明其带来的好处远大于弊端①。

在产品设计方面,比亚迪的全球设计中心建立了全新的数字化设计流程,充分利用了数字化技术,如虚拟现实评审系统,提升了设计的精确度和效率。

最后,通过推出DiLink智能网联系统,比亚迪开放了341个传感器和66项控制权,实现了从封闭到开放的转变,这在汽车业是一个创新的举措②。

思考题

(1) 请简要地介绍绿色数字化下的企业价值评估体系。
(2) 绿色数字化价值的驱动因素有哪些?请举例。
(3) 请简要介绍绿色数字化价值评估的步骤。
(4) 请介绍绿色数字化维度的企业价值评估表,并举例解释。

---

① 原创力文档.比亚迪IT信息化建设网络结构设计方案[EB/OL].(2021-07-24)[2024-10-15].https://max.book118.com/html/2021/0722/6010132240003215.shtm.

② 比亚迪.比亚迪"DiLink系统":未来的汽车不仅有躯壳,还有灵魂![EB/OL].(2018-06-21)[2024-10-15].www.bydglobal.com/cn/news/2018-06-21/1514427753129.

Part 2 绿色数字化的价值管理

绿色数字化管理是指利用数字技术推动经济社会向绿色可持续发展转型的一种管理方式。它涉及全面推进数字生态文明建设,提高各行业的绿色全要素生产率,降低全链条能源消耗和污染物排放,实现经济效益和生态效益的有机统一[①]。绿色数字化管理的核心是通过数字技术的应用,优化机器和生产过程的效率,提升能效,减少排放,从而实现环境友好型的发展模式。

具体实践中,绿色数字化管理可以体现在以下几个方面。

(1)通过数字化手段,如智能传感器、大数据分析等,优化能源和资源的使用效率,降低企业和组织的碳足迹。

(2)改善基础设施,例如对数字传感设施、网络基站、大数据中心等进行绿色改造,以减少它们的能源消耗和环境影响。

(3)在生态环境治理方面,利用数字技术提升管理效能,例如通过信息化手段加强生态环境的监管和保护。

(4)促进更绿色智慧的生产生活方式普及,提高公共交通的效率,推动低碳智慧城市建设,以及提升社区水资源、垃圾分类回收等的智能化管理水平。

(5)利用数字技术监测和管理城市重点行业、产业和园区的碳排放,推动社会各方面向低碳发展转型。

此外,绿色数字化管理还强调统筹发展与安全,构建全方位的生态环境信息化安全防护体系,强化数据全生命周期的安全管理。

绿色数字化管理是一个综合性的概念,涉及数字技术的推广应用、基础设施的绿色改造、生态环境的治理、生产生活方式的转变以及数据安全等多个方面。通过这些措施,绿色数字化管理旨在推动社会经济的高质量发展,同时确保环境的可持续性。

绿色数字化管理能够引导数字技术与绿色技术的融合发展,促进生产生活方式的转变。首先,通过数字化提高设备连通性、生产高效性和施策精准性,优化机器和生产过程的效率,降低能耗和排放,实现生产方式的绿色化。这不仅符合"双碳"目标下对产业的绿色低碳发展要求,而且为低碳转型提供新的解决思路,助力经济长效发展。

---

① 李海生.建设绿色智慧的数字生态文明[EB/OL].(2023-12-01)[2024-11-15].http://paper.people.com.cn/rmrbwap/html/2023-12/01/nw.D110000renmrb_20231201_2-09.htm.

同时，数字化管理在生活方式转型中发挥关键作用。通过普及绿色智慧生产生活方式，如提升公共交通乘用率、推动共享出行、丰富绿色消费场景，以及促进线上教育、远程医疗和线上办公等数字应用的发展，满足人民对美好生活的向往，引领绿色消费新时尚，从而在数字生活中实现绿色转型。

要实现生产生活方式的绿色转型，还需打通绿色生产方式与绿色生活方式之间的联系。这涉及构建科技含量高、资源消耗低、环境污染少的产业结构和生产方式，加快发展绿色产业，形成新的经济增长点。加快推动生产方式的绿色化是实现这一目标的关键[①]。

通过制度创新激活数字化和绿色化协同的潜能也是不可忽视的。需要在国际规则的建设中抢占主动权和话语权，推动数字化绿色化双转型领域的规则、规制、管理、标准的建设。

绿色数字化管理通过推动技术融合、提升生产效率、创新生活方式和制度建设，能够有效促进生产生活方式的转变，实现绿色低碳循环发展经济体系，从而达到我国2025年和2035年的绿色转型目标。

10　绿色化与数字化的融合

绿色化的定义；数字化的角色与意义；绿色数字化管理的理论框架；绿色数字化管理与企业价值。

了解绿色化的定义与目标和数字化的角色与意义，理解传统产业的绿色数字化挑战与机遇；掌握绿色数字化管理的理论框架；学习理解绿色数字化管理与企业价值。

10.1　绿色与数字化的融合

绿色化通常指的是推进生态文明建设，实现经济、社会、环境的可持续发展，尤其是在生产和消费方式上，追求绿色低碳、循环利用和保护生态环境的一系列行为和转型。它涉及价值理念、目标导向，以及多方面的系统性工程。数字化则是指使用数字技术优化和革新传统产业，实现信息化、智能化和网络化，提高生产效率和创新能力。数字化在绿色发展中起到设

---

① 刘经伟,齐兴岭.推动生产生活方式绿色转型[N].经济日报,2021-04-14(10).

备连通性提升、生产效率优化和施策精准性增强等作用①。

绿色化与数字化的融合发展,指的是利用数字技术推动绿色低碳转型。这种融合可以通过优化机器和生产过程的效率,提高能效和降低排放,实现经济社会高质量发展的内在需求。数字技术如5G、云计算等在节能建筑、节水农业、零碳工厂等领域的应用,可以有效降低资源环境的代价②。

双向共进的效应意味着,绿色化不仅引导数字化的发展,数字化也赋能绿色化,二者互为支撑、协同融合,共同推动经济的长效发展。在这个过程中,技术创新和制度创新是不可或缺的。技术创新需要提供绿色化的解决途径,而制度创新则是激活数字化和绿色化的关键。加快数字化与绿色化的协同转型,有利于构建绿色低碳循环发展的经济体系③。

10.1.1 绿色化的定义与目标

绿色化的定义可以概括为将绿色发展理念转化为实际行动,推行一种低碳、环境友好、可持续的发展模式。具体而言,绿色化强调在经济增长的过程中,注重生态保护,减少环境污染,降低能源消耗,减少排放,避免对生态系统的破坏,以期实现经济社会发展与生态环境的和谐共生④。

绿色化的目标是通过生态文明建设,将生态保护纳入经济社会发展的各个方面和全过程,实现经济、社会和生态文明的协同提升。具体包括推动传统产业的绿色升级,发展绿色经济,推广绿色生活方式,以及改变"先污染、后治理"的传统发展模式,转而采取"预防为主、保护优先"的新路径。

在中国,"绿色化"已被提升为政治任务,并在"四化"(即新型工业化、信息化、城镇化、农业现代化)基础上,增加为"五化"之一,明确绿色化在国家发展战略中的重要地位。这标志着绿色化不仅是经济发展的要求,也是现阶段中国历史发展的重要组成部分⑤。因此,绿色化涉及的核心内容和目标包括:①经济增长与资源节约和环境保护的结合;②生态文明建设全面融入经济社会发展;③追求可持续发展,形成经济社会可持续发展的新模式;④改变传统发展方式,避免高污染、高能耗、高排放的粗放式模式;⑤提升生态文明水平,实现与经济社会发展的协同提升。

绿色化强调的是在发展中保护环境,实现经济、社会和生态的全面可持续发展。

---

① 林智钦.数字化与绿色化深度融合为人与自然和谐共生的现代化提供有力科技支撑[N].人民日报,2023-12-01(9).

② 吴静,朱永彬.数字化与绿色化协同,共促高质量发展[EB/OL].(2022-01-04)[2024-11-15].http://www.xinhuanet.com/info/20220104/c7dc2ca343bf420b8cfaeba3a0670a19/c.html.

③ 陈凯华,郭锐面.向数字化绿色化转型发展新质生产力[EB/OL].(2024-04-09)[2024-11-15].https://news.gmw.cn/2024/04/09/content_37252119.htm.

④ 人民网."绿色化"扩容"新四化"为"五化"的重大意义[EB/OL].(2015-03-26)[2024-11-15].http://opinion.people.com.cn/n/2015/0326/c1003-26753831.html.

⑤ 新华网."绿色化"突出了绿色发展的三个新特征[EB/OL].(2015-05-20)[2024-11-15].www.xinhuanet.com/politics/2015/05/20/c_127820349.htm.

10.1.2 数字化的角色与意义

数字化在当代社会的角色与意义是多方位的,可以从以下几个维度进行阐述。

(1)业务与场景改造的角色。在狭义的数字化中,数字技术被用来对特定的业务和场景进行改造,目的在于通过技术应用实现降本增效。这种改造可以涉及流程自动化、数据管理、客户体验优化等多个方面,进而提升企业的运营效率和市场竞争力。

(2)系统化变革的意义。广义的数字化关注的是利用数字技术对企业和政府等组织的业务模式和运营方式进行系统化、整体性的变革。这种变革不仅局限于单一的业务流程优化,而是涉及整个组织架构和战略目标的重新设计,以适应数字化时代的要求。

(3)数字经济与实体经济的融合。数字技术对经济发展的放大、叠加、倍增作用不可忽视。数字化助力于推动数字产业化和产业数字化,使得传统的制造业、服务业、农业等通过数字化、网络化、智能化得到升级。这一过程中,鼓励利用海量数据和应用场景,培育新的产业、业态和模式,从而提升整个社会的创新能力和竞争力。

(4)数字化的战略意义。在信息时代,数字化是抢占发展先机的重要手段。通过数字化的实践,可以有效提升社会生产力、优化资源配置。此外,数字化还关联到绿色发展,推动数字化和绿色化协同转型,实现在数字化进程中的环境友好和可持续发展。

(5)决策层的考量。对于企业管理层或决策层来说,决定是否进行数字化以及如何进行数字化需要考虑企业的具体情况、行业特点和发展战略。决策过程中要考虑数字化的必要性、可行性和可能存在的风险。

(6)数字化与信息化的区别。虽然数字化和信息化在很多人的眼中可能相差无几,但数字化更加强调的是通过技术的整合和创新,实现业务模式和运营方式的全面变革。与传统的信息化相比,数字化不仅仅是技术应用的扩展,而是整个组织文化和思维方式的转变。

数字化的角色与意义在于推动企业和社会的系统性变革,通过技术应用提升效率和竞争力,促进经济结构的优化和产业的创新发展[①]。同时,数字化还是实现绿色可持续发展战略的关键手段。对于企业决策层,数字化的决策需结合自身实际,谨慎考虑以达到最佳效果。

10.2 传统产业的绿色数字化挑战与机遇

10.2.1 绿色数字化对传统产业可持续发展的挑战

(1)能源效率的提升需求。绿色数字化发展需要提高数字产业的能源效率,这对传统产业来说是一大挑战,因为它们需要投入资本和技术进行升级改造,以减少能耗和碳排放。

(2)数字技术与绿色技术的结合。推动传统产业向绿色低碳转型需要数字技术与绿色技术的结合。这不仅要求产业掌握新的技术手段,同时还要求进行产业结构和管理方式的根本变革。

---

① 石建勋.顺应科技革命和产业变革大趋势加快推动数字产业化和产业数字化[EB/OL].(2021-10-15)[2024-11-15]. http://theory.people.com.cn/n1/2021/1015/c40531-32254285.html.

(3)数据中心能耗问题。在数字化进程中,数据中心 24 小时不间断运行,耗费大量电能。降低这部分能耗对于实现绿色低碳目标至关重要,但对于传统产业来说,如何在保证数据中心运行效率的同时减少能源消耗是一大难题。

(4)制度与技术双重创新。绿色数字化的推进需要技术创新提供解决方案,同时也需要制度创新来激活二者协同的潜力。这要求传统产业在吸收新技术的同时,还要面对制度层面的调整和创新。

(5)数据权属与利用的规范。数字化引领绿色化的过程中,数据作为新的生产要素,其权属和规范使用成为问题。对于传统产业而言,如何在确保数据安全和隐私的前提下,高效利用数据资源,是一个需要解决的问题。

(6)数字技术引领的产业升级。作为一种"通用技术",数字技术推动着企业生产、产品工艺和组织方式的创新和升级。传统产业必须接受和适应这种技术驱动下的产业升级,以实现绿色发展。

传统产业在面对这些挑战时,需要全面推进数字化和绿色化的整合,这不仅是应对挑战的需要,也是实现可持续发展的内在要求。

10.2.2 绿色数字化对传统产业可持续发展的机遇

(1)融合发展:数字技术与绿色技术的结合,推动传统产业向低碳发展转型,实现产业结构和能源结构的优化升级。通过 5G、工业互联网、大数据等新一代信息技术的应用,推动绿色智能制造,提升效率和环境友好性。

(2)数字化赋能:以数字化为手段,增强传统产业的绿色发展动能,通过数字技术的创新应用,优化资源配置,减少能耗和排放,提升企业绿色发展的基础性作用。

(3)转型升级:数字化有助于推动传统产业升级其产业链和供应链的现代化水平,通过构建数字基础设施,实现生产流程的智能化,提升产品和服务的质量与效率。

(4)绿色市场建设:数字经济加速形成绿色市场,为绿色产品和服务提供更加广阔的市场空间和渠道,帮助传统企业拓展新的消费群体。

(5)挑战与机遇并存:虽然数字化转型面临数据权属不清晰、制度法规不完备等挑战,但这也促使相关政策和法规的完善,为传统产业提供了政策支持和法律保障,有助于实现更为规范和高效的绿色转型。

绿色数字化为传统产业提供了实现可持续发展的新路径,通过提升效率、创新模式和构建绿色市场等多维度的方式,有助于传统产业在新的发展阶段焕发活力。

10.3 绿色数字化管理的理论框架

政府绿色数字化管理的理论框架在宏观层面主要包括以下几个方面。

(1)数字技术与绿色技术的融合发展:推动数字化与绿色化的双重转型,发展数字技术在绿色转型中的应用,如通过"东数西算"工程推动算力产业的高效、绿色发展。

(2)全链条数字赋能:充分利用数据,优化机器和生产过程,提高能效,降低排放,增强设备连通性、生产效率和政策施策的精准性。

(3)制度创新：通过技术创新提供绿色化解决方案的同时，需要制度创新来激活数字化与绿色化的协同潜能，规范行业绿色发展标准，确保数据的真实性和安全性。

(4)经济体系的绿色低碳循环发展：加快数字化绿色化协同转型，建立健全的绿色低碳循环经济体系，通过数字化手段降低资源环境代价。

(5)生活方式的转变：绿色发展不仅是生产方式的变革，也包括生活方式的转变，数字化应用在生活中的普及有助于推动绿色生活理念的实现。

绿色数字化管理的理论框架强调技术融合、赋能全链条、制度创新、经济体系转型以及生活方式的改变，以实现经济社会的高质量绿色发展。

企业绿色数字化管理的理论框架在微观层面可以分为以下几个关键组成部分。

(1)数字技术与绿色技术的融合发展：借助数字技术的力量，推动数字化和绿色化的双重转型，这包括国际规则的建设，如规则、规制、管理、标准等，以抢占国际竞争的主动权和话语权。

(2)"双碳"目标下的产业要求：追求绿色低碳发展，通过传统产业数字化实现低碳转型，实现绿色化牵引数字化和数字化赋能绿色化的相互支撑和协同融合。

(3)数据的集成应用与优化：充分利用跨领域数据，通过大数据的综合应用，优化机器和生产过程的效率，提高能效并降低排放。

(4)设备连通性、生产高效性与施策精准性的提升：数字化在绿色发展中提供全链条的支撑，改善设备互联互通，提高生产流程的效率，并提高施策的精确度。

(5)行业绿色发展标准的规范与数据潜力的发挥：制定行业绿色发展标准，明确数据采集主体，规范能源使用和碳排放监测数据的采集与使用标准，建立相关利益方的协调机制，并确保数据的真实性和可靠性。

(6)数据安全与产权保护：加强数据安全的风险防范和数据产权的保护，为数据的有序流动和促进绿色发展提供有效的制度环境保障。

(7)全价值链的节能减排：实现从源头、过程到整体的全价值链节能减排，需要新一代数字技术的支撑。数字技术在实现"碳达峰"与"碳中和"目标方面扮演着重要角色。

这些组成部分共同构成了企业绿色数字化管理的理论框架，旨在通过数字技术的应用，促进企业的低碳发展和绿色转型，以达到可持续发展的目标。

思考题

(1)请谈谈你对绿色化的理解。
(2)请讨论企业绿色数字化的意义。
(3)请讨论传统企业面临的绿色数字化的挑战与机遇。
(4)请简要介绍绿色数字化管理的理论框架是什么？对企业的价值有什么影响？

11 数字化驱动的绿色管理

本章要点

数字化驱动绿色管理的途径;数字技术与绿色低碳转型;企业数字化与"碳达峰""碳中和"。

学习目标

了解企业数字化驱动绿色管理的方式;了解数字技术与绿色低碳转型;了解企业的数字化与"碳达峰""碳中和"。

11.1 企业数字化驱动绿色管理的方式

企业可以通过多种方式运用数字化驱动和加强绿色管理。结合数字技术和绿色技术:企业应积极探索大数据、物联网、人工智能等数字技术与绿色技术的结合,推动产业升级和国际竞争力的提升。通过数字化手段,促进资源高效利用,优化能源管理,实现产业的绿色低碳发展(李金昌等,2023;王锋正等,2022)。

推进数字化和精益管理的融合:通过案例分析,明确数字化和精益管理在实现卓越企业转型中的作用。将数字化工具和策略融入精益管理中,提高运营效率,减少浪费,加强对能源和原材料的精准控制。

全价值链的节能减排:企业应利用数字技术在全价值链中实现节能减排。这包括从产品设计、生产、物流等各个环节出发,运用数字化工具对能源消耗进行监测和管理,以达到降低碳排放的目标。

借助政府支持完成数字化转型:企业可以利用政府提供的信息化课程体验、数字化技术培训和优惠政策等资源,加快数字化建设。通过这些支持,提升数字化水平,加强绿色管理。

企业应结合数字化和绿色管理的双重转型,充分利用数字技术赋能,推动绿色低碳的产业发展。通过政府支持和自身努力,企业可以在全球数字经济中占据有利位置,同时实现可持续发展目标。

制造企业面临能源消耗过高和环境影响加剧的问题。为了解决这些问题,企业决定引入 AI 技术,以智能化手段优化生产过程(刘建丽和李娇,2024)。企业利用 AI 算法分析生产数据,发现能源浪费点和效率低下的环节。通过 AI 的实时监控和调度,生产流程得到了精准优化。更进一步,AI 系统根据实时数据自动调整生产参数,确保设备和生产线始终保持在最佳工作状态,这不仅提高了能源利用效率,还降低了生产过程中的能源消耗。

在此基础上,企业还整合了"数字产线"的概念,通过引入传感器、物联网、云计算等技术,实现了生产过程的数字化和自动化。这样的数字化转型不仅提高了生产效率和产品质量,还降低了生产成本和资源消耗。数字产线还在物流和供应链管理方面发挥了作用,通过实时监测和控制,优化了物流运输和库存管理,使得供应链更为高效和环保。

通过加强数字技术的创新和应用,企业成功地转化了数字技术创新成果,培育了壮大的数字经济核心产业,同时利用了数字技术的溢出效应和网络协同效应,打造了具有国际竞争力的数字产业集群(焦豪等,2024)。这不仅实现了生产力的提升,也为企业在新一轮科技革命中抢占了先机,赢得了竞争优势,并在环境保护方面作出了积极贡献。制造企业通过引入AI和数字化技术,优化了生产过程,实现了能效提升和环境影响的降低。

11.2 数字技术与绿色低碳转型

在推进绿色低碳转型的过程中,数字技术的作用不容忽视①。

首先,为了推动数字产业的绿色低碳发展并形成数字化与绿色化的良性循环,必须加快建立数字产业的"双碳"标准,并完善相关的治理体系。这一措施对于引导产业发展具有指导意义。

其次,现有数字技术与绿色技术的融合至关重要。通过数字技术的推广,不仅可以推动绿色转型的相关规则和标准的建立,而且能够在国际竞争中抢占主动权。同时,数字化与绿色化的融合发展将为传统产业提供低碳转型的新思路,实现相互支撑和协同发展(田海峰和刘华军,2023;王琳等,2023)。

数字技术已经成为新一轮科技革命和产业变革的代表,对于推动经济社会的高质量发展起到了重要作用。在实现"碳达峰"与"碳中和"的目标中,数字技术不仅能够推进绿色低碳技术的攻关,还能加速高新技术的研发与应用(宋德勇等,2022)。

企业在实现全价值链节能减排的过程中,需要新一代数字技术的支持。这些技术可以帮助企业在能源生产和使用方面实现节能和效率的提升(张凯霞和卜偲琦,2024),最终构建绿色低碳的新产业和新业态。

最后,国家战略层面已经强调了数字经济与实体经济的深度融合。在这一过程中,数字技术与传统产业的深度融合将会孕育出多种"智慧+"的新业态和新模式,如智慧能源、智慧农业等(郭丽娟和赵春雨,2023)。这些新的业态和模式与"碳达峰""碳中和"目标的智慧、高效、高质量、低排放要求高度一致。深度融合将推动生产和服务效率的提升,进而促进生产方式和消费模式向绿色、节能、循环方向发展②。

数字技术在推动绿色低碳转型中扮演着关键角色,从标准制定、产业融合到国际规则建设,都凸显了数字化手段在促进可持续发展中的重要性。

---

① 吴静,朱永彬.数字化与绿色化协同,共促高质量发展[N].科技日报,2022-01-04(5).
② 习近平经济思想研究中心.促进数字经济和实体经济深度融合[EB/OL].(2023-11-03)[2024-11-15]. https://www.ndrc.gov.cn/xwdt/ztzl/szjj/zjgd/202401/t20240117_1386731.html.

11.3 企业的数字化与"碳达峰""碳中和"

企业在运用数字化手段以助力实现"碳达峰""碳中和"目标时,数字企业作为技术前沿的代表,应当率先行动,制定并实现自身的碳中和目标①。参考微软的案例,企业可以通过购买可再生能源等方式,在既定时间内达到碳中和目标。

(1)数字化碳管理:企业可在经营活动中运用数字化手段进行碳管理,这不仅有助于降低碳排放,还能提升企业的智能化能力。

(2)推动经济发展的同时实现减碳:数字经济作为新经济发展的动力,应当在推动经济增长的同时,贯彻减碳的基本逻辑,这包括但不限于提升能效,优化产业结构,发展绿色能源等方面。

(3)系统性工程的参与:实现"碳达峰"与"碳中和"是全社会共同参与的系统性工程,数字经济企业不仅要在自身减碳上下功夫,还要通过技术和服务助力其他行业和社会整体的碳减排工作。

对企业的约束而言,实现"碳达峰""碳中和"目标意味着:①合规性,企业必须遵守国家和地区关于碳排放的法律法规,可能包括碳排放权的交易制度;②经济成本,转向低碳技术和可再生能源可能会带来额外的投资和运营成本;③技术挑战,企业需要不断地研发和引进新技术,以提高能效和降低碳排放;④市场和客户要求,市场和消费者对企业的环保标准日益关注,这要求企业必须积极响应,以维持其市场竞争力。

以上这些方面既是企业在数字化转型中应考虑的重点,也构成了企业在追求"碳达峰""碳中和"目标过程中的主要约束因素。

思考题

(1)请谈谈企业数字化驱动绿色管理的方式,并举例。

(2)在"碳达峰""碳中和"目标的约束下,请谈谈企业数字化对企业价值提升的影响。

12 气候政策与企业价值管理

本章要点

碳交易价格与企业价值管理;碳足迹与企业价值管理;气候联盟与企业价值管理;环境政策与企业绿色数字化转型。

---

① 耿海清.数字经济助力碳达峰碳中和[N].中国环境报,2021-07-06(3).

Part 2　绿色数字化的价值管理

了解碳交易价格与企业价值和企业价值管理的内部逻辑关系；掌握碳足迹与企业价值和企业价值管理的关系；了解气候联盟与企业价值和企业价值管理的影响；掌握政策环境促进企业绿色数字化转型的渠道。

12.1　碳交易价格与企业价值管理

12.1.1　碳交易价格与企业价值

企业参与碳交易可能会带来机会成本，例如为了减少碳排放而不得不放弃某些高利润但碳排放量大的产品生产；同时，碳价波动增加了企业成本风险（魏琦和李林静，2022）。这些隐性成本可能会对企业的长期价值产生不利影响。实行碳交易的政策可能导致一些能耗高、效益低的中小企业被市场淘汰，从而影响这部分企业的价值和整个行业的竞争格局。

碳排放权交易体系中碳价的大小是不确定的，这种不确定性可能会影响企业的投资决策和成本控制，进而影响其价值。早期影响市场价格的主要因素是市场供需关系，即控排企业对碳资产的需求量与市场能够供应的量。这一点直接关系到碳交易价格，也间接影响企业成本和价值。合理的碳价不仅可以体现国家实现"碳达峰""碳中和"目标的决心，还能为企业提供有效的减排激励。碳价过低或过高都不利于企业调整自身结构，合理的碳价有助于企业价值的稳定和提升[①]。在全国碳排放权交易市场开市首日，成交量和成交额的数据可以作为市场参与者预期的一个指标，对企业价值产生即时影响。首日成交量410.4万吨，成交额21 023.01万元，成交均价51.23元/吨，显示出市场活跃度和参与企业的价值体现[②]。

碳交易价格通过影响企业的隐性成本、市场淘汰效应、成本不确定性、市场供需关系以及合理价位的设定等多个方面，对企业的价值产生重要影响。企业应当在碳交易政策[③]下合理规划自身发展战略，以最大化自身价值。

12.1.2　碳交易价格与企业价值管理

碳交易价格对企业价值管理有着直接且多维的影响。首先，碳交易价格的高低会对企业的成本结构带来影响。碳价的上升意味着企业为了达到排放标准所需要支付的成本增加，尤其是对于高排放企业，更是会面临较大的成本压力。如果碳价过高，可能会导致一些高碳排放企业的运营成本大幅上升，影响其财务状况和市场竞争力。

---

① 人民日报. 推动全国碳市场平稳健康发展[EB/OL]. (2021-11-23)[2024-11-15]. http://www.sasac.gov.cn/n2588025/n2588139/c21872252/content.html.

② 新华社. 成交额2.1亿元！全国碳市场上线首日开门红[EB/OL]. (2021-07-16)[2024-11-15]. www.gov.cn/xinwen/2021-07/16/content_5625562.htm.

③ 中国政府网. 碳排放权交易管理暂行条例[EB/OL]. (2024-01-25)[2024-11-15]. https://www.gov.cn/gongbao/2024/issue_11186/202402/content_6934549.html.

其次，碳交易价格也是激励企业减排的一个重要信号（方德斌和谢钱姣，2024）。合理的碳价能够有效地激励企业采取减排措施，调整能源结构和生产方式，从而减少碳排放，降低碳交易成本。企业如能主动适应和遵守碳交易的规则，通过设立碳资产管理部门，建立温室气体报送系统，开发碳减排项目等措施，不仅能够降低碳排放成本，还可能通过出售额外的碳排放权获得收益，进而提升企业的市场价值。

碳交易体系的建立和完善也有助于企业规避国际贸易摩擦中的受损风险（李鑫等，2023）。例如，中国统一碳市的建立，有助于企业在国际贸易中减少受到碳关税等环保壁垒的影响，从而保护企业的国际市场份额。

最后，未来碳市场的发展潜力巨大，预计碳期货的交易量可能会非常庞大（黄杰，2020）。如果企业能够有效地参与到碳市场中，不仅可以通过交易获取收益，还能通过价格机制对减排技术和产品进行价值评估和报酬，这将进一步鼓励技术创新，提升企业的长期竞争力和价值。

碳交易价格的变化对企业价值管理有着重要影响（赵天宇和孙巍，2022）。企业需要密切关注碳市场的动态，积极应对碳交易体系带来的挑战和机遇，通过内部管理和技术创新，实现长期可持续发展。

12.2 碳足迹与企业的价值管理

12.2.1 碳足迹与企业价值

碳足迹指的是个人、企业、活动或产品导致的温室气体总排放量，这些温室气体具有吸收热辐射的能力，是气候变化和全球暖化的主要原因①。企业的碳足迹管理具有重要意义，它不仅直接关系到企业的环境表现和社会责任感，还影响着企业的经济效益和市场竞争力。

随着全球对气候变化问题的日益关注，企业的碳足迹越来越成为其品牌形象和声誉的一部分（周畅等，2024）。低碳足迹可以提升企业形象，增加消费者的信任和忠诚，从而可能增加市场份额和销售收入。相反，高碳足迹可能导致品牌形象受损，消费者转向竞争对手。

产品碳足迹的管理有助于企业发掘节能减排的潜力。通过改进生产工艺，可以优化生产环节，降低能源和原材料的消耗，从而提高企业的成本效率和盈利能力。

随着环保要求的加强，企业碳足迹管理能够帮助企业预先适应未来的环境立法要求，避免潜在的法律风险和经济损失。企业必须充分认识到碳管理的趋势和技术的作用，以便抢占市场先机。

企业的投资者和股东也越来越重视企业的 ESG 表现（陈晓珊和刘洪铎，2023），其中碳足迹是关键指标之一。优秀的碳足迹管理能够吸引更多的绿色投资，提高企业在资本市场的吸引力。

---

① 刘慧心. 浅析国内外绿色发展中的碳足迹体系建设[EB/OL]. (2024-03-12)[2024-11-15]. https://iigf.cufe.edu.cn/info/1012/8505.htm.

碳足迹管理还关系到企业在全球化贸易中的地位。一些国家和地区已经开始或计划实施跨境碳调节措施,这意味着企业的碳排放水平将直接影响其产品在国际市场上的竞争力。

碳足迹对企业价值有着深远的影响,从提升品牌形象和市场竞争力到优化成本结构,从适应环境法规到吸引绿色资本,再到应对国际贸易壁垒,碳足迹管理已成为现代企业不可忽视的重要方面[①]。

12.2.2 碳足迹与企业价值管理

在碳足迹影响日益重要的今天,企业进行价值管理首先需要理解碳足迹的概念及其对企业的多方面影响。碳足迹是一个衡量温室气体排放量的标准,它不仅反映了一家企业对环境的影响,也是实施碳交易和实现碳中和的关键前提。通过对产品和全企业层面的碳排放进行核算,企业可以更加精准地进行环境影响评估和管理。

企业进行碳足迹管理的价值体现在多个方面。首先,通过碳足迹认证和出具碳足迹报告,企业可以显著提高其产品和品牌的市场竞争力,同时增强消费者的信任度。其次,碳足迹管理有助于企业识别节能降耗的潜在领域,从而实现成本节约和效率提升。更重要的是,随着全球对气候变化的关注加深,企业减少温室气体排放还能够预先适应未来可能出台的环境立法,避免可能存在的法律风险。

对于企业如何进行价值管理,以下几个步骤是关键。

(1)建立碳足迹管理体系:这是识别和监控企业碳排放水平的基础,有助于系统掌握各环节的能源资源消耗及原材料的碳排放水平。

(2)制定降低碳足迹的战略:通过对企业生产工艺和技术装备进行绿色化改造,持续降低产品碳足迹,同时推动产业升级,助力企业节能降碳。

(3)实施节能降碳改造:针对性地对生产流程进行优化,提高能效,减少不必要的能源消耗和废气排放。

(4)孕育新的业务方向:减少碳足迹也可以激发新的商业模式和产品创新,比如开发低碳产品或服务,满足市场对可持续发展的需求。

企业的价值管理应紧密结合碳足迹管理,通过制定和实施降低碳排放的策略,既能提高企业的市场竞争力,也能为企业的长期可持续发展打下坚实的基础。

12.3 气候联盟与企业的价值管理

12.3.1 气候联盟与企业价值

企业若不对气候风险进行适当的管理和规划,将面临发展风险。ESG 评级体系中对应对气候变化的行动有明确的衡量指标,监管部门、投资者及其他利益相关方越来越注重企业在气候变化方面的表现和努力(Ilhan et al.,2023)。气候变化为企业的战略规划带来了根本性

---

① 危平. 做好碳足迹管理,提升国际竞争力[N]. 中国环境报,2024-06-03(3).

的挑战,需要企业领导层高度重视并调整企业的长远战略,以确保企业可持续发展(Weinhofer and Busch,2013)。全球商业气候联盟(We Mean Business Coalition)通过分享中国企业在履行气候行动承诺方面的先进案例,展示了积极应对气候变化对企业品牌形象和市场竞争力的正面效应①。随着美国环境保护署提出减少碳排放的提案,企业需要更加详尽地向投资者说明所面临的气候变化相关风险及其管控措施,这对于增强企业的透明度和信任度,维护投资者利益至关重要。

气候联盟对企业价值的影响主要体现在提高企业在气候风险管理方面的能力,促使企业在战略规划中充分考虑气候因素,以及通过履行气候行动承诺来增强企业的市场竞争力和品牌声誉。同时,企业的透明度和风险披露也是提升投资者信心、维护公司长期价值的关键因素。

12.3.2 气候联盟与企业价值管理

企业如果不对气候风险进行应对,在发展过程中可能遇到相关问题。企业应将ESG战略体系融入三年到五年的战略目标中,其中包括应对气候变化的指标,这已成为企业管理层必须重视的核心价值观和理念。气候变化对全球经济构成重大风险,企业的可持续发展也会受到影响(刘长松和徐华清,2018)。企业需要认识到,气候变化不仅影响经济模式,也直接关系到企业长期的发展战略。气候风险不仅直接影响企业运营,还可能通过影响价值链的关键环节造成间接损失。企业必须识别和管理这些风险,以保障整个价值链的稳健(Canevari-Luzardo et al.,2020)。近三成的高管表示气候相关灾害已对其企业运营产生影响,超过四分之一的企业面临资源短缺问题。因此,大部分企业高管认同全球行动减缓气候变化的紧迫性。绿色金融成为企业绿色转型的关键力量(喻旭兰和周颖,2023),提供了企业发展资金需求的保证,并提升了企业资源配置效率,使企业转型升级的综合成本最小化。国家对绿色金融的支持政策不断优化,助力企业在应对气候变化的同时达成可持续发展目标。

气候联盟对企业价值管理的影响不容忽视。企业不仅需要在战略层面融入应对气候变化的举措,而且要在运营和金融支持上进行相应的调整和优化,这样才能在日益严峻的气候风险中维持稳定的发展,并实现长期价值的增长。

12.4 环境政策与企业绿色数字化转型

政策环境对企业绿色数字化转型起着至关重要的作用。绿色数字化转型是指企业通过采用数字技术来提高生产效率,节约资源,减少环境污染,并实现可持续发展。这一转型能够覆盖从生产到消费的全产业链,实现全生活场景的节能减排。

政策环境可以通过以下几个方面来促进企业的绿色数字化转型。

(1)公众意识提升:在公众中提升对绿色低碳生活的认知,鼓励消费者选择绿色产品,从而推动企业在生产过程中实施绿色转型。

---

① 王丁桃.《2022中国企业气候行动案例集》COP27发布——呈现中国企业应对气候变化最新进展[EB/OL].(2022-11-16)[2024-11-15].caijing.chinadaily.com.cn/a/202211/16/WS6374aafda3109bd995a50548.html.

(2)技术创新:政策可以促进技术创新,特别是在数字技术和绿色技术的结合方面。例如,5G、工业互联网和大数据技术可以与绿色低碳产业有机融合,推动双向融合。

(3)金融支持:政府可以通过财税优惠、绿色信贷等金融工具,为企业在绿色技术研发和数字化转型中提供资金支持。

(4)应用场景搭建:政府可以搭建应用场景,例如促进数字技术在环境污染治理、清洁煤发电、碳采集和碳封存等领域的应用,加快数字化与绿色化的融合。

(5)国际规则建设:政策还可以推动国际规则的建设,如关于数字化绿色化转型的规则、规制、管理和标准,以便在国际竞争中抢占主动权。

随着全球对绿色低碳发展的要求日益提高,如欧盟碳边境调节机制的实施[①],加速绿色转型的国家将更有利于维护其国际竞争优势。因此,政策环境需要为企业提供一个有利的外部条件,帮助他们适应这些变化,实现绿色数字化转型。

政策环境在促进企业绿色数字化转型方面发挥着关键作用,通过提高公众意识、促进技术创新、提供金融支持、构建应用场景和参与国际规则建设等多方面措施,为企业的转型提供必要的支持和引导。

思考题

(1)请谈一下碳交易价格对企业价值的影响。
(2)请谈一下碳足迹与企业价值的绿色管理。
(3)请谈一下气候联盟与企业价值。

13 新业态与企业价值的绿色数字化管理

本章要点

新业态下的绿色数字化管理;新发展模式下的绿色数字化管理;新商业运营模式下的绿色数字化管理。

学习目标

了解新业态的概念,理解新业态的发展方向;了解新发展模式下的绿色数字化管理发展

---

① 郭敏平,周杰俣等.欧盟碳边境调节机制的应对之策:具体内容、实施影响和政策启示[EB/OL].(2022-07-26)[2024-11-15]. https://iigf.cufe.edu.cn/info/1012/5592.htm.

理念;理解新的商业运营模式的绿色数字化管理模式,掌握绿色低碳新产业的数字化管理。

13.1 新业态下的绿色数字化管理

新业态通常指的是在数字经济、信息技术快速发展背景下,新兴的业务模式、经营方式或者产业形态。它们往往基于互联网、大数据、人工智能等现代信息技术,通过创新传统产业模式,满足消费者新的需求,促进经济结构的转型升级。

新业态新模式的发展重点方向包括以下几点。

(1)优化业态治理方式:旨在应对新业态新模式对传统监管政策提出的新要求,如线上线下融合业态对"按行划片"的管理方式提出挑战,需要探索更适合的管理政策,以促进新业态新模式的健康发展。

(2)培育共享经济:在共享经济领域,政策支持将针对新业态新模式的发展进行拓展。

(3)引领直播电商发展:直播带货作为新兴的电商形式,国家有计划继续推进其发展,从而引领新型消费加快发展。

(4)对接供需双方潜在需求:利用新一代信息技术手段,如工业互联网,促进生活服务领域供需双方的有效对接,如远程医疗的发展和服务化转型路径的探索。

(5)促进传统产业转型升级:新业态新模式可作为促进传统产业转型升级、实现经济高质量发展的手段,如文化节活动的"云上"展开,以及利用文旅直播拓展消费市场和创造经济新机遇。

新业态新模式的发展涵盖了多个方面,包括优化监管、共享经济、电商直播、信息技术应用和传统产业转型等,这些都是推动现代经济创新和高质量发展的关键举措。政府在这些领域提出具体的支持政策,以解决数字经济新业态新模式发展中遇到的问题,同时加速新型消费的发展和传统产业的转型。

13.2 新发展模式下的绿色数字化管理

中国目前进入了新的发展阶段,这一阶段的核心目标是全面建设社会主义现代化国家,向第二个百年奋斗目标进军。在这个阶段,中国提出了一系列新的发展理念,主要包括:①创新发展,强调科技创新是引领发展的第一动力,推动经济社会全面创新;②协调发展,注重发展的平衡性和协调性,包括区域间、城乡之间以及社会各方面的协调;③绿色发展,推动绿色、循环、低碳发展,实现人与自然的和谐共生;④开放发展,扩大对外开放,推动形成全面开放新格局;⑤共享发展,坚持以人民为中心,让改革发展成果更多更公平地惠及全体人民。

新的发展模式强调以新发展理念引领发展实践,这些理念在理论和实践上回答了关于发展的目的、动力、方式、路径等一系列问题,并阐明了政治立场、价值导向、发展模式、发展道路等问题。这些新发展理念之间相互支撑、协同发力,要求在实际工作中,重视整体部署和综合评价,按照新发展理念查找短板弱项,以推动社会主义现代化国家的全面建设。

当前,中国的新发展模式正致力于落实这些新发展理念,以实现可持续、全面、平衡的发展目标。

13.3 新的商业运营模式的绿色数字化管理

在数字化时代,绿色数字化管理作为新的商业运营模式,关注的是如何通过数字技术创造和交付价值,同时在环境和社会治理方面承担责任。本质上,它涵盖了价值创造、交付和管理的全过程,强调了企业在运营中应该实现环境友好型发展。例如,企业可以通过智能化技术如智能应用程序、无人机和3D打印来提供个性化产品和服务,重新定义顾客参与和价值共创的方式。

(1)平台型模式:通过建立一个平台,将不同的用户或企业连接起来,并提供相应的服务或产品,从而实现价值创造。例如,阿里巴巴、京东等电商平台。

在平台型商业模式下,企业可以利用数字化手段构建一个开放的生态系统,使得各种模块和服务能够快速、轻松地集成进来。比如,PayPal作为电子商务生态系统的一部分,就很好地体现了模块化制造商的商业模式。这种模式强调了组织对于生态系统的适应性和创新产品或服务的快速开发。

(2)共享经济模式:通过共享闲置资源的方式,提高资源利用率,降低成本,并为用户创造新的价值。例如,滴滴出行、共享单车等共享经济平台。

共享经济模式则更侧重于资源的最大化利用和按需分配。数字化使得资源共享变得更加高效,实现了按需付费,降低了用户的使用门槛,同时也减少了资源的浪费。

(3)自动化、集约化和智能化:通过自动化、集约化和智能化的手段,提高生产效率,降低成本,并提高产品或服务的质量。

(4)创新商业模式:通过创造新的商业模式,满足行业和客户的需求,并帮助自身企业巩固优势。例如,免费增值模式、订阅模式、按需付费模式等。

在智能化和按需付费的模式下,企业可以通过数字化技术,如大数据分析、人工智能和物联网,来更好地理解客户需求,提供精准的服务或产品。此外,智能化不仅提高了生产效率,也有助于能源的节约和减排,这对于实现"碳达峰""碳中和"目标至关重要。

绿色数字化管理的商业运营模式强调了环境友好、社会责任、个性化服务、生态系统适应性、资源共享和智能化按需服务这几个关键维度。这些模式不仅响应了社会治理和环境保护的呼声,而且通过数字化转型,推动了商业模式的创新和发展。

13.4 绿色低碳新产业的数字化管理

绿色低碳新产业是指在促进产业优化升级、实现高质量发展的过程中,以减少碳排放和保护环境为导向的产业。在中国,"十四五"时期,绿色低碳产业是国家工业绿色发展的重要组成部分,预计将迎来显著的增长和发展。这一产业的发展不仅能够提高工业的竞争力,还能为各行各业提供绿色低碳的产品和服务,如交通、建筑、农业、通信等[①]。

---

① 国家能源局.工业领域明确"十四五"绿色低碳发展具体目标[EB/OL].(2021-12-10)[2024-11-15].www.nea.gov.cn/2021-12/10/c_1310364625.htm.

中国的绿色低碳产业包括新能源、新材料、新能源汽车、绿色智能船舶、绿色环保、高端装备、能源电子等战略性新兴产业。这些产业不仅对传统产业进行绿色低碳转型，而且通过采纳5G、人工智能等新兴技术，加速产业结构向高端化转型。

根据《"十四五"工业绿色发展规划》①，到2025年，中国绿色环保产业的产值预期将达到11万亿元，这标志着绿色低碳产业将成为推动经济增长的新动力。专家预测，到2030年，低碳产业可能会每年以8.6个百分点的速度增长，进而拉动经济增长0.96个百分点。

绿色低碳产业是指那些采用环保技术和生产方法、低能耗、低排放、循环利用资源的产业。这类产业在"十四五"时期将会得到重点发展，特别是在工业、交通、建筑、农业和通信等领域。发展绿色低碳产业不仅可以提升工业竞争力，也是实现高质量发展的重要内容。

新兴技术如5G和人工智能对于传统产业的绿色低碳转型起到了加速作用，这些技术可以通过数字化手段帮助企业在能源生产和使用侧实现节能和效率提升，从而支撑绿色低碳新产业和新业态的构建。

节能环保企业也是绿色低碳新产业的重要组成部分。借助资本市场，这些企业得到了发展，例如根据同花顺iFinD分类，节能环保概念板块涵盖了189家A股上市公司，这些公司在市场中的总市值合计约为1.87万亿元。

中国也在努力加快形成节约资源和保护环境的空间格局、产业结构，推进产业结构的持续调整优化，以构建科技含量高、资源消耗低、环境污染少的产业结构。

绿色低碳新产业涵盖了多个领域，并且得到了技术和政策的支持。通过数字化转型和资本市场的推动，这些产业会在未来有更大的发展空间。

绿色低碳产业正在获得显著发展，得到政策支持和市场追捧。新京报零碳研究院揭晓了2022年度十大绿色发展案例，并指出我国传统能耗产业的转型正在加快，同时预计到2025年，将有大约50个重点产品的碳足迹核算规则和标准出台②。这表明国家正通过制定相关政策和规范来推动绿色产品的发展，这也可能会影响到相关企业的市场表现和市值。

从行业发展的角度来看，能源和工业部门在绿色转型中占据重点，因为这两个部门是碳排放的主要来源。这些部门的企业在实现绿色转型的过程中，可能会获得资本市场的青睐。例如，中央企业在推进产业结构和能源结构的优化方面取得了成效，实现了能源消耗强度、碳排放强度的持续下降。

思考题

（1）请谈一下当前的新业态模式都有哪些？对企业的绿色数字化管理有怎样的影响？

（2）请讨论新发展模式下的绿色数字化管理。

（3）请讨论新的商业运营模式的绿色数字化管理以及与企业价值的关系。

---

① 规划司."十四五"工业绿色发展规划[EB/OL].(2021-11-15)[2024-11-15].https://www.miit.gov.cn/jgsj/ghs/zlygh/art/2022/art_dd7cf9f916174a8bbb7839ad654ea84ce.html.

② 白华兵.践行低碳|新京报零碳研究院揭晓2022年度绿色发展十大案例[EB/OL].(2022-12-20)[2024-11-15].https://m.bjnews.com.cn/detail/167150772314078.html.

14 中国的估值体系

本章要点

中国估值体系的特色；中国估值体系的考虑因素。

学习目标

了解中国的估值体系与国外市场的估值体系，掌握中国估值体系特色应该重点关注的特点。

14.1 中国经验对企业价值的影响

中国通过政策驱动、科技创新、数字化转型、绿色技术、共同富裕及 ESG 实践，构建了新质生产力的发展范式，形成了具有本土特色的企业价值创造路径。

在政策驱动方面，体现了制度优势赋能战略升级，一方面表现为国家战略与企业发展共振。政府通过"双化协同"政策（数字化与绿色化协同转型）引导企业优化资源配置，例如制造业企业依托数字技术改造实现降本增效，叠加绿色技术形成低碳竞争力。国有企业将服务国家战略（如芯片、新能源领域突破）纳入价值评估框架，形成经济安全与市场效益的双重目标导向。另一方面表现为金融体系为创新支撑。例如金融机构围绕绿色金融政策开发碳配额、CCER 等碳金融工具，为企业低碳转型提供资金支持，同时通过 ESG 评级引导资本流向社会责任表现突出的企业。

在科技创新层面体现为技术突破驱动价值重构。比如：核心技术自主化提升议价能力。企业通过自主研发突破"卡脖子"技术（如华为 5G 技术），构建技术壁垒并主导产业链标准制定，显著提升市场估值。智能工厂运用 AI 和大数据分析可提升直接生产效率 15%，间接效率提升 10%，推动制造业向高端化跃迁。再比如：数字经济与实体经济融合。数字技术赋能传统产业（如农业、服务业），优化全要素生产率，催生数字新能源服务、智能网联汽车等新业态，拓宽企业增长边界。

在绿色技术与 ESG 实践方面，企业社会责任转化为竞争力。比如（1）低碳转型创造长期价值。企业通过碳捕集（CCUS）、可再生能源技术降低环境成本，同时依托绿色金融政策获得低成本融资，形成"环保—效益"正向循环。ESG 框架推动企业构建透明治理体系，例如腾讯等企业通过碳中和实践增强投资者信心，降低融资风险溢价。（2）社会治理产生协同效应。企业参与乡村振兴、扶贫攻坚（如电商助农项目），通过社会责任投资提升品牌公信力，同时获得政策倾斜与市场认可。

在共同富裕导向下,共享机制增强了企业的组织韧性。体现(1)员工关怀与利益共享。儒家"家文化"管理理念(如海底捞亲情化制度)提升员工归属感,降低人才流失率,间接增强企业运营稳定性。股权激励、利润共享等机制将企业发展成果与员工福利绑定,激发内生创新动力。(2)区域经济协同发展。龙头企业通过产业链协同带动区域中小企业升级(如华为赋能上下游供应商),形成产业集群效应,提升整体抗风险能力。

14.2 中国的估值体系与国外市场的区别

中国的估值体系与国外市场的主要不同在于其独有的市场结构、投资者构成以及与中国经济发展阶段相匹配的特征。中国资本市场推行具有中国特色的估值体系,其核心在于体现中国资本市场的自信和定价权的自主性。这种估值体系与传统的国际资本市场估值体系相比,更加重视符合中国国情的定价机制和投资理念。

中国特色的估值体系强调与中国特色现代资本市场的特征相结合,这意味着在估值时要充分考虑中国经济特有的发展阶段、经济体制和市场生态等因素。这种估值体系注重反映中国市场的实际情况,而不是简单模仿或套用海外成熟市场的估值模式①。

中国资本市场的投资者结构和投资理念的演变正逐渐影响着估值体系。培育机构投资者和价值投资理念被认为是构建中国特色估值体系的关键,因为这能够引导市场更加专业和成熟,从而形成更加稳健和科学的估值体系。

中国的估值体系还特别强调产业链的重要性。新冠疫情后全球产业链重塑,大国产业链趋向于自给自足,中国在此背景下更注重产业链的完善和高端化。在这个过程中,一家企业的价值不仅取决于自身发展情况,还受其在产业链和价值链中的位置和不可替代性的影响。因此,中国特色估值体系要求在评估企业价值时,不仅要看其在产业链中的地位,还要考虑其在中国现代化产业体系中的作用。

中国资本市场的发展道路既遵循资本市场的一般规律,又注入了中国特色。中国特色体现在注册制改革、提高上市公司质量、风险防控、法治保障和投资者保护等方面。这些特点都在一定程度上影响和塑造了中国特色的估值体系。

中国资本市场正在构建一套更适合自身特点的估值体系,这个体系在评估价值时融入了中国的市场特色、产业政策和经济环境,与国外市场存在明显的差异。

14.3 中国特色估值体系的特点

中国的企业价值评估体系在构建过程中呈现出独特的特色,国有企业与估值体系的契合:国有企业在推进国家现代化、保障人民共同利益方面发挥关键作用,因此,构建中国特色估值体系时,需要特别考虑国有企业的属性和承担的社会责任,确保估值体系与国有企业的

---

① 吴照银,刘长江.如何认识和构建中国特色估值体系[N].上海证券报,2023-03-18(4).

发展相适应[1]。完善上市公司的价值信息披露体系,推动建立全生命周期价值培育体系,并丰富估值工具,以此提升估值定价的科学性和有效性。这也涉及提升国有控股上市公司估值的回归,抑制市场泡沫风险。市场参与者认为,培育机构投资者和价值投资理念是构建中国特色估值体系的关键。这有助于提升投资决策的科学性,实现资本市场的长期健康发展。

中国特色估值体系特别强调企业质量,鼓励企业提升数字化经营能力、实现智能化生产与管理,以降低成本并提高效率[2]。这意味着企业的估值将更多地反映其内在质量和未来发展潜力。新冠疫情加速了全球产业链和价值链的重塑,企业的价值不仅取决于其自身发展,更在于其在产业链和价值链中的位置及其不可替代性。因此,在估值时需充分考虑产业链布局和企业在产业链中的作用。

中国的企业价值评估体系特色主要体现在强调国有企业的特殊地位,完善价值信息披露,培育价值投资理念,重视企业质量,并考虑产业链因素对企业价值的影响。在实践中,这需要企业、市场参与者和监管机构共同发力,构建一个更加科学、合理的资本市场估值环境。

思考题

(1)中国的估值体系是如何融入市场特色、产业政策和经济环境的?
(2)中国的估值体系与国外市场相比,有哪些明显差异?
(3)为什么中国需要构建适合自身特点的估值体系?

---

[1] 经济日报.构建中国特色估值体系,估值模型面临重塑,国企价值有望回归,多方仍需协同发力[EB/OL].(2023-03-17)[2024-11-15].https://finance.sina.com.cn/jjxw/2023-03-17/doc-imymckxc7534021.shtml.
[2] 陈运森.构建中国特色估值体系[N].经济日报,2023-03-17(6).

Part 3 企业绿色数字化价值管理方法

自由现金流是衡量企业经营活动产生的现金流量质量的重要指标,它能够真实反映企业的盈利能力和投资价值。自由现金流量的计算通常从企业的经营活动现金流量开始,扣除必要的资本支出(CapEx),得到的余额即为自由现金流量。企业价值的提升,可通过两个方面来实现:一是提高投资回报率(ROIC),二是优化自由现金流量。

提高投资回报率意味着企业在进行投资决策时,需要选择那些可以带来高回报的项目。企业应该评估每一个潜在投资项目的净现值(NPV)和内部收益率(IRR),确保所选择的项目能够带来高于加权平均资本成本(WACC)的回报。企业还应关注投资的风险,以确保在不影响企业长期稳定发展的基础上实现收益最大化。

自由现金流量是企业在满足资本支出后剩余的现金流量,它能被用于分红、偿债或再投资。企业价值的增加很大程度上取决于其产生的自由现金流的规模和稳定性。因此,企业需要采取相应的措施来有效提高和优化现金流管理,保证良好的现金流入以及合理的现金流出,增强企业的财务稳定性和抗风险能力,进而实现企业价值的最大化。

根据企业价值最大化需要,可以通过提高投资回报率和优化自由现金流量来共同实现,本部分则针对企业的绿色数字化的价值管理,运用投资回报率进行投资决策的选择,选择绿色数字化项目的 NPV 和 IRR,确保高于 WACC 的回报率;通过自由现金流法对企业日常经营和未来的现金流进行管理,确保现金流入高于现金流出,并合理安排资本支出。由此,通过以上方法对企业绿色数字化项目的价值管理,保证企业现金流量的质量和稳定性的同时,追求合理的资本配置和有效的风险管理。

15 企业历史绩效分析

 本章要点

资产负债表分析内容;利润表分析内容。

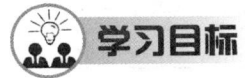

了解企业价值分析内容的历史绩效分析的内涵,掌握对企业的财务分析。

历史绩效分析主要是对企业过往的经营成果、财务状况和市场表现等方面进行全面的回顾和评估,以此来衡量企业的价值。

企业的财务分析主要包括资产负债表和利润表的深入解读。资产负债表反映了企业的资产状况、负债情况以及所有者权益,而利润表则展示了企业的经营成果和盈利能力。根据杜邦分析法结合的投资收益率所涉及的财务数据和指标进行历史的趋势分析,由此,了解企业在前期的价值管理绩效情况。根据历史绩效的情况,进一步预测未来的财务目标,企业的规划愿景,以及行业发展趋势,为宏观经济、微观经济方面的分析做准备。

15.1 资产负债表分析

(1)资产分析:通过资产负债表可以看出企业的总资产以及资产结构,包括流动资产和非流动资产。流动资产主要包括现金及现金等价物、应收票据和应收账款等,需要注意的是,应收款项应减去坏账准备可反映真实的可回收金额。非流动资产包括固定资产、在建工程和长期投资等,其中固定资产需要根据期末余额减去累计折旧来确定其净值。

(2)负债分析:负债部分可以分为流动负债和长期负债。企业的债务通常需要到期一次性还本付息,不考虑通货膨胀因素。分析负债比重及其结构有助于评估企业的财务风险。

(3)所有者权益分析:所有者权益包括实收资本、资本公积以及留存收益等,反映了企业的自有资金状况。通过计算资产、负债和所有者权益的比重,可以了解企业资金的分布以及资金来源。

15.2 利润表分析

(1)收入与成本:利润表提供了企业一段时间内的收入和成本信息,包括主营业务收入和其他收入,以及与之对应的成本和费用。

(2)盈利能力:通过分析利润表中的净利润、营业利润等指标,可以评估企业的盈利能力和成本控制情况。

(3)财务指标:可以利用利润表数据计算出毛利率、净利率等财务指标,这些指标有助于评价企业的盈利质量和经营效率。

结合资产负债表(表15.1)和利润表(表15.2),可以进行财务比率分析,例如资产负债率、流动比率、速动比率等,以评价企业的财务健康状况。此外,资本产出率,即单位资本创造的产出,是衡量资本效率的重要指标,可以通过比较资产(或资产净值)与产出(如GDP或增加值)的关系来确定。

表 15.1 资产负债的过去 4 年的分析(模板)

	20＊＊/12/31	20＊＊/12/31	20＊＊/12/31	20＊＊/12/31
流动比率				
速动比率				
资产负债率				
流动资产率				
股东权益比率				
长期资产与长期资金比率				
资本固定化比率				
总资产利润率				
净资产报酬率				
总资产报酬率				
净资产增长率				
总资产增长率				
每股资本公积				
现金流量比率				

表 15.2 利润现金的过去 4 年的分析(模板)

	20＊＊/12/31	20＊＊/12/31	20＊＊/12/31	20＊＊/12/31
总资产利润率				
净资产报酬率				
总资产报酬率				
销售毛利率				
销售净利率				
营业利润率				
主营业务成本率				
股本报酬率				
非主营比重				
每股收益增长率				
每股经营现金流量增长率				
主营业务收入增长率				
净利润增长率				
净资产增长率				

续表 15.2

	20＊＊/12/31	20＊＊/12/31	20＊＊/12/31	20＊＊/12/31
总资产增长率				
每股资本公积				
每股未分配利润				
购货付现比率				
经营现金净流量对销售收入的比率				
资产的经营现金流量回报率				
经营现金净流量对净利润的比率				
经营现金净流量对负债比率				
现金流量比率				

事例　企业历史自由现金流

根据某公司 2007—2010 年的资产负债表和利润表，分析徐工机械的历史绩效，确定公司 2007—2010 年的自由现金流，用来预测未来自由现金流。

自由现金流的计算主要过程如下：

(1)息税前利润＝主营业务收入－主营业务成本－营业税金及附加＋其他业务利润－销售费用－管理费用。

(2)折旧＝年末累计折旧－年初累计折旧。

(3)营运资本增加＝(年末部分流动资产－年末无息流动负债)－(年初部分流动资产－年初无息流动负债)。

(4)企业自由现金流＝息税前利润×(1－所得税率)＋折旧与摊销－营运资本增加－资本支出。

资本支出是指用于购置各种长期资产的支出，减去无息长期负债的增加额；长期资产包括各种长期投资、固定资产、无形资产、其他长期资产。无息长期负债包括各种不需要支付利息的长期应付款、专项应付款和其他长期负债等。

根据上述计算公式和企业的过去 4 年资产负债表和利润表，可以计算出未来几年的自由现金流，见表 15.3。

表 15.3　自由现金流表(模板)　　　　　　　　　　　　单位：元

项目	＊＊＊1年	＊＊＊2年	＊＊＊3年	＊＊＊4年
主营业务收入				
减：主营业务成本				
营业税金及附加				
加：其他业务利润				
减：销售费用				

续表 15.3

项目	***1年	***2年	***3年	***4年
管理费用				
加:投资收益				
加:营业外利润				
息税前利润				
息税前利润×(1−t)				
加:折旧与摊销				
减:营运资本增加				
减:资本性支出				
FCFF				

注:t 为所得税率,企业享有15%的优惠所得税率。

思考题

(1)通过分析过去几年的利润增长率,能否推断出企业的竞争力和发展潜力？如何利用这些数据指导企业未来的战略规划,以提升企业价值？

(2)观察企业资产的周转率和资产收益率等指标,能否评估企业的资产利用情况？如何通过提高资产利用效率来提升企业价值？

(3)分析企业的负债结构和资本结构,能否评估企业的偿债能力和财务风险？如何调整财务结构以最大化企业价值？

(4)通过分析企业的现金流量表,能否评估企业的盈利质量和现金流动性？如何合理管理现金流量,以支持企业的长期发展并提升企业价值？

(5)对企业历史盈利的质量进行分析,如道德风险、会计政策和盈余管理等,能否预测企业未来的盈利能力和可持续发展？如何通过提高盈利质量来增加企业长期价值？

16 企业融合绿色数字化投入的资本回报率——行业对比

本章要点

融合绿色数字化投资的目标和优势;融合绿色数字化投入的资本回报率评估。

学习目标

了解企业融合绿色数字化的内涵和目的;理解企业融合绿色数字化投资带来的优势;掌握评估企业融合绿色数字化投入的回报率方向。

通过对企业融合绿色数字化战略和竞争力进行分析,再进一步关注企业融合绿色数字化方面的投入与战略目标的一致性。在本章,我们通过分析企业融合绿色数字化的投入是否合理来判断企业的战略目标是否可以实现,以及检验战略目标制定是否合理。对企业融合绿色数字化的投入是否合理,我们则通过对企业在这方面的投资回报率进行确认。

企业在融合绿色数字化方面的投资,旨在通过数字技术提高能效和降低排放,进而实现企业价值增长与环保的双重目标。融合绿色数字化投入的资本回报率关乎企业是否能在采用新技术的同时,实现资本价值的增长。

企业融合绿色数字化方面的投资可以带来以下优势:

首先,融合数字化能够显著提高生产效率和设备连通性,通过优化数据的综合应用,比如在生产过程中实现能效的提升和排放的降低。这一过程不仅有助于企业满足环境保护的要求,而且能够减少因不符合环保标准而可能产生的额外成本,如碳税等。

同时,融合数字化转型还能为企业带来新的商业模式和增长点。随着绿色低碳经济和数字经济成为主流发展趋势,"数字+碳中和"的模式孕育了新的经济发展机遇。企业可以通过数字化手段,比如大数据分析、云计算等,优化能源使用,提升生产效率,从而开拓绿色低碳的新产业和新业态。

数字化发展本身也伴随着能源消耗的增加,尤其是数据中心等数字基础设施的能耗问题。因此,在计算回报率时,企业必须考虑到数字化过程中的初始投资,以及可能增加的能源成本。

企业融合绿色数字化投入回报率可以从以下几个方面进行评估。

(1)成本节约:通过数字化转型,企业能够减少生产中的能耗和原材料使用,节省成本。

(2)生产效率:数字化提升了设备的智能化和自动化水平,增加了生产效率。

(3)合规成本:随着环保法规的加强,合规成本成为企业必须考虑的要素。数字化帮助企业更好地适应环保要求,避免因违规而产生的罚款。

(4)市场竞争力:融合绿色数字化可以提升企业形象,增强市场竞争力,吸引更多的顾客和投资者。

(5)新商业模式和增长点:数字化与绿色低碳相结合,能够创造新的商业模式和经济增长点。

企业融合绿色数字化的资本回报率评估,需综合考量数字化转型带来的成本节约、效率提升、合规遵守、市场竞争力增强以及新商业模式的创新等多个方面。对于具体的回报率数值计算,需要结合企业实际情况和市场环境,进行详细的财务分析和预测。

在实际操作中,企业应收集相关数据(见表16.1、表16.2中所列的数据),包括初始投资成本、运营成本、节省的成本、预期的收益等,以便计算具体的回报率。

表 16.1　现有企业之间的竞争对比表(模板)

股票代码	股票名称	每股收益(元)	排名	市盈率	排名	每股净资产(元)	排名	净利润(万元)	排名

表 16.2　与同行业比较表(模板)

同行业不同的公司	总资产(亿元)	净资产(亿元)	资产负债比率(%)	主营业务收入(万元)
同行业不同的公司	流动比率(倍)	速动比率(倍)	销售商品收到的现金占主营收入比例(%)	
同行业不同的公司	每股摊薄收益(元)	每股经营产生的现金流量净额(元)	销售毛利润(%)	

思考题

(1)如何评估企业的绿色数字化投入对资本回报率的影响？与同行业其他企业相比，企业的投资回报率表现如何？这种差异的原因是什么？如何优化投资策略以提高资本回报率？

(2)绿色数字化投入对企业长期价值的影响如何？是否可以通过这种投入提高企业的竞争力和可持续发展？如何在价值管理中考虑绿色数字化投入的因素？

(3)分析行业内绿色数字化投入的趋势，企业是否处于行业的领先位置？如何根据行业发展趋势和竞争格局来调整企业的战略规划,以提升企业价值?

(4)绿色数字化投入是否增加了企业的风险?如何在追求资本回报率的同时有效管理风险,确保企业价值的可持续增长?

(5)利益相关方对企业的绿色数字化投入和资本回报率有何期望?如何平衡不同利益相关方的关注点,以实现企业长期的社会和经济价值?

17 企业绿色数字化战略及竞争力分析

本章要点

SWOT分析;PEST分析;行业竞争优势分析;公司竞争优势分析;影响企业价值的决定性因素。

学习目标

掌握SWOT、PEST分析;理解行业竞争优势分析;理解公司竞争优势分析;掌握影响企业价值的决定性因素分析。

17.1 SWOT分析

SWOT分析是一种常用的战略规划工具,可以用于帮助企业识别其绿色数字化及其内部的优势(Strengths)和弱点(Weaknesses),以及外部的机会(Opportunities)和威胁(Threats)。通过对这4个方面的分析,企业了解其在绿色数字化及市场中的位置,为未来的绩效预测和战略规划提供支持。

运用SWOT分析法进行企业绩效预测的一般步骤如下。

(1)确定目标:在开始SWOT分析之前,企业需要明确分析的目标。例如,目标可以是企业整体的绩效预测,或者是特定项目的绩效预测。

(2)收集信息:收集有关企业内部环境和外部环境的信息。内部环境的信息包括企业的财务状况、人力资源、技术能力、品牌形象等。外部环境的信息则涉及市场趋势、竞争对手的状况、法律政策、经济环境、社会文化因素等。

(3)进行SWOT分析:优势(Strengths),识别企业的核心竞争力和优势所在。这些可能包括专有技术、专利、强有力的品牌名称、优秀的团队、财务稳健等。弱点(Weaknesses),识别企业的内部弱点或劣势。例如,产品线单一、研发实力不足、管理体系薄弱、成本控制不力等。机会(Opportunities),确定外部环境中企业可能利用的机会。如新市场的开拓、政策的支持、技术的进步、合作伙伴的增加等。威胁(Threats),确定可能对企业构成挑战的外部威胁。这可能包括新的竞争者出现、市场需求变化、负面法规的制定、原材料价格上涨等。

(4)分析结果:通过对 SWOT 的分析,识别出企业在未来一段时间内可能面临的主要挑战和发展机遇。确定哪些因素可能对企业的绩效产生最大影响。

(5)制定战略:基于 SWOT 分析的结果,制订相应的战略计划。利用企业的优势来抓住机会,同时对弱点进行改进以避免威胁,并针对威胁制订应对措施。

(6)执行与监控:实施战略计划,并对绩效进行监控,确保计划的执行能够带来预期的结果。同时,根据市场和企业内部情况的变化,随时调整战略。

(7)绩效预测:利用以上分析和策略制定,结合历史数据和市场预测模型,对企业未来的业绩进行预测。预测模型可以包括财务预测、市场份额预测等。

进行 SWOT 分析时,重要的是要保持客观和实事求是,同时要识别那些可以量化的因素,这样才能更精确地进行绩效预测。另外,由于市场和环境因素的不断变化,SWOT 分析是一个持续的过程,企业需要定期进行分析以适应变化。

17.2 宏观环境分析——PEST 分析

17.2.1 PEST 分析要素

PEST 分析是一种分析企业宏观环境的工具,主要用于公司战略规划、市场规划、产品经营发展、研究报告撰写等领域。通过对政治、经济、社会、技术 4 个宏观因素进行深入分析,PEST 帮助企业理解外部环境的现实和潜在影响,以及这些因素如何影响企业的战略目标和战略制定。

为了进行有效的 PEST 分析,在分析企业集团所处的背景时,应该掌握大量的、充分的相关研究数据,确保分析的准确性和全面性。下面是对 PEST 分析 4 个要素的简要说明,以便于对企业的价值评估进行预测分析准备。

(1)政治(Political):分析政治环境包括政策制定、法律法规、政府稳定性、贸易限制、税收政策等因素,这些都可能对企业的运营产生重大影响。

(2)经济(Economic):经济因素涉及宏观经济趋势、利率、汇率、通货膨胀率、经济增长、消费者购买力等,这些因素将直接影响企业的成本、价格、需求和利润。

(3)社会(Social):社会文化因素包括人口统计特征、生活方式变化、教育水平、文化趋势、健康意识等,这些变化可能会影响企业产品的市场需求和营销策略。

(4)技术(Technological):技术因素主要考虑技术发展、创新速度、技术寿命周期、研发活动等方面的影响,技术进步可以带来新的商机,也可能使现有产品或服务变得过时。

进行 PEST 分析时,需要注意的是不同行业和企业需要根据自身特点和经营需要来调整分析的具体内容。通过对这些宏观环境因素的系统分析,企业可以更好地预测和准备应对外部环境的变化,从而在战略规划和市场规划中占据有利位置。

在企业价值评估时,PEST 分析(表 17.1)可以提供关于外部环境变化对企业价值可能产生影响的预测信息,帮助评估者更全面地考量企业未来的发展前景和潜在风险。

表 17.1 PEST 分析要素表格

要素	描述	影响因素举例
政治(P)	法律法规、政策制定等	贸易政策、税率、法律稳定性
经济(E)	宏观经济趋势、经济指标等	汇率、通货膨胀率、经济增长
社会(S)	人口统计、文化趋势等	人口结构、教育水平、生活方式
技术(T)	技术发展、创新速度等	新技术、研发投入、技术寿命周期

17.2.2 PEST 分析量化指标及打分

PEST 是从政治(Political)、经济(Economic)、社会(Social)、技术(Technological) 4 个维度分析外部宏观环境,以评估这些因素对组织可能产生的影响。进行量化分析时,可以通过为每个维度的各个因素设定评分标准,然后根据当前和预期的环境条件给出分数,从而量化分析 PEST 各个方面的影响。表 17.2 是一个量化的 PEST 分析指标体系示例。

表 17.2 PEST 分析量化指标体系

维度	指标	评分范围	评分标准
政治(P)	政治稳定性	0~10	非常稳定=10,稳定=7,不稳定=3,极度不稳定=0
	政府政策支持度	0~10	强烈支持=10,支持=7,中立=5,限制=3,强烈限制=0
经济(E)	经济增长率	0~10	高速增长=10,增长=7,稳定=5,衰退=3,深度衰退=0
	通货膨胀率	0~10	低通胀=10,适中通胀=7,高通胀=3,极高通胀=0
社会(S)	人口增长率	0~10	高增长=10,增长=7,稳定=5,负增长=3,高负增长=0
	文化和社会趋势	0~10	非常有利=10,有利=7,中性=5,不利=3,非常不利=0
技术(T)	技术创新速度	0~10	非常快=10,快=7,中等=5,慢=3,非常慢=0
	技术成熟度	0~10	非常成熟=10,成熟=7,适中=5,未成熟=3,非常未成熟=0

注:每个指标根据当前和预期的环境条件赋予一个 0 到 10 的分数;对所有指标得分求和,可以进一步根据具体需要对不同的维度赋予不同的权重;最终的总分可以转化为百分比形式,更直观地表示宏观环境对企业的整体影响。

17.3 行业竞争优势分析

行业竞争优势分析对于企业价值评估非常关键。它可以帮助投资者、分析师以及公司管理层理解企业在市场上的位置、竞争力以及潜在的增长前景。

迈克尔·波特的五力模型(Porter's Five Forces)是一个行业内的竞争分析框架(简称波特五力模型),帮助企业理解市场的竞争环境,并据此制定企业战略[①]。根据提供的资料,波特

---

① MBA 智库.波特五力分析模型[EB/OL].[2024-11-15]. https://wiki.mbalib.com/wiki/%E6%B3%A2%E7%89%B9%E4%BA%94%E5%8A%9B%E5%88%86%E6%9E%90%E6%A8%A1%E5%9E%8B.

五力模型包括以下5种力量：供应商议价能力、购买者议价能力、潜在新入市竞争者的威胁、替代品的威胁以及现有竞争者之间的竞争程度。这些力量共同决定了行业的竞争规模和程度，进而影响企业的盈利能力。

（1）供应商的讨价还价能力：供应商如果较少且无替代，或者其提供的是独特资源，其议价能力强，可能会提高企业的成本，从而影响企业的盈利能力。

（2）购买者的讨价还价能力：当购买者集中度高或产品差异化程度低时，购买者的议价能力强，他们可能会压低价格，同样影响企业的盈利能力。

（3）潜在竞争者进入的能力：如果行业进入壁垒低，新竞争者容易进入，会增加行业内的竞争，可能会压缩现有企业的市场份额和盈利空间。

（4）替代品的威胁：替代品越多或者越容易获得，企业产品的独特性和价格弹性就越低，这会限制企业的定价能力，降低盈利潜力。

（5）行业内现有竞争者的竞争程度：竞争越激烈，企业之间往往通过降价、促销等方式争夺市场份额，这可能导致整个行业的利润率下降。

企业可以利用波特五力模型（图17.1）对所在行业的竞争结构进行系统分析，对这些力量的分析有助于确定行业的吸引力和企业经营的难易程度。识别出行业的利润来源及潜在风险，然后针对这些竞争力量制订有效的应对策略，以提升自身竞争优势和价值。例如，通过增加产品差异化来减少替代品的威胁，或者建立更紧密的供应链关系来降低供应商议价能力的影响。此外，了解这些力量如何影响行业的盈利能力，也有助于投资者或其他利益相关者评估企业的长期价值。

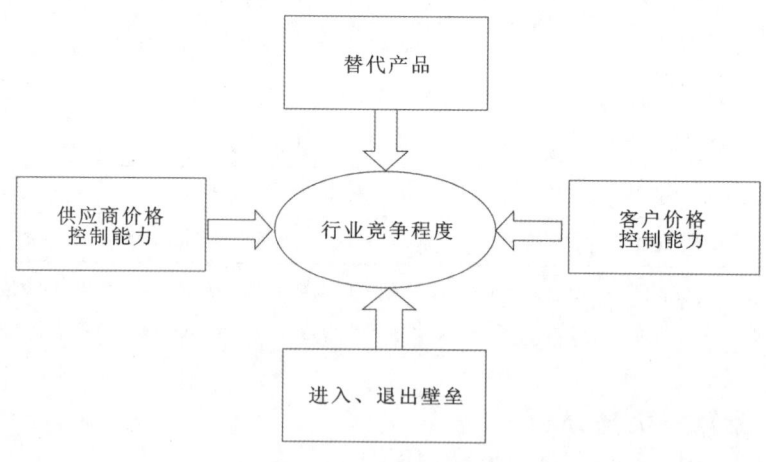

图17.1 波特五力模型

波特五力模型是分析行业竞争结构的一个框架，包括行业内的竞争者、潜在的新进入者、替代品的威胁、供应商的议价能力，以及买家的议价能力5个方面。表17.3是如何将这5个力量应用于行业竞争优势分析的示例，包括一个层级打分体系。

表 17.3　行业竞争优势分析指标体系

评价维度	评价指标	满分	评分标准
行业内的竞争者	竞争程度	20	竞争激烈=5分,较为竞争=10分,竞争适中=15分,竞争较小=20分
潜在的新进入者	进入壁垒	20	高壁垒=20分,较高壁垒=15分,较低壁垒=10分,低壁垒=5分
替代品的威胁	替代品可用性	20	替代品难以获得=20分,较难获得=15分,较易获得=10分,易获得=5分
供应商的议价能力	供应商集中度	20	集中度高=5分,较高=10分,较低=15分,低=20分
买家的议价能力	买家集中度	20	集中度高=5分,较高=10分,较低=15分,低=20分

注:每个指标根据行业的实际情况给出相应分数;总分为各项指标得分的总和,最高为100分;分数越高表示行业的竞争优势越强,即行业结构越有利于现有企业维持利润和市场地位。

17.4　公司竞争优势分析

公司竞争优势分析是价值评估中的关键要素,因为一家公司的内在价值是由其未来创造的现金流的折现值之和所决定的。这个折现值受多个因素影响,其中包括公司能否持续以高于融资成本的资本回报率实现增长。竞争优势分析帮助我们识别和评估影响这一增长潜力的关键因素,我们可采用迈克尔·波特的价值链理论来进行分析,如从企业的价值链包含的角度,即从产品设计开发、购置、制造、营销、销售等方面的业务活动来分析企业的成本和竞争力。在这些业务活动中与绿色数字化紧密关联,也就是业务活动的数字化,进行精准的数字化关联。

在市场上,竞争优势的存在性可以通过检验企业是否保持稳定的市场份额和是否长时间获得高额利润来确认。这些指标表明公司是否能够在市场中持续地实现其价值提案。然而,除了市场份额和利润率之外,还需要通过更深入地分析来探究竞争优势的来源,例如是否具有更优的成本结构或客户忠诚度。

另外,拥有低成本资金或雄厚资本支持并不一定代表真正的竞争优势,因为历史上有的企业尽管在资金募集方面很容易,但最终还是会被更高效的竞争对手所取代。

在进行价值评估时,分析公司的竞争优势不仅要看现有的市场表现,例如市场份额和利润率,还要深入分析公司竞争优势的持续性和来源。这种分析有助于预测公司未来的表现和现金流,进而更准确地估算公司的内在价值。

产品设计和开发从产品特性、质量、上市时间、专有技术方面进行测算;购置从企业可取得货源、成本、外购的业务活动中进行成本的测算;制造从产品的生产成本、周期、质量方面进行评价;营销从产品的定价、包装、品牌、广告/促销方面进行评价;销售和分销从产品销售效能、成本、渠道、运输方面进行评价。

企业价值评估与绿色数字化管理

企业价值评估是企业管理和财务决策的重要工具,通过评估,帮助企业明确自身的市场地位和核心竞争力。本书将从产品设计和开发、购置、制造、营销、销售和分销5个方面对企业竞争力进行综合评价。

(1)产品设计和开发。企业的产品设计和开发是其核心竞争力的体现,它关系到产品的特性、质量、上市时间和专有技术等多个方面。

产品特性:产品设计需满足市场和消费者需求,同时具备独特性,以区别于竞争对手。

质量:高质量的产品可以减少售后成本并提高品牌信誉。

上市时间:快速的产品开发周期可以帮助企业抓住市场先机。

专有技术:不易被模仿的专有技术是企业获取超额利润的关键。

(2)购置。企业的购置能力关系到货源的可得性、成本和外购活动。

货源可得性:稳定可靠的供应链是保证生产的前提。

成本:有效的成本控制能确保企业在价格竞争中占优势。

外购业务活动:透明和高效的外购活动有助于降低采购成本。

(3)制造。产品的制造环节是企业运营的核心,直接关系到产品的成本、生产周期和质量。

生产成本:低生产成本有助于企业获得更大利润空间。

生产周期:缩短生产周期可以提高市场响应速度。

质量:制造出高质量产品是企业竞争力的基础。

(4)营销。营销活动是企业与市场和消费者沟通的桥梁,涵盖产品定价、包装、品牌和广告/促销等方面。

产品定价:合理的定价策略能够吸引消费者同时确保企业利润。

包装:吸引人的包装设计可以增强产品的市场竞争力。

品牌:强大的品牌是企业赢得消费者信任的关键。

广告/促销:有效的广告和促销活动能够提升产品的市场知名度。

(5)销售和分销。销售和分销的效率直接影响企业的销售业绩和客户满意度。

产品销售效能:高效的销售团队可以增加交易闭合率。

成本:合理的销售成本控制可以提高企业的利润率。

渠道:广泛的销售渠道有助于产品的市场渗透。

运输:高效的物流可以缩短交货时间,提升客户满意度。

企业竞争力的评价应当基于企业的核心竞争力,即独特的、难以模仿和复制的能力,以及企业运营的各个要素。企业价值评估不仅涉及财务标准,还应当考虑到产品、市场、管理等方面的综合效能,以及企业在市场中的地位和经济效益。

在对企业价值进行评估时,应当注意到企业价值并不是资产的简单累加,而是企业整体素质的体现,包括无形资产如品牌价值、专利技术等在内的全面评估。同时,企业竞争力评价应遵循国家标准《企业竞争力评价规范》(GB/T 40957—2021),通过这一规范化的流程和方法,可以更准确地评价企业的竞争力[①]。

---

① 标准技术司.《企业竞争力评价规范》国家标准解读[EB/OL].(2022-10-14)[2024-11-15]. https://www.samr.gov.cn/bzjss/bzjd/art/2022/art_88c4cdb76e5c4c1b8d2b2cf798ddb1f0.html.

在实际操作中，企业价值评价需要结合企业的具体情况，通过综合分析上述各个方面，才能得出企业的整体价值和竞争力（图17.2）。此外，企业还需要根据自身的实际情况，制订相应的改进措施和长期发展策略，以提升企业价值和市场竞争力。

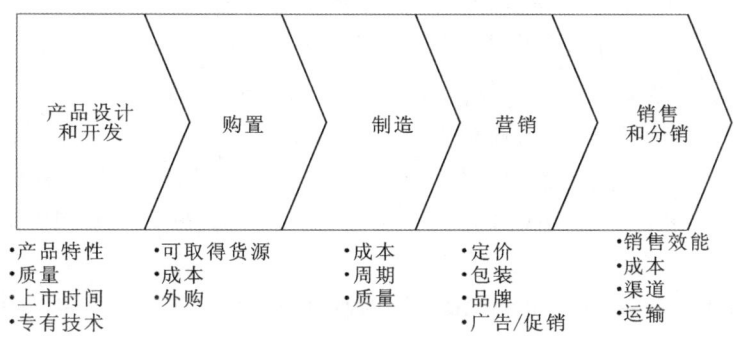

图 17.2　企业竞争力分析

为了对企业竞争力进行综合评价，可以从产品设计和开发、采购、制造、营销、销售和分销等几个方面构建打分指标体系。表17.4是这些方面的评价指标和层级打分体系的示例，表中采用百分制进行打分。

表 17.4　企业竞争力评价指标体系

评价维度	评价指标	满分	评分标准
产品设计和开发	创新性	20	高度创新＝20分，创新＝15分，一般创新＝10分，缺乏创新＝5分
	时间到市场	10	非常快＝10分，快＝7分，一般＝5分，慢＝2分
采购	成本效率	10	非常高＝10分，高＝7分，一般＝5分，低＝2分
	供应商关系	10	非常强＝10分，强＝7分，一般＝5分，弱＝2分
制造	生产效率	15	非常高＝15分，高＝10分，一般＝5分，低＝2分
	质量控制	15	优秀＝15分，良好＝10分，一般＝5分，差＝2分
营销	品牌力	10	非常强＝10分，强＝7分，一般＝5分，弱＝2分
	市场推广能力	10	非常有效＝10分，有效＝7分，一般＝5分，无效＝2分
销售和分销	销售网络	10	非常广＝10分，广＝7分，一般＝5分，狭窄＝2分
	分销渠道效率	10	非常高＝10分，高＝7分，一般＝5分，低＝2分

注：每个指标根据公司的实际情况给出相应分数；总分为各项指标得分的总和，最高为100分；分数越高表示公司的竞争力越强。

17.5　影响企业价值的决定性因素分析

根据波特的钻石模型显示分析和管理企业的价值涉及以下4个决定性因素。

（1）生产要素条件：企业的竞争力部分取决于生产要素的条件，如技术、人力资源、知识资源、资本资源等。企业应对这些要素进行优化,以提高竞争力。

(2)需求条件:波特指出,本地客户的要求非常重要,尤其是那些挑剔的客户。如果本地市场对产品和服务的要求很高,这能够激发企业的竞争优势。企业应通过深入了解本地市场需求,并满足甚至超越这些要求,来提升自身的价值。

(3)相关和支持产业:企业的价值也受到其所在地的相关和支持产业的影响。企业可以通过与本地的供应商和服务提供商建立合作,提高效率和创新能力。

(4)企业策略、结构和对手:企业必须在策略和结构上适应竞争环境,同时还要考虑到竞争对手的行为。这要求企业进行市场分析和内部管理,以确保能够有效地应对竞争。

除此之外,波特还提到了两个额外的变量——机遇和政府,这两个因素也可能显著影响企业的价值。

(1)机遇:偶然事件,如重大创新,可以为企业提供在行业中获得优势的机会。

(2)政府:政府的政策选择会影响到企业的竞争环境。如政府投资于教育,可以提高国家的人力资本;反垄断政策可以增加市场的竞争程度;管制政策可以改变国内市场需求。

企业应该通过分析这些因素并制定相应的策略来管理和提升自身的价值。对于机遇和政府角色,企业应该保持灵活性,以便能迅速抓住突发的机会,并与政府政策保持一致,从而在国际市场上保持竞争优势。

根据以上价值影响因素,构建绿色数字化价值管理的综合指标体系。

波特的钻石模型是分析国家或地区竞争优势的框架,但我们可以将其灵活应用于企业价值分析中,特别是当考虑企业如何在其所在的行业和市场中获得并维持竞争优势时。根据波特的理论,企业价值的决定性因素可以归纳为4个主要方面:因素条件、需求条件、相关和支持产业、企业战略、结构和对手。表17.5是如何将这4个因素应用于企业价值分析的示例,包括一个层级打分体系。

表17.5 企业价值分析指标体系

评价维度	评价指标	满分	评分标准
因素条件	人力资源质量	20	优秀=20分,良好=15分,一般=10分,较差=5分
	技术资源	20	领先=20分,先进=15分,一般=10分,落后=5分
需求条件	市场需求的复杂性	20	非常复杂=20分,复杂=15分,一般=10分,简单=5分
	客户需求的多样性	20	极其多样=20分,多样=15分,一般=10分,单一=5分
相关和支持产业	供应链完整性	10	非常完整=10分,完整=7分,一般=5分,不完整=2分
	相关产业的竞争力	10	非常强=10分,强=7分,一般=5分,弱=2分
企业战略、结构和对手	组织结构与管理效率	10	非常高效=10分,高效=7分,一般=5分,低效=2分
	市场竞争策略	10	非常有效=10分,有效=7分,一般=5分,无效=2分

注:每个指标根据公司的实际情况给出相应分数;总分为各项指标得分的总和,最高为100分;分数越高表示公司的企业价值和竞争力越强。

思考题

（1）在 PEST 分析中，政治、经济、社会、技术因素如何影响企业的绿色数字化战略？如何利用这些因素来支持企业的战略目标，从而提升企业的竞争力和价值？

（2）通过 SWOT 分析，企业在绿色数字化领域的优势、劣势、机会和威胁是什么？如何利用企业的优势和机会，同时规避劣势和威胁，以增强企业的竞争优势和管理价值？

（3）分析行业竞争格局，企业在绿色数字化领域的定位和竞争优势是什么？如何利用行业竞争优势来实现企业的长期发展和价值增长？

（4）对企业自身的竞争优势进行分析，绿色数字化战略如何与公司现有的核心竞争力相结合？如何通过绿色数字化战略强化公司的竞争优势，并将其转化为持续增长的企业价值？

（5）如何在绿色数字化战略实施过程中注重可持续发展，同时提升企业的整体价值？如何平衡经济、环境和社会效益，以创造更广泛的企业价值？

18 绿色数字化价值管理的财务目标及指标

绿色数字化价值管理的实施；绿色数字化价值管理的财务目标；绿色数字化价值管理的重要指标。

了解绿色数字化价值管理的实施，理解绿色数字化价值管理的财务目标，理解绿色数字化价值管理的重要指标，掌握迈克尔·波特价值链及第四张报表-数字化价值管理，并可以用该表将投资回报率进行分解。

本章针对投资回报率、战略和竞争力对企业的绿色数字化价值管理进行确认，并通过各财务指标与投资回报率的关系进行确认和修正。

杜邦分析法和迈克尔·波特的价值链理论是以权益资本报酬率，即融入绿色数字化投资的回报率，为核心的财务分析工具，通过销售净利率、资产周转率和权益乘数三个基本要素的拆分，来综合检验和分析企业的战略和竞争能力及其改善途径的合理性。该方法不仅帮助分析财务状况，而且还与企业长期战略目标和即时业务决策紧密相连。

绿色创新价值量化本章借鉴德勤第四张报表的创新实践数字化价值模型，识别数字化发展的价值驱动因素和价值影响因子。

18.1 投资回报率分解

在实际操作中,企业要结合杜邦分析法和绿色数字化价值管理,设定具体的财务目标和指标。例如设定降低单位产品能耗的目标,以提高销售净利率;利用数字化技术提升库存管理效率,以改善资产周转率;评估财务结构,促进绿色债务工具的使用,以优化权益乘数。

通过杜邦分析法,结合绿色数字化价值管理,企业能够更精确地将投资回报率分解到具体的经济业务活动中,从而实现经营效率的提升和价值的增长。企业需定期评估这些指标,并根据市场变化和组织战略调整目标和策略,以确保持续的价值管理和优化。

投资回报率
=销售净利率＊资产周转率
=(1－税率)＊(息税前利润/销售收入)＊(销售收入/投入的资本)
=(1－税率)＊[(销售收入－销售成本－销售费用－管理费用)/销售收入]＊[销售收入/投入资本]
权益净利率＝资产利润率＊权益乘数

(1)销售净利率。这一指标反映了公司每单位销售收入所能带来的净利润,是效率和利润率的体现。绿色数字化价值管理在此环节的目标可能是提高能效、降低资源消耗,进而提高利润率。

(2)资产周转率。资产周转率关注的是公司资产的使用效率,即每单位资产产生的销售收入。在数字化转型的背景下,企业应着眼于提高资产利用率,比如利用物联网(IoT)技术优化生产流程。

(3)权益乘数。权益乘数则是资本结构的反映,表明了企业通过债务与股本的比率来放大其权益资本报酬率的能力。绿色金融和可持续发展的理念要求企业在追求财务杠杆作用的同时,也需考虑长期的环境和社会风险。

18.2 企业业务环节进行绿色数字化增长率的估算

企业绿色数字化管理以迈克尔·波特的价值链理论为依据,从产品设计和开发、采购、制造、营销、销售和分销主要业务环节进行绿色数字化管理,推算增长点。绿色创新价值量化可识别数字化发展的价值驱动因素和价值影响因子。具体的价值增值率的估算见表18.1。

以上分析应结合企业实际情况和行业特点,以及考虑宏观经济环境和市场竞争状况,以做出更为准确的财务健康评价。

通过创新实践数字化价值模型,识别数字化发展的价值驱动因素和价值影响因子。
绿色数字化管理价值理论体系＝原业务价值＋新增价值(包含绿色价值,数字化价值)
绿色数字化价值管理模型
=(原业务价值＋绿色数字化驱动的新增长价值×绿色数字化综合效应系数)
=原业务价值×(1＋绿色数字化驱动的增长比率×绿色数字化综合效应系数)

表 18.1　企业价值增值率估算表

增长率	一级指标	权重(%)	二级指标	二级指标增长率
综合增长率	设计和开发	n_1	产品特性	
			质量	
			上市时间	
			设计和开发数字绿色化	
			专有技术	
	采购	n_2	货源	
			成本	
			外购	
			采购绿色数字化	
	制造	n_3	成本	
			周期	
			质量	
			制造绿色数字化	
	营销	n_4	定价	
			包装	
			品牌	
			广告(促销)	
			营销绿色数字化	
	销售	n_5	销售效能	
			成本	
			渠道	
			运输	
			销售绿色数字化	

平均增长率与绿色数字化综合生态增长率与标杆性企业及行业进行对比,判断评估企业的平均增长率与绿色数字化综合生态增长率是否在合理的区间。这一合理性检验是必须的检验步骤,避免预估出现太大的偏差,使其预判在合理区间范围之内。

18.3　企业生态综合效益系数

企业生态综合效益系数根据企业的实际情况对多维优势指标进行权重确认,同时根据前文的方法算出各自指标的比分进行打分,然后根据权重和指标得出企业生态综合效益系数。本书以企业生态综合效益系数作为衡量企业在绿色转型与数字化管理中综合效益的核心指标,通过整合多维优势指标,量化企业在环境可持续性、经济效益、社会责任及数字化能力等方面的协同效应。其核心价值在于:①战略导向:为企业制定绿色数字化战略提供量化依据;②资源优化:识别高权重领域,集中资源提升综合效益;③竞争力评估:横向对比行业标杆,定位竞争优势与短板。

综合生态效应系数的指标体系与权重设计

综合生态效应系数由五大核心指标构成,各指标权重需结合企业战略目标与行业特性科学分配(满足 $n_1+n_2+n_3+n_4+n_5=1$)。具体指标定义与评分标准见表18.2。

表 18.2 综合生态效应系数评分标准表

多维优势指标	权重(%)	评分标准(示例)	数据来源
数字绿色化综合效益系数	n_1	基于SWOT分析,评估绿色技术投资与数字化工具的协同效率(如能源节约率、碳排放降幅)	内部运营数据、第三方认证报告
宏观环境分析	n_2	政策支持力度(如碳税补贴)、市场需求趋势(低碳产品增长率)、技术成熟度	政府文件、行业白皮书
行业竞争优势	n_3	市场占有率、绿色专利数量、ESG评级排名	行业协会统计、专利数据库
公司竞争优势	n_4	内部资源整合能力(如供应链绿色化率)、数字化平台渗透率、员工可持续培训覆盖率	企业内部系统、员工调研
价值决定性因素分析	n_5	长期战略与可持续发展目标契合度、利益相关者满意度(客户/投资者)	战略文件、满意度调查报告

对该系数所采用的权重分配方法:①层次分析法:邀请专家对指标重要性两两比较,构建判断矩阵计算权重;②熵权法:基于历史数据的信息熵动态调整权重,突出差异化指标;③行业对标法:参考同行业头部企业的权重分布,结合自身战略微调。

指标评分:数字绿色化效益:若企业通过数字化平台降低能耗20%,评分=4(假设满分5对应降幅≥30%);定性指标(如战略契合度)采用Likert 5级量表(1=极低,5=极高)转换。行业竞争优势:若ESG评级为AA级(行业前10%),评分=5。

综合生态效应系数计算:

$$综合生态效应系数 = \sum_{i}^{5}(指标_i 评分 \times n_i)$$

示例:某企业评分=[4,3,5,4,3],权重=[0.3,0.2,0.25,0.15,0.1],则系数=4×0.3+3×0.2+5×0.25+4×0.15+3×0.1=4.054×0.3+3×0.2+5×0.25+4×0.15+3×0.1=4.05

企业生态综合效益系数映射:将综合生态效应系数按行业基准分级(如0~5分),转换为百分制效益系数。

$$生态综合效益系数 = \frac{综合生态效应系数}{行业最高分} \times 100$$

在当前的数字化及AI的飞速发展下,其对绿色数字化价值管理的应用场景和决策支持方面将变得易操作和实现,对企业的价值管理将发挥巨大的作用。比如以下三个方面:①绿色投资优先级排序:低分指标(如宏观环境分析得分低)提示需加强政策响应能力;高分指标(如行业竞争优势)可进一步放大资源投入。②数字化与绿色化协同优化:若"数字绿色化效益"权重高但得分低,需引入 AI 能效管理系统或区块链碳追踪技术;若"公司竞争优势"得分低,建议部署物联网设备优化供应链透明度。③利益相关者沟通:向投资者披露生态综合效益系数,增强 ESG 投资吸引力;向政府申请补贴时,提供系数计算过程以证明合规性。

案例分析:某新能源汽车企业的系数应用

企业计划扩大电池回收产能,需评估投资优先级。

首先指标权重设定:行业竞争优势(30%)、数字绿色化效益(25%)、宏观环境(20%)、公司资源(15%)、战略契合度(10%)。

评分结果合计:行业竞争优势:4(市场占有率15%,行业第三);数字绿色化效益:3(回收流程数字化覆盖率60%);宏观环境:5(政策补贴加码);公司资源:2(内部技术储备不足);战略契合度:4(符合碳中和目标)。

综合生态效应系数:$4 \times 0.3 + 3 \times 0.25 + 5 \times 0.2 + 2 \times 0.15 + 4 \times 0.1 = 3.95 4 \times 0.3 + 3 \times 0.25 + 5 \times 0.2 + 2 \times 0.15 + 4 \times 0.1 = 3.95$

决策建议:优先提升"公司资源"指标(如并购技术团队);申请政策补贴(宏观环境得分高),降低投资风险。

该方法随着数字化的普及,在未来还可以进一步的优化,进行相应的改进,比如:①动态权重调整:引入机器学习模型,根据市场变化实时更新权重;②区块链存证:确保评分数据不可篡改,提升评估公信力;③行业数据库共建:联合行业协会建立基准数据库,支持横向对标。

通过科学构建企业生态综合效益系数与综合生态效应系数,企业可将绿色数字化战略从概念转化为可量化、可操作的行动指南,最终实现经济效益与环境价值的双赢。

18.4 绿色数字化主要业务活动增长的财务数据分析

绿色数字化主要业务活动的增长除了包括原业务的增长,还包括绿色数字化管理带来的增长。原有业务的增长根据一般增长率的计算方法进行计算,绿色数字化增长率根据本章的企业业务环节进行绿色数字化增长率方法进行评估。

绿色数字化管理通过智能监控、资源优化和低碳技术应用等业务环节,通过综合生态效应系数。最终增长率=基础增长率×(1+综合生态效应系数),其中贡献系数通过专家评分法与数据回归模型双重验证,确保评估结果兼具历史延续性和创新成长性特征。绿色数字化下增长率计算模板如下。

18.4.1 主营业务收入的增长率

主营业务收入的增长率测算需综合历史增长趋势与绿色数字化管理带来的增量效应。根据企业近四年历史主营业务收入数据,采用复合年均增长率(CAGR)计算传统业务的自然增长基准,反映市场需求、行业周期等常规驱动因素。原有业务的增长根据一般增长率的计算方法进行计算,四年历史主营业务收入见表18.3,各年主营业务增长率见表18.4。

表18.3 四年历史主营业务收入(模板)

时间	1年	2年	3年	4年
主营业务收入(元)				

表18.4 各年主营业务收入增长率分析表(模板)

时间	主营业务收入增长率	绿色数字化下增长率
1年		
2年		主营业务收入加权平均增长率×(1+综合生态效应系数)
3年		
4年		

18.4.2 投资收益增长率

投资收益是指企业在一定的会计期间对外投资所取得的回报。投资收益包括对外投资所分得的股利和收到的债券利息,以及投资到期收回的或到期前转让债权取得款项高于账面价值的差额等。表18.5是四年投资收益表。

表18.5 四年投资收益表(模板)

时间	1年	2年	3年	4年
投资收益(元)				

18.4.3 营业外收入

营业外收入是指与企业生产经营活动没有直接关系的各种收入。营业外收入并不是由企业经营资金耗费所产生的,不需要企业付出代价,实际上是一种纯收入,不可能也不需要与有关费用进行配比。表18.6为营业外收入表。

表18.6 营业外收入表(模板)

时间	1年	2年	3年	4年
营业外收入(元)				
营业外收入增长率				
绿色数字化下增长率	营业外收入加权平均增长率×(1+综合生态效应系数)			

18.4.4 主营业务成本

主营业务成本是指公司生产和销售与主营业务有关的产品或服务所必须投入的直接成

本,主要包括原材料、人工成本(工资)和固定资产折旧等(表18.7)。"主营业务成本"用于核算企业因销售商品、提供劳务或让渡资产使用权等日常活动而发生的实际成本。

表18.7 主营业务成本表(模板)

时间	1年	2年	3年	4年
主营业务成本(元)				
主营业务成本增长率				
绿色数字化下增长率	主营业务成本加权平均增长率×(1+综合生态效应系数)			

18.4.5 主营业务税金及附加

企业主营业务税金核算的内容有资源税、营业税、城建税和教育费附加等(表18.8)。以各单位经营产品或劳务所适用的增值税率(17%,13%)计算当年销售相应产品的销项税;根据企业当年生产成本及制造费用中所列示材料和燃料动力所适用的税率计算进项税;当年的销项和进项差额作为当年的应交增值税计取,并计取相应的城建税和教育费附加。

表18.8 企业主营业务税金及附加表(模板)

时间	1年	2年	3年	4年
主营业务税金及附加(元)				
主营业务税金及附加增长率				
主营业务税金及附加加权平均增长率				

18.4.6 销售费用

销售费用企业在销售产品、自制半成品和提供劳务等过程中发生的费用,包括由企业负担的包装费、运输费、广告费、装卸费、保险费、委托代销手续费、展览费、租赁费(不含融资租赁费)和销售服务费、销售部门人员工资、职工福利费、差旅费、办公费、折旧费、修理费、物料消耗、低值易耗品摊销以及其他经费等。销售费用四年间是不断增长的,模板见表18.9。

表18.9 四年销售费用统计表(模板)

时间	1年	2年	3年	4年
销售费用(元)				

18.4.7 管理费用

企业管理费用核算内容主要是管理人员工资及福利费、管理用固定资产折旧、无形资产摊销、管理用固定资产修理费、水电费、办公费用、业务招待费、技术开发费、排污费、租赁费、劳动保险费、税金(房产税、土地使用税及印花税等)、董事会费、财产保险及审计咨询费等内容(表8.10)。其中主要的变动项目是人员工资及福利费、办公费用及其他杂费等,固定费用主要是办公场所租赁费、折旧费、修理费及无形资产摊销等。

表 18.10 管理费用统计表(模板)

时间	1 年	2 年	3 年	4 年
管理费用(元)				
管理费用增长率				
绿色数字化下增长率	管理费用加权平均增长率×(1+综合生态效应系数)			

18.4.8 财务费用

财务费用指企业在生产经营过程中为筹集资金而发生的各项费用(表18.11),包括企业生产经营期间发生的利息支出(减利息收入)、汇兑净损失(有的企业如商品流通企业、保险企业进行单独核算,不包括在财务费用)、金融机构手续费,以及筹资发生的其他财务费用如债券印刷费、国外借款担保费等。

表 18.11 财务费用统计表(模板)

时间	1 年	2 年	3 年	4 年
财务费用(元)				
财务费用增长率				
绿色数字化下增长率	财务费用加权平均增长率×(1+综合生态效应系数)			

18.4.9 营业外支出

营业外支出是指不属于企业生产经营费用,与企业生产经营活动没有直接的关系,但应从企业实现的利润总额中扣除的支出,包括固定资产盘亏损、报废、毁损和出售的净损失,非季节性和非修理性期间的停工损失,职工子弟学校经费和技工学校经费,非常规损失,公益救济性的捐赠、赔偿金、违约金等(表18.12)。

表 18.12 营业外支出统计表(模板)

时间	1 年	2 年	3 年	4 年
营业外支出(元)				
营业外支出增长率				
绿色数字化下增长率	营业外支出加权平均增长率×(1+综合生态效应系数)			

18.4.10 所得税

在计算应纳税所得额时因在计算各投资单位的投资收益时已为税后收益,因此该公司应纳税所得额为利润总额扣除投资收益后的金额为计税基础。

表 18.13 所得税统计表(模板)

时间	1 年	2 年	3 年	4 年
所得税(元)				

18.4.11 盈利能力分析

根据以上的相关数据,根据基础盈利能力的相关指标,计算出企业历史各期的盈利能力指标,对比了解企业盈利指标变化趋势。基础盈利能力的相关指标见表18.14,企业历史各期盈利能力指标趋势见表18.15。

表 18.14 盈利指标表

指标	公式	核心意义
总资产利润率(ROA)	$ROA = \dfrac{净利润}{总资产} \times 100\%$	衡量企业利用全部资产创造利润的效率
净资产收益率(ROE)	$ROE = \dfrac{净利润}{净资产} \times 100\%$	反映股东权益(自有资本)的收益水平
销售净利率	$销售净利率 = \dfrac{净利润}{营业收入} \times 100\%$	体现每单位销售收入最终转化为净利润的比例
毛利率	$毛利率 = \dfrac{营业收入 - 营业成本}{营业收入} \times 100\%$	反映产品或服务的直接盈利能力,扣除生产成本后的剩余空间
营业利润率	$营业利润率 = \dfrac{营业利润}{营业收入} \times 100\%$	评估核心业务活动的盈利能力,扣除经营费用后的利润水平
成本费用利润率	$成本费用利润率 = \dfrac{利润总额}{营业成本 + 期间费用} \times 100\%$	衡量企业为赚取利润所付出的成本费用效率
净利润增长率	$净利润增长率 = \left(\dfrac{本期净利润}{上期净利润} - 1\right) \times 100\%$	反映企业净利润的扩张速度,评估持续盈利能力
每股收益(EPS)	$EPS = \dfrac{净利润 - 优先股股利}{流通在外普通股加权平均数}$	代表每股普通股的盈利贡献,直接影响股价估值
现金流量比率	$现金流量比率 = \dfrac{经营活动现金流净额}{流动负债} \times 100\%$	衡量企业用经营现金流覆盖短期债务的能力,体现盈利质量

表 18.15　盈利能力趋势分析表

财务指标	1年	2年	3年	4年
总资产利润率				
净资产报酬率				
总资产报酬率				
销售毛利率				
销售净利率				
营业利润率				
主营业务成本率				
股本报酬率				
非主营比重				

19　企业绿色数字化价值管理

本章要点

企业绿色数字化价值管理的概念；对企业未来现金流预测的方法；绿色数字化自由现金流预测表。

学习目标

了解企业绿色数字化价值管理的概念，理解对企业未来现金流预测的方法，掌握企业绿色数字化价值管理的分析体系；根据资本投资回报率和杜邦分析法分析各类财务指标，结合迈克尔·波特价值链的理论进行价值管理。

本书构建的绿色数字化价值管理的分析体系，增加了绿色数字化发展的因素。该体系对企业价值管理、绿色数字化发展业务跟踪、价值增长以及预测等多方面应用进行优化，以利于企业绿色数字化价值管理。

传统的三张财务报表提供的信息是历史的、过去企业的财务状况和财务成果的信息，但对于绿色、数字化对未来创造价值具有引领性的和潜在的价值不能反映出来，那么企业投入的，在未来具有产出、有潜力的绿色、数字化的价值，企业则需要一套数字化价值评估和分析体系来回答"绿色数字化投入给企业带来的价值"。

根据 SOWT 分析，PEST 分析，行业竞争优势分析（波特五力模型），公司竞争优势分析，以及企业的历史数据的财务分析，确定企业的增长，并根据成本控制，价值链管理，根据数字化的业务管理，将增长落实到收入、成本当中。

结合以上的分析，了解企业的增长和驱动情况，采用哈佛框架模型将价值驱动因素量化到企业的各个财务指标中，进一步追踪到各个业务活动管理的财务数据中，通过价值链数字化，以实现企业的价值驱动管理。

根据企业的战略目标和行业情况确定企业的投资回报率，然后对企业的投资回报率进行分解，分别明确企业的销售净利率，资产周转率，再进一步细化到企业的业务活动中，针对业务活动进行分解，了解各种驱动因素的作用，确定各业务活动的收入、成本、费用，做好预算，价值把控。

结合企业竞争力，同行业的对比，及时提出企业绿色数字化的价值管理策略和解决方案，根据历史数据和经济环境，确定企业的增长点，进行价值管理，并对企业未来的现金流进行预测。

对企业进行绿色数字化管理，采用分析工具发现企业存在的问题与挑战，并采用分析工具提出解决方案，制定发展策略，预测企业未来的现金流，量化企业绿色数字化管理应该达到的成效。

19.1　检验企业绿色数字化管理未来应有的成效——企业未来现金流的预测

19.1.1　折现率的确定

1）对股权资本成本的分析和计算

国际通常使用 CAPM 模型进行求取，基本步骤如下。

(1) 无风险报酬率：以储蓄国债为例进行确定。

(2) 风险报酬率：取业务与该公司处于相同行业——所有上市公司的该年度的净资产收益率进行算术平均，得出行业平均净资产收益率，本次评估中取该值为市场预期收益率。

(3) β 系数：利用"个股测评网"软件测得该公司的 β 系数。

$$K_e = R_f + \beta(R_m - R_f)$$

式中：R_f 为无风险收益率；R_m 为市场预期收益率；β 为风险系数。

2）对债务成本的分析和计算

从该公司财务报表中可以看出企业短期借款，应付票据，应付账款，确定流动负债总和，长期借款，确定负债总和；因无法确定每笔借款的利率，故而总利息无法确认，这里用一年期到三年期中长期贷款利率代替。

计算债务税后成本（K_b）为

$$K_b = 税前债务成本(1-所得税率)$$

注意：企业享有 15% 的优惠所得税率。

3)对折现率的分析和计算

根据上述得出的股权资本成本及债务成本,采用WACC模型计算加权平均资本成本r,有$r=K_s \times W_s + K_b \times W_b$。

从财务会计报表中确认负债总额,所有者权益总额。

计算企业的平均资本成本:

$$WACC = K_s W_s + K_b W_b$$

所以,根据之前预测的企业公司现金流和折现率的计算,得出公司现金流量现值。

同时,对企业的投资回报率进行一致性检验,对企业的行业前景和制定的发展策略进行校订和调整,并提出价值驱动建议和措施。

19.1.2 绿色数字化管理下的自由现金流的测算

影响企业价值的主要因素是现金流、增长和风险,这三个因素与自由现金流量法中的预期收益、折现率和折现期相对应。数字绿色化管理下的自由现金流的测算则对以上三要素进行参数的修正。企业自由现金流预测可按表19.1所示的模板进行计算。

表 19.1 预测绿色数字化现金流量表(模板)　　　　　　　　　　　　　　　　单位:百万元

项目	***1年	***2年	***3年	***4年	***5年
主营业务收入					
减:主营业务成本					
营业税金及附加					
加:其他业务利润					
减:销售费用					
管理费用					
加:投资收益					
加:营业外利润					
息税前利润					
息税前利润*(1−所得税率)					
加:折旧与摊销					
减:营运资本增加					
减:资本性支出					
企业自由现金流					

第一个因素企业自由现金流,反映企业绿色数字化对企业价值的影响,即ESG评价指标,直接影响企业的息前税后净利润,进而影响企业的现金流;第二个因素是代表成长性的增长率,企业的ESG表现对企业价值的贡献越多,ESG评价指标越高,相应的稳定增长率就越高;第三个因素是反映企业风险的折现率,企业自由现金流对应的折现率是加权平均资本成

本。其中,股权资本成本通常由资本资产定价模型决定,资本资产定价模型假设所有的非系统性风险会被分散掉,但这种假设与实际情况相悖。因此,通过比较度量系统性风险的 β,将非系统性风险引入权益资本成本的计算,会导致权益资本成本和加权平均资本成本的同步提高。基于以上的修正思路,设计出 ESG 视角下企业价值评估模型为

$$P = \sum_{t=1}^{n} \frac{F'_t}{(1+r')^{t_t}} + \frac{F'}{r'+g}\left[1-\left(\frac{1-g}{1+r'}\right)^n\right]$$

$F'=$ 企业自由现金流×绿色数字化生态综合系数(GGEC)

$r'=$ 借款利率×(1−所得税率)×负债率+GGEC′×(1−负债率)

GGEC′=无风险利率+(市场风险溢价×β)/GGEC+企业特定风险。

式中:P 为评估值;F'_t 为第 t 年包含 GGEC 的企业自由现金流;F' 包含 GGEC 的稳定期企业自由现金流;GGEC 为评价系数;r 包含 GGEC 的折现率;t 为收益预测期;n 为预测期的年限;GGEC′ 包含 GGEC 的股权资本成本。

19.2 杜邦分析法与价值链的绿色数字化价值管理

传统杜邦分析法以 ROE 为核心,通过分解销售净利率(盈利性)、资产周转率(运营效率)和权益乘数(资本结构)揭示企业价值创造的财务逻辑。本书在绿色数字化背景下,将这三个核心指标映射至波特价值链的六大核心环节(研发、采购、生产、物流、营销、服务),并引入以下调整维度。绿色化调整:环境成本内部化、低碳技术投资、碳资产收益。数字化调整:数据资产计量、智能系统增效、数字资产周转。除了绿色数字化调整,还可以根据行业,环境,经济等方面的影响因素对杜邦分析法和价值链环节的财务指标和数据进行调整,从而实现综合生态环境下的价值管理。本节重点讨论绿色数字化下的价值管理。

绿色数字化价值管理耦合公式为

$$\text{ROE 绿色数字化} = \sum_{i=1}^{n}(\text{绿色净利率}_i \times \text{数字资产周转率}_i \times \text{绿色权益乘数}_i)$$

式中:i 为价值链各环节(如研发、生产等)。

19.2.1 价值链环节的驱动因素与指标调整

1)研发环节

核心驱动因素:低碳技术专利投入强度(如每亿元营收的研发费用占比),数字孪生研发资本化率(如 AI 算法开发费用的摊销周期)。财务指标调整-绿色净利率:研发费用加计扣除政策收益(如中国对绿色技术研发税收抵免率 15%)。数字资产周转率:数据资产研发投入与商业化收入比(如自动驾驶算法专利授权收入)。价值管理策略:通过碳中和技术专利组合(如新能源电池企业固态电池技术)提升产品溢价率。

2)采购与供应链环节

核心驱动因素:绿色供应商认证覆盖率(如苹果要求供应商 100% 使用可再生能源),区块链溯源成本节约率(如大型超市食品溯源系统降低损耗率 5%)。财务指标调整-资产周转率:供应链数字化缩短库存周期(如服装企业的智能补货系统提升周转率 20%)。权益乘数:绿色

应付账款融资成本(如使用绿色票据贴现利率低 1.2%)。价值管理策略:构建低碳供应商分级体系,优化 Scope 3 碳排放(如新能源汽车电池供应链碳强度下降 30%)。

3)生产与运营环节

核心驱动因素:单位产品碳成本(如钢铁行业吨钢碳排放成本按欧盟碳价计算),智能设备替代率(如制造企业工业机器人渗透率超 50%)。财务指标调整-绿色净利率:碳捕捉技术补贴(如 CCUS 项目每吨 CO_2 补贴 50 元)。数字资产周转率:数字孪生系统提升设备利用率(如某制造企业工厂 OEE 提高 12%)。价值管理策略:通过碳足迹认证(如 ISO 14067)获取绿色溢价(如某企业绿能组件溢价率 5%)。

4)物流与分销环节

核心驱动因素:新能源运输工具占比(如电动货车覆盖率 30%),物联网实时监控覆盖率(如冷链温控传感器部署率 95%)。财务指标调整-资产周转率:智能路径规划缩短运输时间(如物流配送时效提升 18%)。权益乘数:绿色仓储资产证券化(如 REITs 融资成本 4.5% vs 传统贷款 6%)。价值管理策略:采用共享物流网络降低固定资产投入。

5)营销与服务环节

核心驱动因素:碳标签产品收入占比(如某奶企零碳牛奶销售额占比 25%),用户数据资产变现率(如某平台广告业务数据利用率 80%)。财务指标调整:绿色净利率:低碳客户忠诚度计划收益(如咖啡零售企业"自带杯减碳"提升复购率 10%)。权益乘数:用户数据质押融资规模(如某平台数据资产质押率 60%)。价值管理策略:构建碳积分体系(如航空业碳积分兑换机票)增强客户黏性。

19.2.2 价值管理分析工具与方法

1)绿色数字化 ROE 分解矩阵

价值链环节	绿色净利率调整项	数字资产周转率调整项	绿色权益乘数调整项
研发	+技术补贴/-碳税成本	×专利商业化效率系数	÷高碳技术减值率
生产	+碳汇收益/-环境罚款	×设备智能化系数	÷搁浅资产风险权重
物流	+低碳溢价/-运输碳排放成本	×路径优化系数	÷传统仓储资产减值率

2)关键绩效指标(KPI)设计

• 研发部门:KPI=0.4×绿色专利占比+0.6×数据资产 ROIKPI=0.4×绿色专利占比+0.6×数据资产 ROI

• 生产部门:KPI=0.5×单位碳强度下降率+0.5×OEE 提升率 KPI=0.5×单位碳强度下降率+0.5×OEE 提升率

3)风险对冲机制

• 数字资产泡沫风险:采用动态估值模型(如实物期权法)调整数据资产账面价值。

• 碳价波动风险:购买碳期货合约锁定成本(如上海环境能源交易所碳远期合约)。

19.2.3 实证案例:某新能源汽车企业价值管理分析

某全球 TOP 3 新能源车企(对标特斯拉),核心调整项-绿色净利率:碳积分收入占比 18%(2023 年碳积分售价 \$200/分)。数字资产周转率:自动驾驶数据资产年商业化收入 \$1.2 亿。绿色权益乘数:绿色债券融资占比 40%(利率 3.5% vs 传统债券 5%)。价值管理效果见表 19.1。管理启示是绿色溢价与数字资产协同效应:碳积分收入与数据变现共同拉动 ROE 增长。资本结构优化:绿色债券降低加权平均资本成本(WACC)1.2%。

表 19.1　绿色数字化调整效果

指标	调整前(2020)	调整后(2023)	变动幅度
ROE	15.2%	28.6%	+88%
碳强度(吨/万元营收)	2.4	1.1	−54%
数据资产周转率(次)	0.8	1.5	+87.5%

绿色数字化价值管理的本质是通过环境成本内部化与数字资产显性化重构企业价值创造路径。价值链各环节的财务指标调整需与战略目标动态对齐(如欧盟碳边境税倒逼采购环节碳数据透明化)。

绿色数字化管理的未来趋势:一是数字资产计量标准化,要求企业参照《国际财务报告准则》(IFRS)[①]和《数据资产确认准则》(预计 2025 年生效);二是碳金融工具创新,提倡碳期权、碳互换合约,深化企业对冲能力。但在未来,这个两个趋势又存在争议与挑战:一是数据资产存在估值主观性,市场法、成本法、收益法的适用边界存在争议;二是绿色政策存在套利风险,企业可通过碳泄漏(Carbon Leakage)转移高碳生产环节。

企业的价值由多维度因素动态交织形成:内部基础层包括财务表现(盈利能力、资产周转率、资本结构)、技术创新能力(研发投入转化效率、专利壁垒)、品牌溢价及供应链韧性;外部环境层受行业竞争格局(市场集中度、替代品威胁)、政策法规(碳关税、数据合规要求)及宏观经济周期影响;新兴驱动因子则聚焦 ESG 转型效能——环境成本内部化水平(如碳足迹核算精度)、数字化资产显性化能力(数据资源确权与货币化)、以及应对气候风险的金融工具应用(碳衍生品对冲、绿色债券融资)。值得注意的是,国际会计准则迭代(如 IFRS 数据资产计量)与技术颠覆(生成式 AI[②] 重构生产流程)正在重塑价值评估范式,而地缘政治扰动(供应链脱钩风险)与消费者偏好变迁(低碳产品需求)则构成非线性冲击,使得企业价值管理需在稳定性与敏捷性之间维持平衡。

---

① IFRS 是《国际财务报告准则》(International Financial Reporting Standards)的缩写,是由国际会计准则理事会(IASB)制定的全球通用会计准则,旨在统一企业财务报告的编制标准,提升跨国财务信息的可比性和透明度,目前被全球 140 多个国家和地区采用。IFRS 数据资产计量指国际会计准则通过统一确认标准(如可控制性、未来经济利益),将企业数据资源转化为可量化资产,并规范成本法、市场法和收益法的适用场景。

② 生成式 AI 通过自主生成内容、优化决策和模拟复杂场景,将传统线性生产流程重构为数据驱动的动态闭环系统,实现效率跃升与成本结构变革。

思考题

(1)如何预测企业绿色数字化管理对未来现金流的影响？哪些因素会影响绿色数字化管理的实施效果和未来现金流的变化？如何量化和评估绿色数字化投资对企业未来现金流的正面影响和回报？

(2)在进行未来现金流预测时，如何考虑绿色数字化管理所带来的风险？哪些风险因素可能影响企业绿色数字化投资的回报和现金流表现？如何制定有效的风险管理策略，以确保企业未来现金流的稳定和增长？

(3)绿色数字化管理的投资回报与企业的长期价值增长有何关联？如何通过未来现金流的预测来评估绿色数字化管理对企业价值的贡献和影响？如何综合考虑投资回报和企业价值，以支持绿色数字化管理的持续发展和实施？

(4)绿色数字化管理如何促进企业的业务模式创新，进而优化未来现金流？在预测未来现金流时，如何考虑业务模式变革和数字化转型对企业盈利能力和现金流表现的影响？如何利用绿色数字化管理来创造更有竞争力的企业价值和未来现金流？

(5)在企业价值管理中，如何确保绿色数字化管理对未来现金流的正面影响能够持续并得到提升？如何将绿色数字化管理纳入企业长期战略规划，以实现企业长期盈利能力和价值增长？如何利用现金流预测来指导企业的战略决策，从而最大限度地发挥绿色数字化管理的潜力？

Part 4 实务应用：案例分析

20 制造企业的绿色数字化管理

本章要点

比亚迪绿色数字化价值管理战略；宁德时代绿色数字化创新之路；价值评估与管理演练的步骤。

学习目标

理解比亚迪绿色数字化价值管理战略和宁德时代绿色数字化的创新之路；掌握价值评估与管理演练的步骤。

20.1 比亚迪的绿色数字化价值管理的战略

比亚迪的绿色数字化价值管理的战略是一个全方位的发展策略，涵盖了绿色化、数字化和价值管理这3个方面。通过这个策略，比亚迪不仅能够推动自身的高质量发展，还能够为全球新能源汽车行业带来新的活力和发展方向。然而这一发展策略也面临着挑战，作为行业的领导者，比亚迪正以其坚定的步伐和清晰的战略，引领着全球汽车产业迈向更加绿色、智能的未来。

20.1.1 比亚迪公司简介

比亚迪是一家致力于"用技术创新，满足人们对美好生活的向往"的高新技术企业。比亚迪成立于1995年2月，目前已经发展成为一家横跨汽车、IT、新能源三大领域的企业集团，拥有全球领先的电池、电机、电控及整车核心技术，以及全球首创的双模技术和双向逆变技术，实现汽车在动力性能、安全保护和能源消费等方面的多重跨越，为全球汽车产业开拓出崭新的发展路径。

作为全球新能源汽车产业的领跑者之一,比亚迪一直秉持"技术、品质、责任"的发展理念,肩负绿色环保的企业社会责任,比亚迪自2008年开始启动新能源汽车的研究,凭借其自身的努力发展,在新能源汽车行业领域不断取得新的突破,截至2018年,比亚迪已经连续4年蝉联全球新能源汽车销量冠军,进一步巩固了行业龙头地位。2019年,比亚迪与丰田汽车公司签订合资协议,充分汇集双方的技术力量,将比亚迪在纯电动车市场的竞争力、研发能力等方面的优势与丰田在品质及安全等方面的优势强强联合,进一步提升比亚迪产品的研发能力及品质控制能力,巩固电动车的核心技术,实现公司的长足发展。2020年,比亚迪又拓展了云轨业务,结合新能源技术的使用,在城市交通堵塞及空气污染的治理方面发挥了不可替代的作用,也为比亚迪在新能源汽车产业打造出长期可持续的核心竞争优势。

迄今为止,经过20多年的高速发展,比亚迪从一家只有20名员工的初创公司发展成为一家拥有24万名员工的全球性公司,已在全球设立30多个工业园,实现全球六大洲的战略布局。比亚迪业务布局涵盖电子、汽车、新能源和轨道交通等领域,并在这些领域发挥着举足轻重的作用,从能源的获取、存储,再到应用,全方位构建零排放的新能源整体解决方案,营业额和总市值均超过千亿元。

20.1.2 比亚迪新能源发展情况

1)新能源市场地位

比亚迪在新能源汽车领域的地位是全球领先者和中国市场的领跑者,凭借重视技术研发、深化行业布局,以及长期主义的战略,达成了在全球新能源汽车销量前三甲的成就,尤其在中国市场超越了国际竞争者成为销量冠军。表20.1提供的是2020年比亚迪在新能源汽车领域的销量数据和市场排名情况。比亚迪的成功源于其在技术研发上的大量投资和人才布局,研发投入超过100亿元,研发人员数量超过4万人,申请专利达3.7万项。公司创始人王传福的战略眼光和对成本控制的严格要求,也是比亚迪能够在激烈的市场竞争中保持领先的关键。此外,比亚迪在产业布局上的领先,如DM-i超级混动平台的推出,进一步巩固了其在新能源领域的领导地位。同时,比亚迪的长期主义战略,早在电动车还未成为主流时就开始布局,显示出其前瞻性和魄力。

表20.1 2020年比亚迪在新能源汽车领域的销量数据和市场排名情况

年份	比亚迪新能源汽车销量	全球排名	中国市场排名
2020	17.92万辆	前三甲	第一位

2)新能源主要产品

比亚迪的主要产品涉及新能源汽车、太阳能及储能解决方案、电池技术以及半导体芯片等领域,且在技术创新和市场上表现突出,其主要产品可以概括为6类,如表20.2所示。

表20.2 比亚迪新能源主要产品

类别	具体内容
新能源汽车	比亚迪在新能源汽车领域有着显著的成绩,其产品线覆盖了多个细分市场。2023年,比亚迪的新能源乘用车在全球市场表现卓越。此外,比亚迪推出了"城市公交电动化"解决方案,并得到了中国国家战略的支持
e网与海洋网	e网是比亚迪在汽车行业趋势中对年轻化、潮玩化的一种创新应对,而海洋网则是在此基础上的产品规划和成熟体现
高端汽车网络	比亚迪高端品牌内部称其为Revolution,并计划推出3个车型,4~5款车,这代表了比亚迪在高端纯电动乘用车领域的努力和期望
太阳能及储能产品	作为全球领先的太阳能和储能解决方案供应商,比亚迪的相关产品已经出口至多个国家和地区
电池技术	比亚迪在传统的CTM(Cell to Module)技术基础上,发展出了CTP(Cell to Pack)和CTC(Cell to Chassis)技术,提升了电池的集成度、空间利用率和电量。最新的CTB(Cell to Body)技术则将电池包集成到整车结构中,降低了电池维修成本
半导体业务	比亚迪不仅生产IGBT(Insulated Gate Bipolar Transistor),还包括整车的MCU(Motor Controc Unit Chip)芯片,这些芯片实现了80%的自主研发和生产。预计在不久的将来将实现整车芯片100%国产化

3)比亚迪销售情况

比亚迪自2022—2023年的销售情况如表20.3所示。2022年全年,比亚迪的销量为186万辆,稳坐国产销冠宝座,并且在2023年上半年市场份额达到了37.4%。2023年,比亚迪完成了300万辆的年销量。这是一个非常重要的里程碑,表明比亚迪已经成为中国乃至全球新能源汽车领域的重要力量。2023年前三季度,比亚迪预计盈利205亿元人民币。这个盈利数字不仅反映了比亚迪强劲的财务状况,也说明其产品和市场策略取得了显著的成功。2023年上半年,比亚迪的销量达到了125.56万辆,这一数字已经达到了2022年全年销量的2/3。2023年全年,比亚迪海外销售突破24万辆,这表明比亚迪在全球市场上也取得了显著成绩。

表20.3 比亚迪2022—2023年的销售情况

年份	销售量(万辆)	备注
2022	186	国产销冠
2023上半年	125.56	达2022年全年的2/3
2023	300	完成年销量目标
2023海外销售	24	全年海外销量

20.1.3 比亚迪文化愿景

比亚迪的文化愿景体现为推崇平等、务实、激情与创新的核心价值观,旨在营造一个公平、公正、公开的企业文化氛围。公司坚信每个人都应平等参与、有机会贡献自己的力量。比亚迪的员工被鼓励保持务实精神,这种少说多做的美德不仅是比亚迪人的习惯,同时也是公司文化的传承。激情也是比亚迪员工的显著特征,他们永不满足现状,不断追求完美,承载着梦想前进并实现它们。而这些梦想的实现,正是依赖于不断地创新和掌握核心竞争力。此外,比亚迪通过高端汽车品牌"仰望"的推出和新标识的变更,展示了其对创新和科技的追求。新标识的设计简洁直观,融合了国际化元素,反映了比亚迪打造国际品牌的目标。

1)传承和弘扬中华优秀传统文化

比亚迪不忘传承和弘扬中华优秀传统文化,努力实现可持续发展和国际化布局,通过将中国传统文化元素融入产品设计,比亚迪不仅弘扬了中华文化,还成功地将这些元素与新能源汽车的先进技术结合起来,展现了中国式现代化在汽车和能源领域的实力与前景。比亚迪通过产品命名文化传承与推广、文化与技术结合、国际文化交流以及品牌文化自信4个方面,展现了对中华优秀传统文化的尊重和传承,同时也显示了其作为一家企业的社会责任和文化自信。

(1)产品命名文化传承与推广。比亚迪通过旗下的王朝系列车型,如秦、汉、唐、宋、元,采用了中国古代王朝的名称作为车型命名,通过这种命名方式传承和弘扬了中华文化。这种命名不仅体现了中华优秀传统文化的精髓,同时也展现了比亚迪企业的文化自信和敬重历史的态度。比亚迪不仅在产品命名上体现中国文化元素,还积极担当中国文化的传播者和推广者,努力成为中国文化传播的时代担当。公司通过其产品和品牌影响力,将中国文化介绍给全球消费者,宣传中华文化的精髓。

(2)文化与技术的结合。比亚迪将中华传统文化融入自身的科技发展中,比如在新能源汽车的领域中,将传统文化元素与现代科技相结合,通过产品设计来展现中国式现代化的实力和未来。

(3)国际文化交流。随着比亚迪的"出海"战略,其不仅在国内弘扬中国传统文化,同时也使得国外消费者能够通过比亚迪的产品了解到中华文化。这种跨文化的交流与传播,让世界各地的人们感受到来自中华文化的影响力和吸引力。

(4)品牌文化自信。通过将中国文化元素融入品牌名字和产品设计中,比亚迪展现了其对中国传统文化的尊重和自信。比亚迪王朝产品的logo结合了汉字书法和中国朝代元素,在车内设计上,比亚迪采用汉字旋钮按键代替英文单词,不仅增强了直观性,也减轻了国内消费者的使用难度,这种做法不仅在国内市场树立了良好的品牌形象,也在国际市场上提升了中华文化的形象。

2)国际化视野

比亚迪为了在国际市场上提升中华文化形象,采取了多种策略和努力。首先,比亚迪推出的"比亚迪·秦"不仅是一款具有开创性的产品,还被视为该品牌的一个里程碑,体现了中国制造的进步和创新能力。此外,比亚迪通过"China-汉"项目,玩转国风电音,全面加速品牌年轻化,这种结合传统文化元素与现代电子音乐的尝试,展现了中华文化的独特魅力和时代感。公司在品牌建设方面的成功也体现在"王朝"系列产品上,比亚迪将中华优秀传统文化融入品牌中,例如,其产品 logo 的设计结合了汉字书法和中国朝代名称,不仅彰显了中华文化的内涵,也将其与新能源汽车的先进技术相结合,展现了中国现代化的实力。这种融合传统与现代的品牌形象,得到了中国消费者的高度认可,并被视为中国企业在文化自信、历史自信和品牌自信方面的经典案例。在海外市场,比亚迪的品牌定位非常明确和高端化,其品牌形象以高级感、科技感和民族自豪感为核心,与国际豪华品牌相媲美,这不仅符合比亚迪自身的特点和优势,同时也能吸引更多国际消费者的关注和认同。比亚迪还通过在海外市场的精准布局,展现了其对技术驱动的坚定信念和对全球化趋势的敏锐洞察,这种前瞻性的市场布局体现了比亚迪的国际化视野和雄心。

比亚迪不仅在产品上展现了中华传统文化的魅力,而且在企业文化、品牌形象等方面也体现了对中华传统文化的尊重和传承。比亚迪通过产品创新、文化融合、品牌年轻化以及高端品牌定位,在国际市场上展现了中华文化的独特魅力和中国品牌的自信,这些努力均有助于提升中华文化在全球的形象和影响力。比亚迪的做法为其他企业如何将传统文化与现代发展结合提供了可借鉴的范例。

20.1.4 比亚迪战略目标

1)战略目标

比亚迪公司愿景是成为世界领先的新能源汽车和新能源解决方案提供商,致力于推动全球可持续发展。在战略目标上,比亚迪着重于可持续发展、加速国际化进程和深化合作、拓展发展空间 3 个核心方面。

在可持续发展方面,比亚迪将以改善企业的环境和社会责任为目标,不断推进可持续发展的实践。这包括促进新能源产业的发展,减少能源消耗和碳排放,同时提高产品的性能和市场竞争力。在加速国际化进程方面,为了扩大全球市场份额,比亚迪将加速国际化进程,通过拓展海外市场实现全球化发展。在深化合作、拓展发展空间方面,比亚迪采取开放合作的战略,通过外部合作提升核心技术的研发和应用能力。此外,比亚迪通过半导体分拆上市,向外部供应关键零部件,如 IGBT、SiC 器件、MCU、CMOS 图像传感器等,以此来拓展公司的成长空间。同时,比亚迪还与多家外部公司签署战略协议,以合资企业的方式在动力电池、芯片、智能驾驶等多领域合作,持续提升产业竞争力。

比亚迪通过自研技术在市场推出的刀片电池和 DM-i 超级混动等产品,领先市场并强化了比亚迪新能源汽车品牌的市场地位。在产品设计上,比亚迪聚焦消费者痛点,将品牌形象与"安全""高效"等元素紧密关联。总体来看,比亚迪的战略规划和实践着眼于长远发展,不仅聚焦于技术和产品的创新,同时也注重品牌价值的提升和国际化市场的拓展。

2)绿色和数字化规划

比亚迪在公司战略目标定位上紧密结合技术创新、市场布局、绿色发展和开放合作等多个维度,以实现其成为全球领先的新能源汽车和解决方案提供商的愿景。在绿色和数字化方面的规划体现在技术创新战略、碳中和规划、全市场战略布局、绿色梦想战略和开放合作战略

5个方面,五大策略内容如表20.4所示。

在技术创新战略上,比亚迪注重保持技术领先,通过不断地技术创新,保证其在新能源汽车领域的竞争力。公司通过研发新的、先进的技术来实现这一点。比亚迪响应国家号召,启动了碳中和规划研究,探索新能源汽车行业的碳足迹标准,致力于成为绿色发展行业的标杆。在全市场战略布局中,"7+4战略布局"是比亚迪的一个全市场战略,其中"7"代表7种道路车辆,包括私家车、城市公交、道路客运、商品物流、建筑物流、环卫车;"4"代表4种特殊用途车辆,涵盖仓储、矿山、机场、港口等领域。这种策略有助于扩大新能源市场份额,满足客户定制化需求。绿色梦想战略上,比亚迪提出的"三大绿色梦想"战略,即从能源获取、存储到应用,摆脱对化石能源的依赖。除了电动车产品与技术,比亚迪还布局太阳能发电站和风能,体现了其深远的绿色发展愿景。开放合作战略上,比亚迪实施"开放合作"战略,成为新能源汽车整体解决方案供应商。通过分拆上市半导体业务,供应IGBT、SiC器件等核心零部件,比亚迪拓展了成长空间,同时加强了与外部的合作。

表20.4 绿色和数字化规划策略及内容

策略分类	策略内容
技术创新战略	研发新技术,保持新能源汽车领域技术领先
碳中和规划	启动碳中和规划研究,探索新能源汽车行业碳足迹标准
全市场战略布局	"7+4战略布局",覆盖7种道路车辆和4种特殊用途车辆
绿色梦想战略	从能源获取、存储到应用的全面绿色解决方案,包括太阳能和风能等
开放合作战略	成为新能源汽车整体解决方案供应商,分拆上市半导体业务,拓展外部合作

20.1.5 绿色数字化价值管理战略

比亚迪的绿色数字化价值管理战略核心在于技术创新与绿色发展的深度融合。比亚迪董事长王传福指出,技术应为战略服务,并通过技术创新构建零碳、零排放的生态系统,以实现环境更绿色、更环保的愿景。这一战略不仅响应了全球气候变化挑战,也符合国家"碳中和"发展目标,体现了比亚迪作为企业的社会责任。

1)战略实施效果

在这一战略实施过程中,比亚迪在其所在地深圳市坪山区的绿色低碳发展成果显著,优良空气质量天数达到335天,这既得益于自然资源禀赋,也是企业推动绿色变革的结果。此外,比亚迪的"代工"业务模块显示了其在上下游企业品控管理上的成熟经验,这对新能源汽车行业的发展方向,尤其是智能技术、动力系统、安全性方面的突破具有重要意义。比亚迪通过技术创新和新能源普及,推动了社会能源消费结构的转型,其新能源汽车2021年全年累计销量达到59.37万辆,累计减少的二氧化碳排放超过892万吨,相当于植树7.5亿棵,体现了其在构建零碳社会方面的贡献,相关数据列于表20.5。

表 20.5 比亚迪 2021 年新能源汽车的贡献

年份	新能源汽车销量(万辆)	累计减少二氧化碳排放(万吨)	等同植树量(亿棵)
2021	59.37	892	7.5

比亚迪的绿色数字化价值管理战略强调技术创新的重要性，并以此推进绿色可持续性发展，不仅在环保方面取得明显成效，同时也在新能源汽车行业的发展方向和技术突破上显示出其战略的前瞻性和实效性。

比亚迪的绿色数字化价值管理战略在新能源汽车行业的发展方向上显示出其前瞻性和实效性主要体现在技术创新与电动化、智能化战略、环保与低碳、品控与安全性和零碳愿望 5 个方面。比亚迪在技术创新方面一直走在前列，王传福早在 2008 年就展示了其对电动车推广的决心，认为新能源汽车电动化是汽车行业变革的关键方向之一。这表明比亚迪在电动化技术上的投入是其绿色数字化战略的核心组成部分。比亚迪发布的整车智能战略进一步证实了其在新能源汽车智能化领域的领导地位。智能化不仅涉及车辆的自动驾驶技术，还包括车联网和智能交互系统，这些都是现代新能源汽车行业的发展趋势。比亚迪在《中国汽车行业社会责任指南》的编制中参与讨论了环保、低碳等问题，显示出其对于可持续发展的承诺。这些做法不仅体现了其绿色数字化价值管理战略的一部分，也是其实效性的体现。在品质控制和安全性方面，比亚迪的实践同样显示出其绿色战略的前瞻性。随着新能源汽车的普及，这些因素变得越来越重要，比亚迪在这些方面的投入和创新也有助于塑造其作为行业领导者的形象。王传福提出通过技术创新构建零碳、零排放的生态环境系统，从源头摆脱对传统化石能源的依赖，这体现了比亚迪对于环境保护的长期承诺和战略布局的前瞻性。

比亚迪的绿色数字化价值管理战略通过在技术创新、智能化、环保低碳、品控安全性等多个方面的前瞻性布局和实际成果，展现了其在新能源汽车行业发展方向上的领导地位和实效性。这些战略的实施，不仅顺应了新能源汽车从政策驱动向市场驱动转变的大趋势，也为行业的可持续发展提供了重要的参考和借鉴。

2) 绿色数字化转型挑战

在推进绿色数字化转型的过程中，比亚迪可能面临技术创新与研发投入、供应链管理、产品成本与定价、市场竞争和政策环境、客户接受度和市场教育的挑战。在技术创新与研发投入上，绿色数字化转型要求企业持续进行技术创新，这就需要大量的研发投入。比亚迪在电池技术、电动汽车驱动系统等方面均需不断突破技术瓶颈。在供应链管理上，随着生产规模的扩大，比亚迪需要在全球范围内寻找和管理供应商，确保原材料的供应安全和成本控制。同时，比亚迪也需要建立一个环保的供应链体系，以减少整个生产过程的环境影响。在产品成本与定价上，为了保持竞争力，比亚迪需要控制新能源汽车的成本，同时确保其产品的性价比。这就要求公司通过规模经济和生产效率的提升来降低成本。在市场竞争和政策环境上，比亚迪在绿色数字化转型的过程中，需要应对来自国内外的激烈竞争，以及各国政策环境的变动。政府的支持政策可能会影响新能源汽车的推广速度和企业的发展战略。在客户接受度和市场教育上，推广新能源汽车不仅需要技术的革新，也需要消费者对于新能源和智能汽车理念的接受和认知。因此,市场教育和品牌推广成为重要的一环。

3)困难应对措施

为应对挑战,比亚迪可以采取相应举措。例如,加大研发投入,与高校和研究机构合作,推进技术创新。优化供应链,利用数字化工具提高供应链的透明度和效率,同时增强对供应链中环保标准的监控。通过大规模生产和自动化生产线,实现成本的降低。紧跟政策导向,积极参与国家新能源政策的讨论和制定,同时通过多元化战略,分散政策风险。加强与消费者的沟通和市场营销活动,提升品牌形象,教育市场,增加消费者对新能源汽车的认知和信任。

此外,比亚迪通过绿色化和数字化进行了多项行业领先的投资战略,从7个方面采取了具体的投资和改进举措,其具体效果如表20.6所示。比亚迪通过一系列的投资和战略实施,在绿色化和数字化的道路上取得了行业领先地位。

表20.6 绿色化和数字化投资战略

投资战略	具体效果
新能源汽车智能化战略的发布	比亚迪发布了整车智能化发展的全新战略,这项战略强调了智能化在新能源汽车发展中的重要性
新能源转型实施	比亚迪将匠心独具的制造理念融入新能源汽车的生产中,成为该领域的领跑者
"双碳"目标下的绿色技术创新	比亚迪在电子、新能源、汽车、轨道交通等产业中推动能源获取的绿色化,并在绿色技术创新方面走在前列,致力于减少碳排放
数字化转型之路	通过"中央集权"和"中央调度"的管理模式,比亚迪在数字化转型上实现了生产效率和设备利用率的提升。当供应商报价过高时,比亚迪选择自主研发、生产,通过快速有效的数字化转型来提高技术水平
绿色大交通体系的建设	截至2023年年底,比亚迪全球用户的新能源行驶里程达到了1992亿千米,为地球减碳4623万吨,这一成就反映了比亚迪在绿色大交通体系的投资和建设成效
技术创新与生态环境系统构建	比亚迪董事长王传福表示,公司的梦想是通过技术创新构建零碳、零排放的生态环境系统,公司通过技术创新解决能源和环境问题
对外合作与业务拓展	自2017年起,比亚迪开始实施"开放合作"战略,成为新能源汽车整体解决方案供应商。2020年,公司分拆半导体业务上市,提供IGBT、SiC器件、MCU、CMOS图像传感器等产品,这为公司带来了新的成长空间

参考资料:

2020—2023年年报:定期报告-比亚迪(bydglobal.com)

2020—2023年比亚迪社会责任报告:可持续发展-比亚迪(bydglobal.com)

比亚迪相关新闻资讯:新闻资讯-比亚迪(bydglobal.com)

思考题

（1）比亚迪在绿色数字化价值管理中的关键技术是什么？这些技术如何实现能源的高效利用和减少碳排放？

思考提示：探讨比亚迪在绿色制造中的具体技术应用，如大数据分析、物联网、智能制造等，以及这些技术如何具体应用于生产过程，提升能源利用效率，降低碳足迹。

（2）比亚迪如何通过绿色数字化管理优化供应链，降低环境影响？

思考提示：研究比亚迪如何利用数字化技术（如区块链、云计算、人工智能等）来优化供应链管理，实现资源的高效分配，减少浪费和环境污染。

（3）在比亚迪的绿色数字化转型过程中，如何平衡经济效益与环境效益？

思考提示：分析比亚迪在实施绿色数字化战略时，如何兼顾成本控制和环境保护，探讨具体的案例和措施，如绿色产品设计、生产流程优化等。

（4）比亚迪如何通过绿色数字化管理提升企业的社会责任和品牌价值？

思考提示：探讨比亚迪在绿色数字化管理下，如何通过环保措施和可持续发展实践提升企业社会责任，以及这些举措对提升品牌价值和市场竞争力的作用。

价值评估及管理演练

请用杜邦分析法和企业价值评估方法来分析比亚迪的价值管理。

分析、评估价值管理提示

杜邦分析法（DuPont Analysis）是一种财务分析方法，用于评估公司的绩效和价值管理。它将企业的股东权益收益率（ROE）拆解为净利润率、资产周转率和财务杠杆 3 个部分，从而揭示了公司盈利能力、资产利用效率和财务结构之间的关系。

企业价值评估方法则是通过对公司财务状况、市场情况以及行业前景等因素进行综合分析，来评估公司的价值，通常包括贴现现金流量法、市盈率法、市净率法等。

杜邦分析法的应用

计算比亚迪的 ROE，并将其分解为净利润率、资产周转率和财务杠杆的乘积。

分析比亚迪在每个指标上的表现，比如净利润率是否稳定，资产周转率是否高效，财务杠杆是否合理。根据分析结果，确定比亚迪的盈利能力、资产利用效率和财务结构的优势和劣势，为价值管理提供指导。

企业价值评估方法的应用及价值管理

通过贴现现金流量法，预测比亚迪未来几年的现金流量，并将其贴现到现值，得出公司的内在价值。

使用市盈率法和市净率法，分析比亚迪的股票价格与行业平均水平相比是否合理，从而评估公司的市场价值。

结合财务分析结果、行业前景和市场情况，综合评估比亚迪的价值，并提出相关建议，指导公司的价值管理策略。

根据以上分析方法的综合运用,可以更全面地评估比亚迪的价值管理情况,为投资者、管理层和其他利益相关者提供有益信息。同时,这也有助于比亚迪更好地理解自身的优势和挑战,优化管理策略,提升企业的长期价值。

20.2 价值提升——宁德时代绿色数字化的创新之路

20.2.1 宁德时代绿色数字化的创新之路概况

宁德时代(CATL)作为全球领先的新能源创新企业,其绿色数字化的创新之路体现在几个关键领域:智能制造、能源管理、供应链优化、产品创新和服务模式。

智能制造:宁德时代在智能制造方面不断推进自动化、信息化和智能化的深度融合。公司采用了先进的制造执行系统(MES),实现了生产过程的实时监控和管理,提高了生产效率和产品质量。此外,通过引入机器人自动化生产线和物流系统,宁德时代大幅度提升了生产的灵活性和效率。

能源管理:在能源管理方面,宁德时代实行了严格的能源控制和优化体系,采用智能电网和储能系统,提高能源使用效率,降低生产过程中的能耗。公司还利用数字化手段,对电池生命周期进行管理,优化电池的充放电过程,延长电池使用寿命。

供应链优化:宁德时代通过数字化转型,实现了供应链的透明化和智能化。公司运用大数据分析和云计算技术,对供应商进行评估和选择,确保材料的质量与供应的稳定性。同时,借助区块链技术,宁德时代在供应链中实现了信息的不可篡改与实时追踪,增强了供应链的安全性和有效性。

产品创新:宁德时代持续进行电池技术的研发,其产品创新不仅体现在电池能量密度的提升和成本的降低,还包括电池的形态设计与材料创新。公司通过数字化工具和仿真平台进行电池设计和测试,缩短了产品的研发周期,加快了新技术的市场应用。

服务模式:在服务模式上,宁德时代通过建立数字化的客户服务平台,提供从电池状态监控到能量管理和回收再利用的全生命周期服务。公司运用IoT技术对电池进行远程监控,及时预测和处理故障,提升了客户体验和服务效率。

宁德时代的绿色数字化创新之路是一个综合性的系统工程,涉及公司内外的多个环节。通过这条创新之路,宁德时代不仅提升了自身的竞争力,也为整个新能源产业的可持续发展作出了重要贡献。

20.2.2 宁德时代产品的优势

1)产品的特点

宁德时代作为新能源汽车时代的现象级企业,其主要产品在市场上表现出了强劲的竞争力,其主要特点如表20.7所示。从产品的角度来看,宁德时代的电池产品以高能量密度和低成本为主要特点,有效支撑了其在全球电池市场上持续扩大市场份额的战略。公司的电池技术不断创新,凝聚态电池的量产逐步接近,这标志着宁德时代在电池技术创新方面走在市场前列。

表 20.7 产品特点及说明

特点	说明
高能量密度与低成本	电池产品的核心竞争力
技术创新	凝聚态电池等技术走在市场前列
全球市场布局	进入美国等重要市场
产业链整合	完善上游资源和材料自供
客户结构优化	与新兴造车势力建立强关系
应对挑战策略	通过技术和成本领先

在全球市场布局方面,宁德时代展示了强烈的进取心,董事长曾毓群曾在 2022 年初表明宁德时代决心进入美国市场。鉴于美国是全球第二大电动车市场,宁德时代的这一决策有助于捕捉美国市场上对汽车动力电池的巨大需求。此外,宁德时代通过合资、购买、自建等多元化的方式,深度布局整个产业链,特别是在上游资源和正极材料环节,通过股权合作以确保资源供应和成本控制,进一步增强了公司的市场竞争力。

客户结构的优化也是宁德时代市场竞争力增强的一个体现。公司的主要客户群体已从传统汽车制造商转变为特斯拉、蔚来、小鹏等新兴的造车势力,这些新兴势力的崛起与宁德时代的产品优势形成了良性互动。

尽管宁德时代面临众多挑战,如二线企业的追赶、海外市场竞争以及车企自制电池的威胁,但其在技术和成本上的领先地位是其应对这些挑战的主要策略。尤其是在高端市场,宁德时代的 811 电池、CTP 以及长续航电池等产品的推出,已经引领了行业技术的方向。

宁德时代的主要产品在市场上的竞争力表现出色,得益于其在技术创新、全球市场布局、产业链垂直整合以及客户结构优化等多个方面的战略布局和执行力。

2)宁德时代在技术方面领先于竞争对手的原因

(1)技术创新:宁德时代致力于不断地技术创新。例如,它在材料创新上率先量产了 811 电池,这种电池拥有更高的能量密度,有助于提高电动车的续航里程。此外,宁德时代还首创并量产了无模组的 CTP 技术,这种技术通过省略传统电池模组中的部分组件,不仅减轻了电池的重量,还提高了能量密度和制造效率。

(2)平台化开发:通过实施 Car 平台和 Bus 平台的平台化开发策略,宁德时代对内外部需求进行了有效管理和跟踪,显著提升了软硬件的开发质量,并且缩短开发周期,实现了"One Software Platform,Different System Derivates"的目标。

(3)产业链布局:宁德时代通过产业链的垂直深度布局,在电池四大主材上取得了技术领先优势。例如,它通过股权方式在最上游的资源以及正极材料上进行了布局,并在锂、镍资源和正极环节的投资上显著提升。

(4)成本控制:在市场竞争日益激烈的背景下,宁德时代通过变相降价策略抢占市场份额,这不仅体现了其在成本控制方面的优势,也表明了公司在市场策略上的前瞻性。

(5)应对挑战:面对二线企业的追赶、海外竞争以及车企自制电池的挑战,宁德时代依靠技术和成本上的领先保持竞争优势。尽管补贴政策调整后行业整体升级速度放缓,宁德时代仍坚持高端化趋势,如推广811电池和CTP技术,以及提高电池续航能力。

综上所述,宁德时代在技术创新、平台化开发、产业链布局、成本控制和应对行业挑战等方面展现出了明显的优势,这些都是宁德时代领先竞争对手的关键因素。

3)宁德时代的产品成本相对于竞争对手来说有何优势

宁德时代的电池在多个方面展现出了其相对于同类电池的优势。首先,从市场表现来看,宁德时代的全球动力电池装机量在2020年达到了62.85GWh,占全球总装机量的46.01%,在中国市场的占有率更是超过了50%,这一份额在2019年就已经实现,其市场领导地位得到了充分体现。

在技术创新方面,宁德时代处于行业前列,在研发费用上的投入逐年增加,这显示了宁德时代在技术创新上的重视,且其投入在电池研发中经费是明显高于其他企业的。此外,宁德时代在凝聚态电池量产方面也取得了进展,这进一步证实了宁德时代在电池技术创新上的领先地位。

产业链布局也是宁德时代的一大优势。公司实现了从最上游的资源到正极材料的垂直深度布局,特别是在锂、镍资源以及正极材料的投资布局方面,不仅通过股权方式参与,还在技术和规模上展现出领先优势。

以上分析表明,宁德时代的电池产品在市场份额、技术创新和产业链布局等方面拥有明显优势。这些因素共同促成了宁德时代电池相较同类产品的竞争力,不仅保证了公司的市场领先地位,也为未来的可持续发展提供了坚实的基础。

4)宁德时代在市场竞争中如何利用技术和成本优势来保持其竞争力

宁德时代作为全球领先的锂电池制造商,在应对行业挑战方面采取了多元化的战略和措施来保持其技术领先优势。

第一,面对二线企业的追赶、海外竞争以及车企自产电池带来的挑战,宁德时代通过技术和成本上的持续领先来巩固其市场地位。在一个进入后补贴时代的市场环境中,宁德时代通过推动技术创新,如811电池、CTP技术和长续航电池等,引领了行业的技术方向。同时在电池低温加热和无钴化等领域,宁德时代也持续进行技术突破,以加大与其他企业的技术差距。

第二,宁德时代面对行业产能过剩和整车厂逐渐"去宁化"的趋势,选择实施"以价换量"的策略。这一策略的核心是通过价格调整来保持市场份额,同时锁定行业需求,以确保在竞争激烈的市场中维持自身的影响力和市场地位。

第三,考虑到汽车全球产业链的背景,宁德时代在电池技术上具有的先发优势和规模效应是其保持领先地位的重要因素。其他企业要想颠覆宁德时代的领先地位,仅仅复制技术是不够的,他们需要在新一代电池技术上实现突破。同时,电池竞争未来也会呈现国别之间的竞争格局。

第四,宁德时代非常重视技术研发,这是其能够迅速发展的关键。宁德时代在短期市场竞争中,不仅要应对当前的挑战,还要考虑到市场的长远发展趋势。为此,宁德时代投入大量的研发费用,从2015年至2017年,其研发费用占比营业收入的比例分别为4.93%、7.27%和8.02%,以支撑新技术产品的研发,满足市场需求的长期变化和技术演变带来的风险。

通过这些策略和措施,宁德时代能够在激烈的行业竞争中保持其技术领先的优势,并在全球电池市场中占据重要地位。

5)宁德时代在成功拓展国际市场方面采取的策略

重点客户战略合作:宁德时代通过与多个国际知名车企如宝马、丰田、戴姆勒、现代等建立合作关系,成功赢得了这些重量级客户的关键平台定点,811体系产品在海外市场实现了大批量交付。

市场多元化:宁德时代董事长曾毓群在投资人会议上表达了进军美国市场的决心,以此为例,宁德时代积极拓展美国市场,并且在全球市场占有率已达到37.1%,显示出其产品的国际竞争力。

全球战略布局:宁德时代与福特汽车公司等建立了全球战略合作关系,在中国、北美、欧洲等多个国家和地区供应动力电池,共同推动电动汽车的发展。

海外投资建厂:在匈牙利投资建设了电池产业基地,该项目规划电池产能达到100GWh,并且靠近包括奔驰、宝马、Stellantis、大众在内的客户整车厂,这有利于响应欧洲市场需求并完善全球战略布局。

顺应中国市场趋势:顺应中国政府对电动汽车市场的扶持政策和新能源汽车发展的强制性规定,宁德时代以中国市场为跳板,加速推动了其产品的国际化步伐。

结合以上信息,宁德时代能够成功拓展国际市场的关键因素在于其战略合作、全球布局、积极响应市场需求及利用国内市场政策的优势。通过这些措施,宁德时代不仅巩固了在中国的领先地位,同时也在全球范围内确立了其竞争力,为其持续的国际市场扩张提供了有力支持。

6)宁德时代通过国际市场扩张为公司提供有力支持

全球战略合作伙伴的建立和拓展:宁德时代与多家国际知名车企建立了合作关系,包括宝马、丰田、戴姆勒、现代、捷豹路虎、标致雪铁龙、大众和沃尔沃等。与福特的全球战略合作,涵盖了北美、欧洲及中国的动力电池供应,这种合作模式有助于宁德时代在全球范围内提供动力电池,并且与众多车企的合作也有助于宁德时代在国际市场上的品牌建设和市场份额的扩张。

投资建设海外电池产业基地:例如,在匈牙利德布勒森市投资建设的电池产业基地,项目总投资不超过73.4亿欧元,规划产能达到100 GWh。这样的海外生产基地有助于宁德时代更好地服务欧洲市场,同时降低运输成本和关税壁垒,提高市场竞争力。

发力新兴市场拓展海外空间:宁德时代的全球份额再创新高,达到了37.1%,这显示了其在全球市场的竞争地位。宁德时代的出海策略不仅是为了寻求新的增长点,也是为了分散市场风险,特别是在国内市场增长遇到瓶颈时。

客户群体的多元化和优化:宁德时代的主要客户群体已从传统汽车制造商逐渐转变为包括特斯拉、蔚来、小鹏等新兴造车势力。这种客户结构的优化有助于宁德时代把握新能源汽车行业的发展趋势,同时也能够提升公司的市场占比和品牌影响力。

财务状况的稳健:宁德时代具有较强的偿债能力,流动比率和速动比率均处于健康水平。这样的财务状况为其国际市场的扩张提供了资金保障,同时也增强了投资者和合作伙伴的信心。

宁德时代通过与国际车企的广泛合作,投资海外生产基地,拓展新兴市场,优化客户结构,以及保持良好的财务状况,有效利用了国际市场为公司的增长提供了有力的支持。

20.2.3 宁德时代ESG的表现

宁德时代作为全球领先的锂电池制造企业,在ESG(环境、社会责任和企业治理)评级方面表现突出。从2018年上市以来,公司已连续5年发布ESG报告,并在2022年首次引入第三方专业机构认证,与国际GRI标准对标,提升了ESG报告的可信度和专业性。宁德时代的ESG实践和高透明度的信息披露水平,帮助其应对环境保护、社会责任、劳工权益和贸易规则等出海风险,这对中国企业"走出去"具有积极示范作用。

在ESG评级机构评分上,宁德时代在多个机构中名列前茅。例如,MSCI评级中宁德时代位于锂电池公司中的领先水平,富时罗素和嘉实分别给予2.2分和97.72分的高评价。此外,还有其他多家评级机构如路孚特、中财绿金院、商道融绿等也为宁德时代做出了ESG评级。

宁德时代注重研发投入和技术创新,这也是其ESG评级中获得认可的重要因素之一。2022年,公司研发总投入超150亿元,同比增长超100%,并在全球范围内服务超过700万辆车,形成强大算力、先进算法和海量数据支撑的研发闭环。公司发布的麒麟电池和EVOGO换电品牌体现了其在电池技术和服务模式上的创新。

宁德时代在ESG评级方面的优秀表现源于其对ESG原则的积极响应,透明和专业的报告披露,以及在研发和技术创新上的突出贡献,体现了公司整体经营理念和未来发展的可持续性。

20.2.4 宁德时代在电池领域获得行业的认可

宁德时代在电池领域之所以获得行业的认可,主要得益于以下几个方面。

(1)业务板块多元化:宁德时代的业务板块包括动力电池系统、储能系统、电池材料及回收和电池矿产资源,其中动力电池系统和储能系统业务是其营收的主要来源,分别占比73.67%和14.79%。

(2)市场占有率高:它在动力电池领域的市场占有率已达到50%,稳居国内动力电池市场第一。

(3)全球排名领先:据SNE Research发布的数据显示,宁德时代以96.7GWh的装机量连续5年全球第一。

(4)技术和政策双轮驱动:宁德时代之所以强大,一方面是因为押对了技术路线,同时也得益于政策的支持。

(5)产能快速扩张:2019年宁德时代的电池装机量达到32.31GWh,产能为53GWh,并且仍在快速扩张,预计到2025年产能将达到250GWh。

(6)规模和技术优势:宁德时代的规模优势和技术优势相结合,保持了高于行业平均水平的毛利率。

(7)全国布局和战略扩张:在全国多地有新的布局,比如在上海闵行区建立研究院,上海临港项目和在厦门成立的新能源公司,这些布局有利于其技术创新和市场拓展。

宁德时代在电池领域之所以获得行业认可,是通过其在技术革新、市场占有率、全球排名、产能扩张以及多元化业务板块上的持续领导地位,再加上政策的支持和全国多地的战略布局。

参考资料:

2020年宁德时代研究报告:

《汽车出海|宁德时代牵手福特,中国电池全球化竞争如何破局-21财经》

《投资500亿,宁德时代在欧洲新建第二座电池工厂|界面新闻》

《从跟跑到领跑 宁德时代积极承担ESG责任-上市公司-上海证券报·中国证券网》

思考题

(1)宁德时代如何利用绿色数字化技术提升产品的竞争力和市场地位?

思考提示:宁德时代如何通过绿色数字化创新来改进产品设计、生产流程或者服务,从而提升产品的质量、性能或者降低成本,进而在市场中获得竞争优势。

(2)宁德时代在绿色数字化转型过程中,如何平衡环境友好与经济效益?

思考提示:宁德时代在推进绿色数字化转型的过程中,如何在追求环境友好和降低碳足迹的同时,保持或提高企业的盈利能力和财务表现。

(3)对于投资者而言,宁德时代的绿色数字化战略如何影响其长期投资价值?

思考提示:聚焦于投资者关心的长期投资价值,探讨宁德时代的绿色数字化战略如何影响公司的未来盈利能力、市场地位以及长期增长潜力。

(4)宁德时代在绿色数字化价值管理方面采取了哪些措施来提升企业的社会责任和品牌价值?

思考提示:宁德时代在社会责任和品牌形象方面的实践,探讨了公司在绿色数字化价值管理方面的具体举措,如环保倡导、可持续发展计划等,以及这些举措对于提升公司形象和品牌价值的影响。

价值评估及管理演练

请用价值评估方法分析宁德时代绿色数字化的创新之路以及价值的提升。

分析、评估及管理提示

对于宁德时代这样的公司,其绿色数字化创新之路对于企业的价值提升具有重要意义。使用价值评估方法分析宁德时代绿色数字化创新对价值提升的影响。

贴现现金流量法(DCF)

预测未来现金流量:首先,分析宁德时代绿色数字化创新对未来业务的影响,包括产品创新、生产效率提升、成本节约等,从而预测未来的现金流量。

贴现现金流量:将预测的未来现金流量贴现至现值,考虑公司的风险,得出公司的内在价值。绿色数字化创新可能带来更高效的生产流程、节能减排以及产品市场竞争力的提升,从而促使未来现金流量增加,进而提升公司的内在价值。

市盈率法

行业比较:比较宁德时代与同行业其他公司的市盈率水平,考察市场对于该行业的整体估值水平。公司内在价值与市场价格比较:将公司的内在价值与市场价格进行比较,评估宁德时代的股票是否被低估或高估。如果宁德时代的绿色数字化创新能够带来业绩提升,那么其市盈率可能会随之增加,反映公司价值的提升。

市净率法

资产价值评估:将公司的市值与其净资产相比较,以评估公司的实际资产价值。

如果宁德时代的绿色数字化创新能够提升公司的盈利水平和资产效率,那么公司的市净率可能会上升,反映公司价值的提升。

综合分析

综合以上方法的分析结果,评估宁德时代绿色数字化创新对公司价值的整体影响。

考虑行业发展趋势、竞争格局以及宏观经济环境等因素,进一步综合评估公司的未来发展潜力和价值提升空间。

从以上分析,可以全面评估宁德时代绿色数字化创新对公司价值的提升作用。这不仅有助于投资者更好地理解公司的潜在价值,也有助于公司管理层制定更有效的战略,进一步推动绿色数字化创新,提升企业的长期竞争力和价值。

21 高能耗企业的绿色数字化价值评估及管理

钢铁企业绿色数字化转型的概述;中国钢铁企业竞争力分析;宝武集团的绿色数字化转型分析;欧洲钢铁行业面临的挑战及转型策略;国内外低碳冶金技术的发展与应用。

了解钢铁企业绿色数字化转型的概述;通过分析理解中国钢铁企业的竞争力;学会分析宝武集团的绿色数字化转型案例;了解欧洲钢铁行业面临的挑战及转型策略;理解国内外低碳冶金技术的发展与应用。

21.1 钢铁企业绿色数字化转型价值创造与演化

21.1.1 钢铁企业绿色数字化转型概述

数字化在绿色转型中扮演着核心角色,智能制造的实践主要体现在生产工艺的智能化,这包括建立融合工艺机理与大数据统计规律的复合调控模型,提高对生产过程的精准控制水平,以及基于智能化的传输理论来指导生产运行。此外,建立全过程碳排放管控监测与评估集成创新体系,采用"互联网+"和大数据技术,构建智能化能源环保系统,实现能源系统碳排放的智能管控[①]。

钢铁企业的绿色数字化转型是行业发展的必经之路,它涉及技术改造、资金投入、智能化升级以及环境治理等多个方面。通过绿色金融的支持以及数字化技术的应用,企业能够实现节能减排和效益提升,从而在全球绿色低碳的大趋势下占据有利的竞争地位。

钢铁企业的绿色数字化转型是一个全方位的系统化工程。首先,钢铁行业作为全国碳排放的重要组成部分,占全国总量的16%,面临着巨大的绿色转型压力[②]。在这个过程中,钢铁企业需要进行产能置换、超低排放和极致能效等改造工程,优化产业空间布局和流程布局,促进产业的高端化、智能化和绿色化。

绿色转型的关键在于低碳改造,这包括电炉技术改造、球团代替烧结、直接还原铁、富氢提高高炉能效等手段。这些改造对资金的需求巨大,预计将达到万亿级别,因此,绿色金融的支持对于钢铁行业实现碳中和至关重要。

21.1.2 中国钢铁企业竞争力分析

根据冶金工业规划研究院的数据,中国有95家钢铁企业的竞争力排行显示有18家企业达到或接近世界一流水平。评级为B+(优强)的钢铁企业有38家,占到了评估的钢铁企业总数的35.5%,其合计粗钢产量占全国总产量的13.0%。评估涵盖了生产规模、技术装备先进性、科技创新、盈利能力、环保绩效等29项指标[③]。

从市场份额角度看,截至2021年末,中国钢铁行业营业收入排名前五的企业分别是宝山钢铁股份有限公司(以下简称宝钢股份)、湖南华菱钢铁股份有限公司、河钢股份有限公司、鞍钢股份有限公司和北京首钢股份有限公司。这五大钢铁行业龙头企业的市场份额占比分别为16.29%、7.65%、6.69%、6.11%和5.99%,合计占据了42.73%的市场份额[④]。中国钢铁

---

① 余东华.以数智化转型赋能制造业绿色低碳发展[EB/OL].(2023-10-25)[2024-11-15]. https://economy.gmw.cn/2023-10/25/content_36917273.htm.

② 新华网.钢铁业推进绿色低碳转型[EB/OL].(2023-07-13)[2024-11-15]. http://www.xinhuanet.com/energy/20230713/8c4570a53cfb4e129723382a14db8378/c.html.

③ 中国钢铁新闻网.冶金工业规划研究院发布2021中国钢铁企业竞争力(暨发展质量)评级[EB/OL].(2021-12-26)[2024-11-15]. http://www.csteelnews.com/xwzx/hydt/202112/t20211216_57855.html.

④ 前瞻产业研究院.行业深度!2022年中国钢铁行业竞争格局及市场份额分析市场集中度仍处于较低水平[EB/OL].(2022-10-13)[2024-11-15]. https://bg.qianzhan.com/trends/detail/506/221013-1147a519.html.

企业在近5年内呈现出不错的竞争力,其中部分企业达到或接近世界一流水平,且市场集中度较高,前五大企业占据了较大的市场份额。但同时,这些企业也面临着技术、创新、环保等方面的挑战和机遇。

21.1.3 宝武集团案例分析

中国宝武钢铁集团(以下简称宝武集团)的资产规模在2022年为1.32万亿元人民币,同年营业总收入为1.2万亿元,利润总额为312.8亿元。宝武集团的主要产品包括高质量的汽车板材,该产品在国内市场占有率超过55%,在国际市场上的供应量达到全球第一。宝武集团的汽车板销售量超过1000万吨,其产品在汽车工业特别是新能源车产业的快速发展中扮演着重要的角色。宝武集团的竞争力不仅体现在产品销量上,在其生产过程中,宝武集团还加速了智能制造的步伐,打造了全球钢铁行业中的第一家"灯塔工厂",提升了生产效率和技术创新水平。

在环保和资源循环利用方面,宝武集团通过与家电企业合作回收废钢,实现了100%的循环利用,这不仅提高了资源的利用效率,还增加了合作伙伴的经济收益。这些措施有助于宝武集团在推动"双碳"目标的进程中转型升级,成为现代产业链供应链中的新钢铁脊梁。

宝武集团通过其高质量的汽车板材产品,智能制造的升级,以及在资源循环利用方面的创新合作,不仅在国内市场具有强有力的竞争地位,还在国际市场上展现了显著的竞争力。

21.1.3.1 宝武集团的绿色数字化转型分析

宝武集团作为我国钢铁行业的领军企业,在推进绿色低碳发展方面做出了积极尝试。宝武集团通过引入先进的电炉技术和余热余能利用技术,不仅提升了生产效率,还显著降低了能耗和碳排放,实现绿色生产与经济效益的双重提升。此外,宝武集团利用大数据和智能化技术,对生产全过程进行监控和优化,确保了环保和能效指标的达成。通过这些举措,宝武集团不仅提升了自身的市场竞争力,也为整个行业的绿色转型提供了可借鉴的经验。

1)宝武集团:全球钢铁供应链的领军者与创新先锋

宝武集团在供应链中的地位十分显著。根据发布的《世界钢铁统计数据2022》,宝武集团以1.2亿吨的粗钢产量继续居全球之首。且这一地位得到了进一步巩固,尤其是在整合中钢集团后,宝武集团不仅在钢铁主业方面进行了整合,还强化了供应链体系,通过重构产业链,增强了集团内部各个环节的协同效应[①]。

宝武集团不断在打破国外垄断,实施固链、补链、强链、塑链等战略,应对"双碳"目标挑战,实现了华丽转身,成为现代产业链供应链的新钢铁脊梁。公司大力推进数字化转型,在生产流程中广泛应用机器人,以提升自动化和智能化水平。例如,宝武集团内部使用的机器人数量达到了2209台,计划到2026年前进一步扩大机器人的应用规模。

另外,宝武集团的规模不断扩大,2022年实现钢产量1.32亿吨,营业收入达1.16万亿

---

① Worldsteel. 2022年世界钢铁统计数据[EB/OL]. (2022-06-07)[2024-11-15]. https://www.worldsteel.org/wp-content/uploads/World-Steel-in-Figures-2022-CN.pdf? x65430.

元,成为中国钢铁行业首个营业收入突破万亿元的企业。在《财富》世界500强排名中,宝武集团首次挺进前50,排名第44位①。集团的"一总部多基地平台化运营"模式,实现了专业化整合,增强了规模效应,有效降低了交易成本,通过集中统一的协调机制,大幅降低了成本,提高了效率。

宝武集团在全球钢铁供应链中扮演着极重要的角色,通过规模扩张、产业链整合、数字化创新和平台化运营等手段,持续提升其在全球钢铁供应链中的影响力和竞争力。

2)宝武集团绿色数字化转型实践

宝武集团在智慧制造方面有显著进步,从"四个一律"的1.0版转型到"三跨融合"的2.0时代,这标志着宝武集团在数字化的道路上实现了从量变到质变的跃升。智慧制造正成为推动集团新一轮颠覆的核心力量,集团以此来应对亿吨规模下如何实现大而强的新课题,并将绿色发展视为企业生存的核心,智慧化作为集团未来发展的关键。

同时,宝武集团确立了新一轮改革发展十大工程,首要项目就是"绿色低碳冶金创新工程"。这个工程旨在构建知识共享平台,推动技术进步,以此打造行业内及全球范围内的领先优势。宝武集团在产业互联网领域致力于打造高质量钢铁生态圈。依托大数据、网络化共享和智能化协作,创新了智慧服务新模式,如建立第三方钢铁云平台,整合"产业电商""产业物流"和"产业金融"。这一平台通过在线钢铁新零售服务配合仓储、运输、加工等增值服务,满足了用户的便捷交易和精准交付需求。

此外,宝武集团积极响应国家战略,通过突出技术引领,支撑国家重大工程建设,如航空航天、核电能源等领域,取得了一系列创新成果。

最后,宝武集团产业链的数字化转型还体现在其服务模式上。以欧冶云商的互联网销售服务为例,宝武集团构建了钢铁产能预售、竞拍等新型交易模式,这不仅促进了生产的稳定性,也显著提升了钢材流程的效率。

宝武集团的数字绿色化转型和价值再造彰显在智慧制造的深化、绿色低碳技术的创新、高质量钢铁生态圈的构建、产业互联网平台的打造以及对国家战略的支持和创新服务模式的实施。通过这些措施,宝武集团不断提升其行业引领地位和价值创造能力。

3)宝武集团灯塔工厂的示范效应

宝武集团的灯塔工厂不仅在智能化制造方面达到了世界领先水平,而且其示范效应也在带动整个钢铁产业链向智能化方向发展,为中国智造的进步贡献了重要力量。

宝武集团的"黑灯工厂"是该集团精心打造的智造项目,是世界经济论坛评选的全球"灯塔工厂",代表了中国钢铁行业在智能制造领域的领先地位。它通过数字化、网络化和智能化手段,应用人工智能大模型等技术,实现了生产过程的自动化和精确化。宝武集团作为全球最大的钢铁企业,其数智化转型对于企业的创新发展至关重要,与腾讯集团的合作加速了这一进程,通过工业仿真技术、数字孪生技术等互联网IT技术的引入,进一步推动了智能制造的深度融合。

---

① 武汉发布.第44位!宝武挺进世界500强前50强[EB/OL].(2022-08-04)[2024-11-15]. https://www.thepaper.cn/newsDetail_forward_19314100.

宝武集团在智慧制造方面的成就得到了业界的广泛认可。例如,宝山基地的"钢铁热轧智能车间试点示范"和"钢铁冷轧数字化车间试点示范"项目,分别获得了工信部2015年和2017年的"智能制造试点示范"称号,使其成为钢铁制造行业中唯一拥有两个智能制造试点示范项目的企业。此外,宝钢股份宝山基地的冷轧厂热镀锌智能车间,其"黑灯车间"因无须人工操作而可以关灯运行,是智能化无人工厂的典型代表。

4) 宝武集团的ESG评级

宝武集团的ESG评级在多个方面表现突出。根据《中央企业上市公司ESG蓝皮书(2022)》及"央企ESG·先锋50指数",宝钢股份位于前十名之列[①]。在2022年1—8月的35家钢铁上市公司中,宝钢股份获得的ESG评级上调的比例大幅高于下调比例,显示出钢铁板块内部分上市公司在ESG实践方面的积极改进,宝钢股份是其中的佼佼者。

新浪财经ESG评级中心显示,宝钢股份的路孚特ESG评级为59.0(B级)。虽然整体评级有提升空间,但在环境范畴的排放评分中,它已经获得了国际领先的91.2(A级)评价。此外,宝钢股份还上榜了2021年"中国ESG优秀企业500强"。

在社会责任报告的编制方面,宝武集团采用了"1+N+M"的报告发布体系,其中《绿色低碳发展报告》获得了中国企业社会责任报告评级的最高评价"五星佳级",并被收录为《中国企业社会责任报告评级2022》白皮书的优秀案例[②]。宝武集团控股的所有上市公司都已完成ESG报告的编制,体现了公司在ESG方面的全面覆盖和持续改进。

中国政府对绿色发展的强调以及ESG概念在国内的推广,使得企业在环保、清洁能源和绿色服务等方面的努力受到了利益相关者的高度重视,并对企业的ESG评级产生了积极影响。钢铁工业作为传统行业的代表,在追求高质量发展的过程中,宝武集团的举措无疑是行业转型升级的积极范例。

21.1.3.2 宝武集团面临的困境及价值提升策略

1) 宝武集团当前面临的困境

欧盟的碳边境调节税(CBAM)是欧盟为实现2050年"碳中和"目标而采取的关键气候措施,旨在通过对进口商品征收与欧盟内部相当的碳价格,促进全球温室气体排放的减少。2023年至2025年为过渡期,钢铁产品进入欧盟市场暂时不需要缴纳碳关税,但进口商需要提交包括产品碳足迹在内的详细报告。宝武集团作为钢铁生产商,其产品的碳足迹将成为计算碳关税的重要因素之一。

这意味着宝武集团需要对其产品的全生命周期碳排放进行评估,包括直接排放和间接排放,以满足信息报告的要求。未来,随着CBAM的正式实施,如果宝武集团的产品碳足迹高于欧盟设定的标准,它将面临额外的碳关税,这将增加其产品在欧盟市场的成本,从而可能影响其在该市场的竞争力。

---

① 中国日报网.《央企ESG蓝皮书(2022)》暨"央企ESG·先锋50指数(2022)"发布[EB/OL].(2022-11-09)[2024-11-15].https://caijing.chinadaily.com.cn/a/202211/09/WS636b3c0fa310ed1b2aca6438.html.

② 中国宝武报.年度报告连续3年获最高评价《宝武2022年社会责任报告》获"五星佳"[EB/OL].(2023-07-11)[2024-11-15].https://i.xpaper.net/baowu/news/8287/48606/248071-1.shtml.

欧盟进口的钢材主要来自俄罗斯、土耳其、乌克兰、中国和韩国,这些国家的钢铁企业,包括宝武集团,都将受到碳边境税的影响。因此,宝武集团可能需要采取措施降低碳排放,以避免未来可能的税负,并保持其产品在国际市场上的竞争力。

由于 CBAM 设计意在鼓励减少温室气体排放并促进环保技术的发展,长远来看,宝武集团如果能够有效降低碳足迹,不仅可以减少税负,还能提高其全球市场的品牌形象和可持续发展能力。宝武集团的碳足迹将对其在欧盟市场的产品成本产生直接影响,因此掌握和管理产品碳足迹信息,以及采取行动减少碳排放,对于宝武集团应对欧盟碳边境调节税至关重要。

2)宝武集团的减碳策略

宝钢股份作为宝武集团的重要上市公司,其碳减排措施对集团实现"碳达峰""碳中和"目标至关重要。宝武集团在2021年公布了绿色低碳冶金路线图和时间表,并采取了以下行动来减少碳排放。

(1)化解过剩产能:在"十三五"期间,宝武集团化解了1800万吨粗钢产能,这一举措每年可减少约4000万吨的二氧化碳排放。

(2)提高能效:同一时间段,宝武集团还实现了吨钢综合能耗的显著下降,每年降低了约1000万吨的二氧化碳排放。

(3)智慧制造:宝武集团通过加大智慧制造技术的投入和应用,深化大数据的应用,推动工序互联共享,减少中间环节,这些措施共同促进了资源和能源的高效利用,从而降低生产过程中的碳排放。

(4)低碳冶金技术:宝武集团致力于突破关键核心技术,加快低碳冶金技术的开发与应用。目前,已经在富氢碳循环高炉技术和氢基竖炉冶炼技术等方面开展了重点项目攻关。

以上行动表明,宝武集团在减碳方面采取了结构调整、能效提升和技术创新等多维度措施,体现了其作为全球最大钢铁企业在绿色革命中的引领作用。宝武集团的减碳策略不仅涉及产能优化,还包括了制造流程的智能化升级和关键技术的革新。

3)宝武集团价值创造能力提升策略

作为国内一流的钢铁企业,宝武集团可以从以下几个方面着手增加公司价值创造能力。

(1)创建世界一流示范企业:宝武集团积极申请创建世界一流示范企业,建立常态管理体制和运营机制,不断研究制定实施方案,以实现持续的管理和技术创新。

(2)技术创新体系:推进"研究开发、工程集成、持续改进"三位一体的技术创新体系,以技术进步推动产品和服务的优化升级。

(3)优化产线布局:根据供给侧结构性改革的要求优化现有钢铁基地和生产线布局,加快内部产能布局调整,例如建设高品质钢铁材料基地,推进精品钢制造基地项目。

(4)产业整合与重组:通过企业联合重组和专业化整合,确定"一基五元"战略业务布局,即钢铁制造业和先进材料、智慧服务、资源环境、产业园区及产业金融业,构成完整的现代化钢铁产业链,增强整体竞争力。

(5)人才队伍建设:宝武集团通过完善人才培养机制和激励机制,激发科技人才的创新动能,构建与世界一流高科技企业相配套的人才队伍。

(6)国际化发展:积极推进国际化工作,以拓宽市场和资源获取渠道,提高在全球市场的影响力和竞争力。

通过上述多维度的策略实施,宝武集团可以有效增加其价值创造能力,不断巩固其行业领导地位。

宝武集团的绿色数字化转型之路,是钢铁企业转型升级的典范。其在环保、智能制造、数字化管理等方面的创新和实践,不仅为自身创造了巨大的经济价值,更为整个钢铁行业的可持续发展提供了新的思路和方向。未来,宝武集团将继续深化转型,推动钢铁行业向更绿色、更智能、更高效的方向发展。

20.1.4　欧洲钢铁行业面临的挑战及转型策略

欧洲钢铁企业的碳排放情况较为严峻。欧盟钢铁行业的温室气体年排放量(直接排放和间接排放)达到了 2.21 亿吨,占总排放量的 5.7%,相当于法国国家年排放量的规模。钢铁行业在欧盟总工业排放中所占比重很大,其碳排放密集度高,约占欧盟 25% 的工业碳排放与 5% 的总排放。具体到国家层面,德国最大的钢铁制造商蒂森克虏伯的二氧化碳排放量约为 2000 万吨,占到德国总排放量的近 3%,而德国钢铁行业总共排放的二氧化碳大约为 4000 万吨,占该国工业总排放量的 30%。

为应对这一挑战,欧洲钢铁企业纷纷开始制定碳中和目标,研制绿色钢铁。欧盟钢铁协会牵头的《绿色钢铁协议》涵盖了行业技术行动计划,以达到绿色转型目标,同时考虑了钢铁行业预期减排目标的实现需求及绿色钢铁产品的市场竞争力[①]。欧盟"战略能源技术计划"(SET-Plan)的一部分,即第六计划(SET Plan Action 6)主要关注于能源密集型工业的脱碳进程,该计划的核心目标是减少能源、资源的使用以及排放,同时提高该地区的竞争力。在这一框架下,成员国及非欧盟 SET 计划相关国家、行业和研究利益相关者与欧盟委员会协作,共同确定了技术选项和研发活动,以提升能源与资源效率,并显著降低了欧洲加工行业的温室气体排放。

此外,第六计划也涉及了电池技术的研发,这是面向欧洲整体的合作项目,旨在解决未来电池研发过程中的挑战,为实现更高的电池性能目标而努力。为实现碳中和目标,估计欧洲钢铁工业在生物能源转化上的投资需求为 500 亿欧元至 700 亿欧元。如果通过碳捕集与封存技术实现目标,则可能需要每年运输和封存 1.5 亿吨至 2 亿吨的二氧化碳,这将需要 1000 亿欧元至 1500 亿欧元的投资用于清洁能源基础设施。在全球范围内,钢铁行业作为一个资源消耗密集型产业和高碳排放行业,约占全球能源总消耗的 8% 和全球二氧化碳排放总量的 7%。应对碳排放挑战,英国、德国、西班牙等欧洲国家已经宣布将投入大量资金支持钢铁制造商实现绿色转型。

20.1.5　国内外低碳冶金技术的发展与应用

富氢碳循环氧气高炉和氢还原电熔炼工艺作为两条主要的低碳冶金技术路径。宝钢股

[①]　世界金属导报.欧美钢铁工业的绿色发展专题|向气候中和生产迈进的欧洲钢铁工业[EB/OL].(2024-01-10)[2024-11-15]. http://www.worldmetals.com.cn/viscms/tupianxinwen3693/20240110/263394.html.

份已经开始实施并推进富氢碳循环氧气高炉的工业规模级试验平台,标志着高炉冶炼技术在向低碳转型方面迈出了实质性的步伐。宝武集团的富氢碳循环高炉在运行近一个星期后,显示出碳减排效果明显。宝武集团已完成了第一阶段35%富氧的目标,并且正朝着更高富氧目标努力。第二阶段的计划是在第一阶段的基础上继续进行设备、系统和工艺的优化,以实现持续进步。2021年,氢冶金中心完成了在晋南钢铁的两座1860m^3高炉上的副产氢气喷吹技术的研发、设计和工业化应用,这是高炉喷氢技术的首次实际应用,并且已经证明了在半年多的运行中能显著降低高炉燃料比。

国外钢铁企业在低碳冶金技术方面的发展多样化,没有统一的法则或解决方案。欧洲的钢铁企业在炼钢技术上采取了多种创新手段来提高资源效率,并朝着碳中和的方向发展。目前,他们主要使用的炼钢技术包括以下几种。

氢气炼钢+CCS(碳捕集与封存):这是一种结合氢气炼钢和碳捕集技术的创新项目。氢气作为还原剂,用于替代传统高炉炼钢过程中的焦炭,此法可以显著减少二氧化碳的排放。加上CCS技术,可以进一步降低炼钢过程中的碳足迹。这种技术虽然在高炉炼钢的基础上做出了创新,但仍然处于示范阶段。

HIsarna技术:这是一种集成化工艺流程的炼钢技术,可以直接从铁矿粉和煤炭粉中生产铁水,省去了焦炭制造和矿石团聚这两个环节。HIsarna技术的创新在于它能够直接利用粉末原料进行生产,从而减少工序,提高效率。

电解冶金技术:这是一种新兴的炼钢技术,虽然还处于实验室阶段,但预期它能成为最节能的炼钢方法。电解工艺可能在未来成为钢铁行业低碳转型的主流技术,但目前成本高昂且开发周期长。

其他新一代技术:包括氢等离子体熔融还原、熔融氧化物电解和氢闪速冶炼等。这些技术都在加速发展中,但它们能否成为未来钢铁行业的主流技术,还需要时间来验证。

目前欧洲的主要钢铁生产路线为高炉-碱性氧气炉路线、电弧炉路线。

针对这些生产路线,欧洲钢铁企业通过技术开发进行了优化和创新,提高了资源利用效率。同时,为了支撑这些技术的发展,欧洲钢铁企业也在积极涉足绿色能源领域,如陆上风能、海上风能和太阳能等,这些都是制造绿氢的基础。

欧洲钢铁企业正在使用包括氢气炼钢+CCS、HIsarna技术、电解冶金技术以及其他新一代技术在内的一系列创新技术进行炼钢,以实现资源效率的最优化和碳排放的减少。但亚洲钢铁企业对高炉的依赖性仍然很高,预计到2050年约50%的钢铁产品仍将采用高炉工艺生产。在此背景下,宝武集团探索富氢碳循环氧气高炉技术,这对于钢铁行业的减排具有重要意义。

参考资料:

宝钢股份(baosteel.com)

中国宝武:为实现碳达峰、碳中和目标贡献钢铁智慧和力量-国务院国有资产监督管理委员会(sasac.gov.cn)

欧洲钢企:豪掷千亿欧,猛攻碳中和-我的钢铁网(mysteel.com)

思考题

(1)钢铁企业在绿色数字化转型中所面临的主要挑战是什么?这些挑战如何影响企业的价值创造?

思考提示:从钢铁企业在进行绿色数字化转型过程中可能面临的技术、经济、管理等方面的挑战,分析这些挑战对企业的盈利能力、市场地位以及长期价值创造的影响。

(2)钢铁企业如何利用绿色数字化技术提升生产效率和资源利用效率?这些举措如何影响企业的可持续发展和经济效益?

思考提示:钢铁企业在绿色数字化转型中采取的具体技术和管理措施,提升生产效率、降低能耗和资源消耗,实现可持续发展并提高经济效益。

(3)钢铁企业的绿色数字化转型如何改变了其生产模式和价值链?这些变化对企业价值创造和市场竞争力有何影响?

思考提示:钢铁企业在绿色数字化转型中所经历的生产模式和价值链的改变,探讨这些变化对企业的生产效率、产品质量和市场竞争力带来的影响。

(4)钢铁企业如何在绿色数字化转型过程中实现经济效益和环境效益的双赢?其成功经验和做法可以为其他传统行业提供什么启示?

思考提示:钢铁企业在绿色数字化转型中取得的经济效益和环境效益的双赢,探讨其成功经验和做法,以及这些经验对其他传统行业进行数字化转型的启示和借鉴意义。

价值评估及管理演练

请用杜邦分析法和价值评估法,对宝武集团绿色数字化转型价值创造与演化的内容进行分析和价值管理。

杜邦分析法的应用

ROE拆解:首先,使用杜邦分析法将ROE拆解为净利润率、资产周转率和财务杠杆。

净利润率:分析宝武集团通过绿色数字化转型后净利润率的变化,即利润与销售额的比率,是否因为节能减排等环保措施提高,从而影响净利润率。

资产周转率:探讨绿色数字化转型对资产利用效率的影响,如新技术的应用是否提高了资产周转率。

财务杠杆:评估绿色数字化转型对企业资本结构和财务杠杆的影响,比如是否降低了财务风险或者改善了资产负债表的结构。

价值评估法的应用

贴现现金流量法(DCF):预测宝武集团未来几年的现金流量,考虑绿色数字化转型对公司盈利能力、成本结构等方面的影响,然后将这些现金流贴现至现值。

市盈率法和市净率法:比较宝武集团的市盈率和市净率与同行业其他公司或者行业平均水平,评估公司的估值水平是否合理。

价值管理

根据杜邦分析法和价值评估法的结果,制定相应的价值管理策略。如果净利润率提高,可以进一步优化生产流程、加强环保措施等,以维持或提高这一利润水平。如果资产周转率有所提高,可以考虑进一步优化资产配置和利用。如果市盈率或市净率低于预期,可以加强对外沟通,向投资者展示公司绿色数字化转型的潜在价值,提高投资者的信心。

根据以上分析和价值管理,宝武集团可以更好地理解自身绿色数字化转型的价值创造和演化过程,以及如何进一步优化和管理这一过程,提升企业的长期价值。

22 高科技企业的绿色数字化价值评估及管理

美的集团绿色数字化转型的路径;美的集团的数字化制造;美的绿色数字化与价值提升;美的集团的绿色数字化价值管理;美的集团产品的竞争优势。

通过分析美的集团的数字化转型之路,了解美的集团绿色数字化转型的路径;理解美的集团绿色数字化与价值提升;理解美的集团绿色数字化价值管理的内在逻辑和方法。

22.1 美的绿色数字化转型的路径

数字化制造:引入智能工厂,通过物联网(IoT)技术实现设备的互联互通,提高生产效率和资源利用率。利用大数据和人工智能优化生产流程,减少能源消耗,降低废物产生。

产品设计:采用生命周期评估(LCA)对产品环境影响进行评估,设计更加节能和可回收的产品,利用3D打印和模块化设计减少材料浪费,提高产品的维修性和可回收性。

供应链管理:实施绿色采购,优先选择环保材料和可持续的供应商。通过区块链技术提高供应链透明度,确保原材料来源的可追溯性和责任采购。

能源管理:使用智能能源管理系统,监控和优化能源消耗。采用可再生能源,如太阳能和风能,减少碳足迹。

产品使用和维护:开发智能家电产品,通过自动调节能耗模式,降低消费者使用过程中的能源消耗。提供数字化的维护和服务,延长产品寿命,减少废弃速率。

循环经济:推广产品回收再利用政策,减少废弃物对环境的影响。建立循环经济体系,将废旧产品和材料重新投入生产过程。

企业文化和培训：培养员工的环保意识，组织绿色数字化相关培训。鼓励创新和持续改进，使绿色数字化转型成为企业文化的一部分。

合作与交流：与政府、行业组织以及科研院所合作，共同推进绿色数字化技术的研发和应用。参与国际交流，学习和引进先进的绿色数字化经验和技术。

客户参与：增强消费者对绿色产品的认知，通过数字化平台进行环保教育和宣传。推出激励措施，如折扣、回收奖励等，鼓励消费者参与绿色生活方式。

数据管理和安全：加强数据中心的能效管理，实现数据处理的绿色化。保护数字化转型过程中产生的数据安全，建立健全的数据保护体系。

通过上述措施，美的集团不仅能够减少环境影响，提升企业社会责任感，还能够通过提高效率和创新能力，增强其在全球市场的竞争力。这条绿色数字化转型之路需要公司高层的坚定决策、员工的积极参与、技术的不断进步以及与社会各界的广泛合作。绿色数字化转型之路是一条长期而系统的发展之路。

22.2　美的集团的数字化制造

美的集团通过数字化转型包括引入智能工厂、利用大数据和人工智能优化生产流程，以提高效率、降低资源消耗和废物产生。这一转型战略取得了显著成果。数字化贯穿于整个经营管理的毛细血管，对提升经营项目、标准化流程、降低成本等方面起到显著作用。

美的集团在数字化转型的过程中，通过对企业经营管理各环节进行深入的价值分析，确定了数字化项目的实施方案及步骤。在IT系统建设方面，首先实现数字透明，然后实现数字驱动。2012—2015年，美的集团启动了针对性的"632"信息化提升项目，取得了良好效果。截至2020年，美的集团数字化转型取得了阶段性成果，包括营收增长、净利润提升、资产总额增加以及存货占比和资金周转天数的改善[①]。

美的集团已经发展成为一家数字化、智能化驱动的科技集团，拥有数字驱动的全价值链及柔性化智能制造能力。

在当前数字化浪潮中，美的集团与中国电信等合作伙伴共同致力于打造5G智能工厂，依托5G、大数据、人工智能等新一代信息通信技术，以创造更引人瞩目的成果[②]。

美的集团发布了"数字美的·智慧工业"系列解决方案，以数字化、智能化、绿色化为核心，展示了跨界技术沿用、共性技术研发的创新成果。这些解决方案为工业领域客户提供协同融合的一体化解决方案，并全面掌控方案运转情况。美的智慧工业解决方案已经在全国乃至全球得到应用，使美的集团不仅仅是一个硬件制造商，更是智慧工业的开创者。

---

① 陈雪频.9年120亿，美的数字化转型纪实[EB/OL].(2022-05-17)[2024-11-15].www.sohu.com/a/548084177_120056153.

② 新华网.5G赋能扬帆未来｜制造变智造，5G开启美的工厂"蝶变"之路[EB/OL].(2021-12-27)[2024-11-15]. https://tech.chinadaily.com.cn/a/202112/27/WS61c926f4a3107be4979ff118.html.

22.3 美的集团绿色数字化与价值提升

美的集团通过绿色数字化战略的实施，从多个方面提升了其价值。其中，绿色设计、绿色采购、绿色制造、绿色物流、绿色回收和绿色服务六大方面的布局为美的集团的绿色转型提供了坚实基础①。这一战略不仅仅体现在产品层面，也贯穿于整个生产价值链的各个环节。

在绿色转型的过程中，美的集团注重与供应商的合作，推动绿色战略向上游供应链延伸，通过开展碳排查工作、共建绿色工厂等举措，已有600多家供应商参与了相关培训，形成了良好的合作关系。

另外，美的集团在物流方面也有显著进展，拥有覆盖全国2847个区县的全网直发物流布局优势，采用大数据技术和区块链技术等手段，打造了数字化绿色回收平台，实现了全价值链数据的互通共享。

此外，美的集团不仅在国内建立了多家国家级绿色工厂和零碳工厂，还在海外建立了一家绿色工厂，这些举措展现了其在绿色转型方面的领先地位。

总的来说，美的集团通过绿色数字化战略的实施，不仅提升了企业的价值，还推动了整个产业向绿色、可持续的方向发展②。

22.4 美的集团绿色数字化价值管理

美的集团在绿色领域的发展主要围绕着六大方面进行布局，包括绿色设计、绿色采购、绿色制造、绿色物流、绿色回收和绿色服务。通过采用制造业数字化软件和数据新应用，美的集团实现了生产计划和制造流程的智能化，以支持其绿色战略。

美的集团在绿色制造方面表现突出，从用地集约化、原料无害化、生产洁净化、废物资源化、能源低碳化5个方向入手，利用数字化技术推动绿色制造模式的全面转型和升级。例如，在芜湖制造基地，通过数智能效管理的改造升级，成功降低了工厂的能耗，实现了节能减排的效果。

此外，美的集团也积极探索新的融资方式，包括发行绿色债券，以支持绿色设计和绿色制造相关项目，如环保高能效产品的设计开发、生产制造设备的低碳节能升级等。这些举措也得到了关注企业ESG表现的投资者的认可。

美的集团的数字化转型成果广为传颂，通过"互联网＋回收"模式③、楼宇科技领域的零碳智慧园区等举措，美的集团在绿色低碳方面取得了显著进展。数字化转型为美的集团在绿色低碳领域的努力提供了有力支持。

---

① 谢世诚. 美的CTO向江旭：智能化赋能，六方面布局绿色战略［EB/OL］.（2021-12-11）［2024-11-15］. https://www.doit.com.cn/p/476429.html.

② 新浪财经. 推行绿色战略，美的集团寻求新发展［EB/OL］.（2022-12-22）［2024-11-15］. https://cj.sina.com.cn/articles/view/1733360754/6750fc72020015uri.

③ 杜壮. 美的：打造全链路数字化绿色回收体系［EB/OL］.（2022-06-29）［2024-11-15］. http://www.chinasei.com.cn/zcjd/202206/t20220629_47442.html.

美的集团还通过"智慧工业"实践经验的沉淀[①]，加速推动数字化与绿色的融合，为实体产业注入转型升级的动力，促进企业降本增效、产业融合创新、绿色可持续发展。在2023年，美的集团以"数绿融合"为指导加速打造更广泛的5G＋绿色工厂应用场景，推动行业向数字化绿色转型迈进。

22.5 美的集团的产品竞争优势

美的集团在市场上具有显著的竞争地位和优势。美的集团在家电行业中涵盖多个产品线，包括空调、洗衣机、冰箱、微波炉等，其中在一些产品线上市场份额排名第一或第二。此外，美的集团在中高端产品市场上持续突破，逐渐拉大与其他家电企业的差距，其中高端品牌布局初见成效，旗下品牌涵盖比佛利、COLMO、东芝、小天鹅等知名品牌。

美的集团展现出快速响应市场变化的能力，以利润最大化、回报股东为导向。在智能家居业务方面，美的集团的产品在多个品类的国内线上与线下市场份额均位列行业第一，电商销售占比超过48%[②]，在社交电商平台持续增长。在"6·18"期间，美的系列全网总销售额连续11年行业第一，抖音电商交易总额首次突破10亿元。此外，美的集团持续推动着双高端品牌战略，包括"COLMO＋东芝"，在中高端市场上取得了成效。

美的集团在市场上的竞争地位稳固，具备快速响应市场变化的能力，且在中高端产品市场上有明显优势。美的集团不断优化产品结构，持续突破中高端市场，以及在智能家居业务方面的领先地位，为其提供了竞争优势，并有望在未来实现持续增长。

思考题

(1) 美的在绿色数字化转型中所取得的成果如何影响公司的市场地位和竞争优势？

思考提示：美的在绿色数字化转型中所实现的成果，如产品创新、生产效率提升、环境友好等方面的表现，以及这些成果对公司在市场上的地位和竞争优势的影响。

(2) 绿色数字化转型对美的企业价值的影响体现在哪些方面？

思考提示：从财务、市场、社会等多个方面分析绿色数字化转型对美的企业价值的影响，如财务表现的改善、品牌形象的提升以及社会责任的履行等方面。

(3) 如何利用财务指标和非财务指标综合评估美的绿色数字化转型的价值？

思考提示：从财务指标（如ROE、利润增长率等）和非财务指标（如品牌声誉、客户满意度等）综合评估美的绿色数字化转型的价值，以全面了解其对公司的影响。

(4) 未来，美的在绿色数字化管理方面还有哪些发展机会和挑战？

思考提示：美的在绿色数字化管理方面可能面临的机会和挑战，如技术创新、市场需求变化、政策法规变化等，以及如何应对这些挑战并抓住机会继续提升企业价值。

---

① 网易. 解码美擎五大解决方案：美的智慧工业加速进化[EB/OL]. (2023-11-08)[2024-11-15]. https://www. 163. com/dy/article/IJ1H04360519B826. html? spss＝dy_author.

② 新浪新闻. 美的集团2023年上半年归母净利润超182亿元，同比增长13.98%[EB/OL]. (2023-08-30)[2024-11-15]. https://k. sina. com. cn/article_2383934980_8e17f60400101hrdp. html.

价值评估及管理演练

（1）请用德勤第四张报表法分析美的绿色数字化转型之路及其价值。

思考提示：德勤的第四张报表通常涵盖了财务数据、关键业务指标以及战略执行等方面的内容，可以用来评估企业的绩效和未来发展潜力。针对美的绿色数字化转型之路及其价值，可以从以下几个方面进行分析。

财务数据分析

利润表：分析美的绿色数字化转型对公司利润表的影响，包括营收增长、成本结构变化、利润率改善等情况。特别关注绿色数字化转型带来的收入增长和成本节约对利润的贡献。

资产负债表：研究资产负债表上的项目，例如资产结构、负债水平、资本结构等，分析绿色数字化转型对资产负债表的影响，包括资产质量的提升和负债结构的改善等方面。

关键业务指标分析

生产效率：绿色数字化转型是否提高了生产效率，例如生产能力利用率、生产周期缩短等。

产品质量：研究绿色数字化转型对产品质量的影响，包括产品合格率、客户投诉率等关键指标的变化。

环保指标：分析绿色数字化转型对环境友好程度的影响，例如能源消耗减少、废物排放降低等。

战略执行分析

投资规划：分析美的在绿色数字化转型方面的投资规划和执行情况，包括投资金额、项目进展等方面。

市场定位：研究美的在市场定位上的战略执行情况，绿色数字化转型是否有助于提升公司在市场上的地位和竞争力。

人才培养：分析美的在人才培养方面的战略执行情况，绿色数字化转型是否伴随着人才队伍的调整和提升。

未来展望

风险与机遇：探讨美的绿色数字化转型所面临的潜在风险和机遇，以及公司应对这些风险和机遇的策略和规划。

发展战略：分析美的未来发展战略，绿色数字化转型在其中的地位和作用，以及未来发展方向和重点。

通过以上分析，德勤的第四张报表可以帮助我们更全面地理解美的绿色数字化转型的价值，评估其绩效和未来发展潜力，并为制定未来战略提供参考和建议。

（2）请用价值评估法对美的绿色数字化转型之路及其价值进行分析和管理。

思考提示：针对美的绿色数字化转型之路及其价值，可以使用价值评估法进行分析和管理，主要包括贴现现金流量法（DCF）、市盈率法和市净率法。

贴现现金流量法（DCF）

预测未来现金流量：分析美的绿色数字化转型对未来的盈利能力、成本结构等方面的影响，预测未来几年的现金流量。

贴现现金流量：将预测的未来现金流量按照适当的贴现率贴现至现值，得出公司的内在价值。如果绿色数字化转型能够带来更高的收入、降低成本和增加利润，那么DCF方法所得的内在价值可能会比现有市值高，表明股票被低估。

市盈率法

确定合适的市盈率水平：根据美的及其行业的特点，确定一个合适的市盈率水平，通常基于历史数据、行业对比以及未来预期等因素。

计算公司的估值：将公司的预期未来净利润乘以适当的市盈率，得出公司的估值。如果绿色数字化转型能够提高公司的盈利能力和成长潜力，那么市盈率可能会上升，从而提高公司的估值。

市净率法

确定合适的市净率水平：根据美的及其行业的特点，确定一个合适的市净率水平，通常基于历史数据、行业对比以及未来预期等因素。

计算公司的估值：将公司的每股净资产乘以适当的市净率，得出公司的估值。如果绿色数字化转型能够提高公司的资产质量和效率，那么市净率可能会上升，从而提高公司的估值。

以上这些分析可以帮助投资者更全面地理解公司的价值，为管理层提供指导，进一步推动绿色数字化转型，提升企业的长期竞争力和价值。

23 零售电商企业绿色数字化价值创造的腾飞

亚马逊估值分析及绿色数字化之路；拼多多的绿色数字化管理之行；零售电商企业的估值分析方法。

通过学习亚马逊估值分析及绿色数字化之路和拼多多的绿色数字化管理之行两个案例，掌握对零售电商企业的估值分析方法。

23.1 亚马逊估值分析及绿色数字化之路

23.1.1 亚马逊公司简介

亚马逊公司是美国最大的一家网络电子商务公司,位于华盛顿州的西雅图,是网络上最早开始经营电子商务的公司之一。亚马逊成立于 1994 年,于 1997 年 5 月 14 日在美股上市,一开始只经营网络的书籍销售业务,现在则扩展了范围相当广的其他产品,如图书、影视、音乐和游戏、数码下载、电子和电脑、家居和园艺用品、玩具、婴幼儿用品、杂货、服饰、鞋类、珠宝、健康和美容用品、体育、户外用品、工具,以及汽车和工业产品等。

亚马逊作为全球最受欢迎的在线市场之一,2023 年 4 月访问量约为 48 亿次。第二大访问量的购物网站是 eBay,访问量约为 12 亿次。同时,亚马逊也是美国最大的服装零售商,包括线上和线下市场零售。它向卖家收取 17%的佣金,外加额外的配送和广告费用,使其成为了亚马逊销售最昂贵的品类之一。亚马逊占美国零售市场(包括所有实体店)的 4%,在电商领域(包括独立站、在线拍卖等形式的电子商务活动),亚马逊占据了 40%的市场份额,在电商平台则占据了 80%的市场份额。它的地位仍然不可撼动。目前不管是在全球市场,还是在美国本土,亚马逊都是跨境电商的主流平台。

23.1.2 亚马逊股价变动分析

亚马逊的股价在过去 10 年间显示了显著的增长趋势。具体而言,该公司的市值在 10 年间增长了超过 20 倍[①]。亚马逊的成功可以归因于多方面的因素,其中包括其对于 AWS(亚马逊云计算服务)的投资,这一部分在过去 10 年中对公司收入的增长贡献尤为明显。AWS 在这期间的收入增长了十倍,数额从 2013 年一路增至 2020 年的 350 亿美元[②]。亚马逊的股价甚至达到了年度低点的两倍,这一股价飞涨可能是市场开始认识到亚马逊长期投资策略的价值,并对其持续的收入增长和利润率提高做出了积极反应[③]。亚马逊在电商领域之外的扩张也对其股价增长起到推动作用,尤其是在云计算、广告和硬件业务,以及快递业务方面的高速增长,使得亚马逊成为了全球科技巨头之一。

亚马逊的企业哲学——以客户为中心。对发明的热情,对卓越运营的承诺,以及长期思考——也为亚马逊持续增长提供了坚实的基础[④]。亚马逊的股价增长趋势在过去几年中表现出色,其背后是公司多元化的业务扩张和对长期价值创造的投资。

亚马逊的股价自 2000 年以来经历了显著的增长,如果以其上市日的开盘价为基准,股价

---

① 中文互联网数据资讯网.亚马逊经历了哪些变革-中文互联网数据研究资讯中心[EB/OL].(2017-01-11)[2024-11-15].http://www.199it.com/archives/556468.html.
② 知乎.25 张图讲述亚马逊过去十年的爆炸式增长[EB/OL].(2020-01-01)[2024-11-15].https://zhuanlan.zhihu.com/p/100577374.
③ 知乎.亚马逊:股价翻倍以及是否还有上涨空间的 3 个原因[EB/OL].(2020-07-21)[2024-11-15].https://zhuanlan.zhihu.com/p/162144426.
④ 雪球.亚马逊(AMZN)股票股价[EB/OL].[2025-04-15].https://xueqiu.com/S/AMZN.

上涨了超过 1500 倍。这一增长映射了亚马逊在过去 20 多年里的商业成功和市场信心的提升①。在 2021 年亚马逊股价虽然处于历史高位,但呈现出持续的高位震荡,表明市场已经在很大程度上消化了其估值上涨的风险。

在 2021 年 7 月,亚马逊股价上涨了 12.8%,这一涨幅超过了同期纳斯达克综合指数的 6.8% 和标普 500 指数的 6.3%。特别是在一个交易日中,亚马逊的股价上涨了约 3.6%,刷新了其历史最高价至 3645 美元;并在前一交易日上涨了 2.3%。这两天的连续上涨使得亚马逊的市值在一周内增加了约 1 028.6 亿美元,达到了 1.83 万亿美元②。

亚马逊的股价之所以能够实现飞涨,一方面是因为公司长期的投资战略开始产生效果,另一方面是因为当前市场环境加剧了技术革新的步伐,从而有利于像亚马逊这样的公司未来的增长。尽管亚马逊进行了大量的投资,但其收入增长率仍然保持在 20% 以上,且利润率有显著提升。此外,亚马逊在过去几个月中受益于市场环境的颠覆性变化,这些因素共同推动了其股价的上升③。

23.1.3 亚马逊估值分析

23.1.3.1 分析角度

亚马逊的估值分析可以从以下几个方面进行。

(1)公司估值基础分析:2020 年亚马逊的公允估值约为 90 美元/股。这一估值是在考虑公司的累计价值(10 056 亿美元)并减去其净债务(968.5 亿美元)后得出的,得出的企业价值为 9 087.5 亿美元④。如果投资者认为亚马逊的企业价值为 13 600 亿美元,则当前市场估值与这一分析相比有 4 562.5 亿美元的错失。

(2)股价表现与市盈率:亚马逊自首次公开募股以来,股价上涨了 2000 多倍。而当前市盈率约为 82 倍,这在历史对比中可能看起来较高,但需要结合公司的成长性、市场地位和未来盈利能力综合判断其合理性⑤。

(3)股票拆分历史:亚马逊的股票在历史上已经进行了 3 次拆分,第一次拆分发生在 1998 年,当时的股价为 86 美元。考虑到股票拆分对股价的影响,当前股价并非直接与 IPO 时的 18 美元价格相比增长了 2367 倍⑥。对于是否会再次拆股,这需要结合公司的策略和市场情况进行评估。

---

① 腾讯新闻.三季报深度解读[EB/OL].(2021-11-12)[2024-11-15].https://new.qq.com/rain/a/20211112A0DPJW00.
② 新浪科技.亚马逊股价续刷历史高位市值两日增逾 1000 亿美元[EB/OL].(2021-07-07)[2024-11-15].https://finance.sina.com.cn/tech/2021-07-07/doc-ikqciyzk3948754.shtml.
③ 知乎.亚马逊:股价翻倍以及是否还有上涨空间的 3 个原因[EB/OL].(2020-07-21)[2024-11-15].https://zhuanlan.zhihu.com/p/162144426.
④ 知乎.亚马逊投资思考:重新审视商业帝国的价值(上)[EB/OL].(2022-09-28)[2024-11-15].https://zhuanlan.zhihu.com/p/569086685.
⑤ 新浪财经.上市 23 年股价涨超 2000 倍,亚马逊(AMZN.US)如何估值?是否会再次拆股?[EB/OL].(2021-01-22)[2024-11-15].https://finance.sina.com.cn/stock/hkstock/ggscyd/2021-01-22/doc-ikftssan9647218.shtml.
⑥ 马火敏.上市 23 年股价涨超 2000 倍,亚马逊(AMZN.US)如何估值?是否会再次拆股?[EB/OL].(2021-01-22)[2024-11-15].https://www.zhitongcaijing.com/content/detail/398354.html.

(4)公司业务构成:亚马逊的业务构成包括电商和云计算两大板块。这两个领域在过去几年中都显示了强劲的增长潜力,影响公司整体估值和市场预期①。

在进行估值的时候,我们需要综合考虑各个因素(表23.1)。虽然市盈率较高可能表明股价存在泡沫,但亚马逊作为电商和云计算领域的领先企业,其未来增长潜力可能会支持较高的估值。同时,股票拆分历史表明公司管理层在资本市场上的策略灵活,对投资者信心可能有正面影响。

表 23.1　亚马逊多项指标汇总表

参考资料编号	信息点	描　　述
1	亚马逊公允估值	约90美元/股,企业价值约9 087.5亿美元
1	净债务	968.5亿美元
2	市盈率	约82倍
2	股价增长	自IPO以来上涨2000多倍
3	股票拆分	历史上共拆分3次
4	业务构成	电商和云计算

亚马逊的估值需要考虑其市场地位、业务增长潜力、财务状况以及行业前景等多个方面。目前的市盈率虽高,但考虑到其在电商和云计算市场的竞争力,以及长期增长趋势,投资者可能会给予其更高的估值预期。然而,具体是否合理还需进一步结合市场情况、宏观经济状况和公司自身的经营表现来判断。

23.1.3.2　分析方法

根据提供的资料,亚马逊作为一个电商和云计算巨头,其估值分析可以从以下几个方面进行。

1)市场法

(1)市盈率(P/E)。2021年1月18日,亚马逊的市盈率约为82倍,这个数字相对较高,这意味着投资者对亚马逊的未来盈利能力持乐观态度。市盈率是衡量股票价格与公司盈利能力的一个指标,高市盈率可能意味着股票价格高于其理论价值,但对于增长迅速的科技公司来说,高市盈率也可能是市场对其未来增长潜力的预期②。

(2)业务构成。亚马逊的业务构成主要包括电商和云计算。2018年的数据显示,线上商店、实体商店和服务收入的占比分别为55.21%、7.73%和37.06%。其中,云计算部分(亚马逊网络服务)是公司收入和利润的重要来源③。

---

① 刘成岗.估值进阶——如何做假设,以亚马逊为例[EB/OL].(2020-11-28)[2024-11-15]. https://xueqiu.com/6623660105/164424489.

② 马火敏.上市23年股价涨超2000倍,亚马逊(AMZN.US)如何估值?是否会再次拆股?[EB/OL].(2021-01-22)[2024-11-15]. https://www.zhitongcaijing.com/content/detail/398354.html.

③ 洞见资本.亚马逊三个阶段的估值方法[EB/OL].(2019-10-19)[2024-11-15]. https://xueqiu.com/4513918363/134288132.

(3)SOTP(Sum of The Parts)估值法。对于业务多元化的公司,可以采用SOTP估值法。该方法将公司的不同业务部分分别估值,再加总得到整个公司的估值。这种方法适用于对亚马逊这样的公司进行估值,因为其业务覆盖了多个不同的领域①。

(4)退货率。亚马逊的退货率几乎为零,这与传统零售商相比是一个巨大的优势。因为亚马逊只订购客户确定要买的书,这减少了库存成本和退货风险②。

亚马逊的高市盈率反映了市场对其未来增长潜力的积极预期。公司的多元化业务结构和低退货率是其商业模式的优势。在进行估值时,可以综合使用市盈率和SOTP估值法,但也需要关注公司未来增长潜力和行业环境的变化。

上述估值分析基于2018年和2021年的数据,实际情况可能会随着市场和公司策略的变化而变化。

2)DCF模型构建

折现现金流(DCF)模型估值方法,是通过预测公司未来的自由现金流并将其折现到现值来评估公司价值。DCF模型在操作过程中对公司财务数据的准确性和实际情况的合理预测非常敏感。在分析亚马逊的财务报表时,重点关注成本、利润和绩效相关的报表是至关重要的,因为任何收入或支出数据的遗漏都会导致对公司真实营收的误判③。在DCF模型中,亚马逊的最终价值通常占公司价值的大部分,往往高达3/4或更多。因此,确保最终年份的财务数据能够代表公司的稳定财务绩效状态,不是周期性的高点或低点,是非常关键的④。

对于亚马逊这样的公司,EV/EBITDA估值法也同样适用,特别是在云计算成长中后期,当公司具有固定资产更新快、资本密集、准垄断或者具有巨额商誉的特征时⑤。在DCF分析中,通常会对公司的自由现金流进行五年期的预测,同时对最终价值进行假设,并进行敏感性分析。

亚马逊的平台经济模式,特别是对入驻商家销售提成的策略,以及云计算服务AWS的快速发展,为其收入来源提供了多元化⑥。在构建DCF模型时,需要将这些因素考虑进去,因为它们会影响未来现金流的预测。在进行DCF模型估值时,除了详细的现金流预测外,还需要研究其他估值指标以测试DCF估值的合理性。这些指标可能包括市盈率、市净率、股息折现模型等,以便从不同角度验证DCF模型的估值结果。

亚马逊公司的财务数据和实际情况通过影响自由现金流的预测、最终价值的稳定性,以及其他估值指标的合理性,对DCF模型构建和企业价值估算产生关键影响。在构建DCF模

---

① 庄帅.如何给零售电商企业估值?以"亚马逊"为例[EB/OL].(2019-10-17)[2024-11-15].https://www.huxiu.com/article/322081.html.
② 知乎.亚马逊的商业模式分析(全)[EB/OL].(2020-12-17)[2024-11-15].https://zhuanlan.zhihu.com/p/337533280.
③ 知乎.亚马逊财务报表分析,你做对了吗?[EB/OL].(2023-04-12)[2024-11-15].https://www.zhihu.com/question/595065071.
④ 知乎.现金流折现分析(DCF)[EB/OL].(2023-10-13)[2024-11-15].https://zhuanlan.zhihu.com/p/661046525.
⑤ 庄帅.如何给零售电商企业估值?以"亚马逊"为例[EB/OL].(2019-10-17)[2024-11-15].https://www.huxiu.com/article/322081.html.
⑥ 知乎.亚马逊商业模式分析[EB/OL].(2021-11-02)[2024-11-15].https://zhuanlan.zhihu.com/p/428610836.

型时，需要仔细分析和处理这些数据，并根据实际情况进行敏感性分析，以确保估值的准确性和可靠性。

3）自由现金流法

自由现金流是评估公司价值和盈利能力的一个重要指标，尤其对于亚马逊这样的公司而言，投资者和分析师通常更关注自由现金流而不仅仅是利润。自由现金流是经营活动产生的现金流量减去资本支出（CapEx）后的剩余现金，它反映了公司在维持或增加资产基础后能够为股东产生的现金。

亚马逊的自由现金流受到高度关注的原因之一是其自由现金流的波动，特别是在第二年的大幅波动，这促使我们进行深入分析。亚马逊的收入持续以20%至40%的速度增长，随之其经营现金流也实现了大幅增长。亚马逊与沃尔玛等传统零售商的一个不同之处在于，亚马逊非常重视提高库存周转速度，因为库存积压会对现金流回流和运转产生不利影响[①]。

自由现金流与利润的主要区别在于，利润可以通过会计政策和估计有所调整，而现金流则较难操作，更能反映公司的真实运营状况。只要公司拥有健康的现金流，即使没有利润，也可以维持运营。相反，如果现金流不健康，即使利润再多，也可能面临倒闭的风险。亚马逊的股价常因市盈率过高而受到争议，但如果以现金流而非利润来衡量，其估值可能会显得更为合理。这是因为现金流更能反映公司的真实财务状况[②]。从价值投资的角度看，投资一家公司本质上是购买其未来的赚钱能力。公司当前的价值应当等于其未来所有自由现金流的现值，这就是DCF模型。FCF是评估亚马逊股价的一个关键因素。

根据提供的数据，亚马逊在北美和国际市场上的运营表现出现亏损。2022年，北美市场的运营亏损为3亿美元，国际市场的亏损为7.7亿美元。然而，AWS则表现出强大的盈利能力，收入达到80亿美元。

通过上述分析，我们可以看出亚马逊在自由现金流方面的管理策略，以及其在财务报告中的表现。我们可以通过构建亚马逊的自由现金流预测模型，并对其未来的自由现金流进行折现，来估算其企业价值。不过，具体的DCF模型构建涉及更详细的财务数据和假设，包括但不限于未来现金流增长率、折现率、长期增长率等，需要根据实际情况进行分析和设定。

亚马逊的自由现金流预测模型需要考虑多个因素，包括营业利润的增长，运营资本的管理以及资本支出等。在进行未来五年的预测时，我们还需关注亚马逊应对竞争平台挑战、政策变化以及市场需求变动的策略。

在绿色数字化价值管理方面，亚马逊可通过提高能效、采用可再生能源、优化供应链管理和包装减少环境足迹。同时，通过大数据和AI优化其广告投放，提升广告点击率和转化率，从而提高广告收入和整体效率[③]。

---

① 简书.亚马逊 公司价值的本质—自由现金流[EB/OL].（2021-06-16）[2024-11-15]. https://www.jianshu.com/p/1ae3c25f34e2.

② 虎嗅网.亚马逊整体发展分析：现金流远远比盈利重要[EB/OL]. [2024-11-15]. https://www.huxiu.com/article/12037.htm.

③ 2024年亚马逊旺季指南：锁定关键日期，驱动销售风暴[EB/OL]. [2024-11-15]. https://www.sellerko.com/school/article/112.

考虑到亚马逊的每股自由现金流已知数值,我们可以利用这些数据来估算未来的自由现金流。以 2023 年的每股自由现金流 $1.63 为基础①,并假设公司能够保持稳定增长,可以构建出一个简化的预测模型。

假设亚马逊的自由现金流增长率为年均 5%,结合在外的稀释性潜在普通股平均股数,我们可以计算出接下来 5 年的每股自由现金流预测值。然而,由于无法访问实时数据和具体的股数,这里仅提供一个概念性的示例计算(表 23.2)。

表 23.2　每股自由现金流预测值表

年份	每股自由现金流(假设)
2024	$1.71
2025	$1.80
2026	$1.89
2027	$1.98
2028	$2.08

请注意,这只是一个基于假设的简化模型,实际上亚马逊的自由现金流受到多种复杂因素影响,包括市场波动、公司策略调整、宏观经济环境等。因此,实际的预测需要复杂的财务模型和对亚马逊未来计划的深入了解。

在实践中,预测还应包含对不确定性的评估,如灵活应对政策变化的能力②,以及对亚马逊广告效率和营业利润提升措施的具体分析③。此外,亚马逊如果从 FBM(Fulfillment by Merchant)或 FBA(Fulfillment by Amazon)中选择更有效的物流策略,也可能对自由现金流产生显著影响④。

绿色数字化价值管理不仅关注财务性能,还应考虑社会责任和环境可持续性,这将有助于提升品牌形象,从长远来看可能对自由现金流产生积极影响。

23.1.4　亚马逊的绿色和数字化管理

23.1.4.1　亚马逊绿色化数字化价值管理

亚马逊在 2023 年的绿色化数字化价值管理方面表现出色,主要通过以下几个方面的努力和实践体现其对碳中和与可持续发展的承诺。

---

① 价值大师.亚马逊(AMZN)自由现金流[EB/OL].[2024-11-15].https://www.gurufocus.cn/stock/AMZN/term/total_free_cash_flow.

② 知乎.亚马逊多项服务费用变更! 2024 年 1 月陆续生效![EB/OL].(2023-12-12)[2024-11-15].https://zhuanlan.zhihu.com/p/671818611.

③ 知乎.三次大危机,亚马逊如何实现逆势增长?[EB/OL].(2021-01-18)[2024-11-15].https://zhuanlan.zhihu.com/p/345050904.

④ 知乎.从 FBM 还是 FBA 开始?[EB/OL].(2023-12-27)[2024-11-15].https://www.zhihu.com/question/631470517.

资金投入:亚马逊在环保领域的投入达到了 20 亿美元,用于推动碳中和的各项举措。

行业减排引领:通过联合 Global Optimism 发布《气候宣言》,亚马逊带动了超过 300 家企业签署承诺,覆盖 29 个国家和 51 个行业,共同应对气候变化①。

碳足迹降低:自 2019 年至 2022 年,亚马逊的碳减排指数从 122.8 降低到 93.7,显示了其在降低碳足迹方面的显著进步。

净零碳排放目标:亚马逊制定了 2040 年实现净零碳排放的目标,并在运输网络上采取了实质性措施,如电动化运输车队和寻找化石燃料的替代品(表 23.3)。目前,亚马逊已经有超过 9000 辆电动送货车在全球范围内投入使用②。

表 23.3 亚马逊碳减排指数

年份	碳减排指数	说明
2019	122.8	初始数据
2022	93.7	碳足迹显著降低
2040	目标	实现净零碳排放

云技术的绿色转型:作为云计算的开创者,亚马逊不仅以环境友好的方式运营其业务,还提供高能效、低能耗的绿色云服务,帮助客户和合作伙伴实现可持续发展目标,推动经济社会的绿色低碳转型。

可再生能源采购:亚马逊是全球最大的可再生能源企业采购商之一,这表明公司在使用绿色能源方面的积极态度和行动③。

以上这些措施和实践展现了亚马逊在推动自身的绿色化和数字化转型中所作的努力,也体现了其在全球范围内推动可持续发展的领导作用。

23.1.4.2 亚马逊的 ESG 评级的情况

亚马逊自 2000 年以来在 ESG(环境、社会、治理)方面的表现备受关注,并且其 ESG 评级情况也显示出了一些变化和特点。根据公开资料,亚马逊在 ESG 方面存在一些争议,这些争议可能影响其 ESG 评级。据了解,亚马逊曾遭遇不少 ESG 相关的质疑,其中包括对员工的工作条件、环境影响,以及公司治理结构等议题的争议。这些问题反映在了亚马逊的 ESG 评级上,多家专业评级机构给出的评级并不算高,例如 MSCI(摩根士丹利资本国际公司)给亚马逊的评级为 BBB,而 Sustainalytics(全球广泛使用的 ESG 评级机构之一)给出的评级为 47% 的百分位数④。这表明亚马逊的 ESG 表现至多被认为是中等水平。

---

① 知乎.斥 20 亿巨资!看电商巨头亚马逊如何 All in 碳中和[EB/OL].(2022-08-11)[2024-11-15]. https://zhuanlan.zhihu.com/p/552434068.

② 新浪财经.ESG 观察|亚马逊绿色投资助力企业可持续发展,提早达成净零碳排放[EB/OL].(2023-09-22)[2024-11-15]. https://finance.sina.com.cn/esg/ep/2023-09-22/doc-imznqhsp2381169.shtml.

③ 钛媒体.亚马逊云科技张文翊谈碳中和:正在探索构建绿色云服务的有效路径|CEO 说[EB/OL].(2021-04-28)[2024-11-15]. https://new.qq.com/rain/a/20210428A0870U00.

④ 知乎.邱慈观:由亚马逊经验看电商的 ESG 责任[EB/OL].(2021-01-15)[2024-11-15]. https://zhuanlan.zhihu.com/p/344566693.

不过,亚马逊在某些方面还是取得了较好的评价。新浪财经 ESG 评级中心的查询结果显示,亚马逊的 ESG 评级总分为 82.8(A^-),在同行业中位居前 9.9%,显示出其在某些 ESG 方面的领导地位。特别是在环境排放方面,亚马逊的评分高达 96.2(A^+),这反映出其在环境管理方面的出色表现[①]。

对于想要深入研究公司 ESG 评级的人来说,可以通过不同的途径获取相关数据。例如,Wind 终端提供了商道融绿、社会价值投资联盟、OWL、华证指数、嘉实、富时罗素等的 ESG 评级数据[②]。此外,亚马逊这样的公司可以通过有针对性地进行 ESG 信息披露来提高其 ESG 评级,这包括根据公司业务特点,识别并重点披露 ESG 实质性议题,同时满足当地政府或交易所的相关规则,并考虑主流 ESG 评级机构关注的指标[③]。

亚马逊的 ESG 评级从 2000 年以来呈现出中等至高等的分布,虽然面临争议,但在某些方面如环境管理取得了较好的评价,尤其是在国际权威评级机构如路孚特的评级中表现突出。表 23.4 是亚马逊部分 ESG 评级的汇总表格。

表 23.4 亚马逊 ESG 评级汇总

评级机构	ESG 评级	环境排放评分	行业排名比例	评级说明
MSCI	BBB	未提供	未提供	中等评级
Sustainalytics	47%	未提供	未提供	中等评级
路孚特	82.8(A^-)	96.2(A^+)	前 9.9%	领导者地位

亚马逊在 2023 年的 ESG 评级方面显示出了一些亮点,但也存在争议。根据路孚特的评分,亚马逊在 ESG 方面的整体表现较好,总分达到 82.8(A^-),在同行业中位居前 9.9%,在环境排放方面得分尤为突出,为 96.2(A^+),这表明亚马逊在环境保护方面的投入和成效得到了认可[④]。例如,亚马逊在其运营中广泛设立绿色电力工厂,以支持其低碳排放和环境友好的发展理念[⑤]。

然而,从其他评级机构得到的信息来看,亚马逊的 ESG 评级也存在不尽如人意的地方。MSCI 给予的是 BBB 评级,而 Sustainalytics 给出了 47% 的评级,这些中等的评级反映出社会对顶级企业在 ESG 责任上的期望与亚马逊的实际表现存在一定差距[⑥]。

尽管面临 ESG 评级的挑战,亚马逊还是在可持续发展方面做出了积极的努力,比如在全

[①] 新浪财经. ESG 观察|亚马逊绿色投资助力企业可持续发展,提早达成净零碳排放[EB/OL]. (2023-09-22)[2024-11-15]. https://finance.sina.com.cn/esg/ep/2023-09-22/doc-imznqhsp2381169.shtml.

[②] 知乎. 公司的 ESG 评级数据可以从哪里找到?[EB/OL]. (2021-06-23)[2024-11-15]. https://www.zhihu.com/question/277755590.

[③] 德勤. 可持续发展焦点专题[EB/OL]. [2024-11-15]. https://www2.deloitte.com/cn/zh/pages/risk/articles/international-esg-ratings-and-suggestions.html.

[④] 和讯新闻. ESG 观察|亚马逊绿色投资助力企业可持续发展,提早达成净零碳排放[EB/OL]. (2023-09-22)[2024-11-15]. https://news.hexun.com/2023-09-22/210322411.html.

[⑤] 知乎. 邱慈观:由亚马逊经验看电商的 ESG 责任[EB/OL]. (2021-01-15)[2024-11-15]. https://zhuanlan.zhihu.com/p/344566693.

[⑥] 知乎. 亚马逊的 ESG 之路[EB/OL]. (2022-12-06)[2024-11-15]. https://zhuanlan.zhihu.com/p/589774591.

球车队中拥有超过 9000 辆电动货车,并在美国和欧洲通过这些电动货车交付了 1.45 亿个包裹。公司还计划到 2030 年将 10 万辆 Rivian 电动货车投入使用①。

亚马逊在 2023 年的 ESG 评级反映出公司在环境保护方面的较强表现,尤其在低碳排放和可再生能源使用上取得了显著成果。尽管如此,公司在整体 ESG 表现上仍有提升空间,特别是在社会责任和公司治理方面需要进一步提高以满足社会的高期待。表 23.5 是亚马逊 2023 年 ESG 评级相关数据。

表 23.5 亚马逊 2023 年 ESG 评级数据

评级机构	ESG 总评级	排名/百分位	环境排放评分	备注
路孚特	82.8(A⁻)	前 9.9%	96.2(A⁺)	行业 ESG 领导者
MSCI	BBB	—	—	—
Sustainalytics	—	47%		中等评级

思考题

(1)在评估亚马逊这样的科技巨头时,都采用了哪些估值方法(如 DCF、市场比较法、资产基础法等),根据该案例分析这些方法在不同情境下的适用性和局限性。

思考提示:企业的业务模式、市场环境、财务状况、增长潜力等因素如何影响不同估值方法的选择?如何在使用这些方法时考虑科技企业特有的高增长和高风险特性?

(2)绿色管理措施(如碳中和、可再生能源使用、绿色供应链管理等)对企业长期价值的影响如何评估?以亚马逊的绿色数字化转型为例,分析其对公司估值、品牌形象和市场竞争力的影响。

思考提示:绿色管理不仅是企业社会责任的体现,更可能成为提升企业竞争力和市场估值的重要因素。如何通过定量和定性分析,评估绿色管理对企业财务表现和市场预期的影响?

(3)在实施绿色数字化战略过程中,企业可能面临哪些主要挑战(如技术瓶颈、成本控制、员工培训等),亚马逊是如何应对这些挑战的?结合实际案例,提出可行的解决方案。

思考提示:绿色数字化转型不仅涉及技术和资源的投入,还需要全方位的组织变革和文化建设。企业如何在保持业务增长的同时,实现可持续发展目标?如何通过创新和合作,克服绿色转型路上的障碍?

价值评估及管理演练

请根据 ESG 和绿色数字化管理评价方法(德勤第四财务报表)对亚马逊进行绿色数字化

---

① 新浪财经.亚马逊发布 2022 年度可持续发展报告[EB/OL].(2023-07-19)[2024-11-15]. https://finance.sina.com.cn/esg/cg/2023-07-19/doc-imzcfekt6978225.shtml.

价值评估和管理。

1) ESG因素对企业价值的影响评估

如何通过分析企业的ESG表现来评估其长期价值？可以结合德勤第四财务报表，对企业的环境、社会和治理绩效进行量化和定性评估，并探讨这些因素对企业财务绩效和市场表现的影响。以德勤第四财务报表为基础，探讨企业的绿色数字化举措如何对ESG表现产生影响，从而对企业价值产生正面的影响。

2) 绿色数字化在德勤第四财务报表中的体现

分析企业在德勤第四财务报表中所披露的绿色数字化举措，如可再生能源使用、碳排放管理、环保投资等。这些举措如何体现在财务报表中？它们对企业财务状况和业务运营的影响是什么？深入探讨企业绿色数字化举措的财务效益和非财务效益，包括成本节约、品牌价值提升、员工激励等方面，以及这些效益如何在德勤第四财务报表中得到体现。

3) 风险管理与绿色数字化战略

分析企业在绿色数字化过程中可能面临的风险，如技术风险、供应链风险、声誉风险等，并探讨这些风险如何在德勤第四财务报表中得到反映。探讨企业如何通过德勤第四财务报表中披露的信息，对绿色数字化风险进行识别、评估和管理，以保障企业的长期可持续发展。

23.2 拼多多的绿色数字化管理之行

23.2.1 拼多多公司简介

作为中国电商行业的一股重要力量，拼多多是在美国纳斯达克市场上市的，股票代码为PDD。该公司于2018年7月26日首次公开发行股票，发行价为每股19美元[①]。上市首日，拼多多股票开盘价为26.5美元，较发行价涨幅达39.5%，当日收盘价为26.70美元，涨幅40.53%。根据最新资料，截至2023年6月，拼多多的收盘价为73.03美元每股，而公司市值则达到了2010亿美元。

拼多多的股价具有重要的里程碑信息：在2023年11月29日，拼多多市值首次超过了阿里巴巴，一度成为美股市值最大的中概股[②]。这标志着拼多多在中国电商行业以及全球资本市场中的地位得到了显著提升。

拼多多的独特之处在于找到了符合自身发展的"正确姿势"。尽管具体的成功策略和操作细节并未在资料中详细说明，但可以推断得出，拼多多的投资价值和业务增长潜力得到了市场的认可。此外，根据IPO时的数据，拼多多在2018年6月30日的年度活跃买家数量达到了3.44亿人次，平均月活跃用户达到1.95亿人次，显示出了庞大的用户基础和较快的增长速度。同时，平台的总交易额（GMV）达到了2621亿元人民币，活跃买家平均消费额也有

---

① 东方财富网.拼多多正式登陆纳斯达克市场[EB/OL].(2018-07-26)[2024-11-15]. https://finance.eastmoney.com/a2/20180726914070536.html.

② 财经头条.拼多多成为美股市值最大中概股[EB/OL].(2023-11-30[2024-11-15]. https://cj.sina.com.cn/articles/view/1733360754/6750fc720200184ig.

所增长①。这些数据都反映出了拼多多的用户黏性和市场竞争力。

拼多多在中国电商行业中的地位已经非常突出，它通过不断增长的用户基础和交易量，以及市场对其投资价值的认可，实现了在众多竞争对手中脱颖而出的成就。尽管没有最新的股价信息，但拼多多的市值能够超越阿里巴巴，这足以说明拼多多的行业地位。未来，拼多多是否能够持续保持这一地位，不但取决于能否继续保持用户增长，提升交易额，也取决于拼多多是否能在电商行业不断变化的环境中持续适应和创新。

23.2.2　合理评估拼多多企业价值

截至2020年5月15日，拼多多的市值突破700亿美元，仅次于阿里巴巴、腾讯和美团，成为第四大互联网公司②。就企业价值而言，拼多多的快速增长和市场策略已经使其成为中国互联网公司中的一股重要力量。

拼多多的企业价值在于它的独特商业模式和市场定位。拼多多通过发展农产品直供链，减少了中间环节，因此能够给消费者提供既便宜又可靠的商品③。同时，生态战略和扶贫行为也是拼多多企业价值的重要组成部分，这两点不仅体现了企业的社会责任感，也帮助拼多多构建起了良好的品牌形象。拼多多通过创新的商业模式和市场定位，成功地与阿里巴巴和京东等电商巨头形成了竞争局面，这显示了它作为一个企业的强大生命力和市场影响力。

拼多多采用相对估值法结合公司特有的商业模式和市场趋势对公司进行估值。相对估值法是一种常见的财务分析方法，通过比较类似公司或行业的标准来估算公司的价值。根据提供的资料显示，拼多多的估值方法结合了公司的强劲业绩增长、市场趋势以及与行业内其他公司（如阿里巴巴和京东）的比较。该方法涉及多项财务指标，如GMV增速、take rate（即拼多多从交易中抽取的佣金比例）、市盈率以及公司特有的社交电商模式对用户增长的影响。基于这些数据和分析，拼多多的估值方法是多维度和综合性的。

由于拼多多的GMV增速快于同行，但take rate较低，综合考虑阿里巴巴和京东的历史及最新P/GMV（市值与GMV的比率）数据，结合拼多多较低的take rate（平台提成比率），可以采取0.4作为其P/GMV的参考值。据此计算，拼多多的现有市值为650亿美元。结合公司强劲的业绩增长来看，市场预期拼多多仍有约35%的涨幅空间。参照2019年的数据，拼多多的全年GMV（商品交易总额）有望超过11 500亿元人民币，即约1630亿美元。在拼多多市值超过千亿美元之后，拼多多下一步的战略发展方向变成了投资者关注的重点。

同时，拼多多独特的商业模式在估值时也被视为一个重要因素，即结合了"单独购买"和"拼团购买"两种方式，通过社交网络实现用户的裂变式增长。这种新发展模式通过社交网络传播，利用用户之间的互动和分享达到商品销售的目的。拼多多的成功在于创新实践和把握

---

① 东方财富网.拼多多（PDD）公告列表数据中心［EB/OL］.［2024-11-15］. https://data.eastmoney.com/notices/stock/PDD.html.
② 新浪财经.拼多多现金储备411亿黄峥为大股东腾讯持股近17%［EB/OL］.（2020-04-25）［2024-11-15］. https://finance.sina.com.cn/stock/hkstock/hkzmt/2020-04-25/doc-iircuyvh9690105.shtml.
③ 央广网.拼多多推农产品"原产地直发"［EB/OL］.（2020-12-14）［2024-11-15］. http://finance.cnr.cn/gundong/20201214/t20201214_525362644.shtml.

低线城市以及下沉市场的机会,即通过敏锐洞察产业大环境变化,了解三四线城市消费者的需求,从而有效填补市场空白。拼多多的商业模式不仅仅是机会主义的产物,更是对市场需求的深刻理解和快速响应。作为中国领先的移动互联网电子商务平台,拼多多提出的C2M(Consumer to Manufacturer,消费者到制造商)模式目前已经发展成为中国用户规模极大的电商平台之一。该模式通过数据驱动制造,回应了消费需求升级的趋势,同时对传统供应链进行压缩,尝试缩短生产者与消费者之间的距离。截至2020年年底,拼多多的年活跃买家数已达到7.884亿[①]。公司不但通过优惠的价格和一流的产品,为客户提供了全方位购物体验,还对售后服务标准设立严格要求,这使得拼多多赢得了众多用户的信任与喜爱。

此外,拼多多估值还考虑用公司未来三年的收入增长率(CAGR)、净利润率预期,以及市盈率(P/E ratio)来估算公司的市值。例如,预计拼多多2020年的收入为595亿元,未来3年的收入年复合增长率为40%,净利润率为10%,并且市盈率为40倍,据此得出拼多多的市值约为1000亿美元。然而,根据这些预测,当前拼多多的市值被认为是高估的。

23.2.3 拼多多ESG战略与绿色数字化管理

1)对拼多多ESG战略的分析

在ESG(环境、社会和公司治理)战略方面,拼多多着眼于农业,与中国数千年农业传统建立联系,扎根于农业整个过程,从源头到终端提供支持。这种深度的社会责任投入构成了拼多多接地气的"ESG模板"[②]。拼多多从成立之初就坚持对农业的战略性投入,围绕产品、产区、产业链3方面支持农业实体发展,这体现了拼多多在ESG层面踏实和接地气的努力。

有声音质疑,尽管ESG投资理念越来越多地被资金采纳,并且美国的ESG市场规模在近年来显著增长,拼多多的股价为何能够逆势上涨,一方面表明实际的资本市场可能还有其他因素在影响股价。另一方面也恰恰表明ESG投资者与普通投资者的不同。ESG投资者更倾向于从长期的时间维度来分析风险和收益,这种长期视角对于拼多多的ESG表现是有利的。拼多多也在2020年公布了其首份ESG报告,展示了公司在环境、社会与公司治理方面的进展[③]。

虽然国际主流的ESG评级考量的议题和指标更为丰富,但并非都适用于中国企业。这意味着国际评级机构使用的评价体系可能不完全适合评估中国企业,这也许导致评级结果不理想[④]。尽管如此,国际投资者依然通过主流评级机构如MSCI的评级结果来评估拼多多,结果是拼多多的成绩并不理想。

国际上对拼多多ESG(环境、社会和公司治理)评级不高的原因可能与公司在社会责任和

---

① 澎湃新闻.拼多多活跃用户达7.884亿,成中国用户规模最大电商平台[EB/OL].(2021-03-18)[2024-11-15]. https://www.thepaper.cn/newsDetail_forward_11764524.

② 清华大学课题组.新电商重塑中国农业产业链发展研究报告[EB/OL].(2020-11-04)[2024-11-15]. https://max.book118.com/html/2020/1104/6140214011003015.shtm.

③ ESG与企业管理.到底谁更惨烈!且看末日狂花[EB/OL].(2023-12-12)[2024-11-15]. https://mp.weixin.qq.com/s/UE63uRLanOoZ1alBn1Hc3A.

④ 黄勃.中国评级市场"狼"来了中国机构怕不怕?[EB/OL].(2017-07-17)[2024-11-15]. https://www.sohu.com/a/157814052_313170.

公司治理方面的表现有关。根据新浪财经查询的路孚特数据,拼多多的ESG综合得分为C^-,在争议事项上得分为D,这表明拼多多在ESG方面存在一定争议和挑战。特别是在社会责任领域,拼多多的得分非常低,2021年7月其社区角色得分降到了0分,S维度总分降到了0.3分,这些数据反映出拼多多在社会责任方面的表现不尽如人意[①]。

拼多多的ESG报告突出表现了公司在农业领域的深入参与以及对社会责任的承担,同时也反映了公司在长期价值创造方面所做的努力和承诺。通过战略性的农业投入和对可持续发展的关注,拼多多在ESG领域展现了电商巨头的独特优势和积极影响[②]。

2)对拼多多绿色数字化管理进程的分析

作为一家集科技与电商于一体的公司,拼多多在绿色数字化管理方面的成就主要体现在"农云行动"以及它对农业的深入关注上。通过数字化手段,拼多多能够有效解决农业产业链中的痛点问题,例如提高农民生产力、加速农产品的流通效率等[③]。拼多多的绿色数字化管理模式特别注重通过扶贫助农和创造就业机会来为社会和环境创造价值。拼多多的绿色数字化管理不仅支持可持续发展,还通过科技推广农业技术,与生鲜电商领域的其他竞争者形成了错位竞争,这一特点在四线城市的低收入人群中表现得尤为突出[④]。

在绿色数字化管理方面,虽然参考资料中没有直接提及拼多多的具体实践,但作为一家大型电商平台,拼多多有可能通过使用先进的数据分析技术和算法来优化供应链管理,减少资源浪费,并提高效率。这不仅有助于降低成本,也是有益于环境的做法。

拼多多的绿色数字化管理和企业价值紧密相连,它通过数字化手段推动农业现代化,满足了低收入人群的需求,同时也为公司自身的可持续发展奠定了基础。在未来,拼多多需要继续创新和优化商业模式,以应对市场的不断变化和竞争,同时也要解决假货和病毒营销等问题,以建立和维护一个健康可持续的电商生态系统

思考题

(1)拼多多如何通过绿色数字化管理实现了资源的有效利用和环保目标的达成?

思考提示:从拼多多在绿色数字化管理方面的具体举措,如节能减排、资源循环利用等,以及这些举措如何帮助公司实现资源的有效利用和环保目标的达成。

(2)绿色数字化管理如何影响了拼多多的企业形象和社会责任?

思考提示:从拼多多在绿色数字化管理方面的社会责任和企业形象,如参与环保项目、公

---

① 新浪财经.ESG舆情|拼多多消费雷区再上热搜背后ESG评级和股价同步下滑[EB/OL].(2022-01-18)[2024-11-15].https://finance.sina.com.cn/esg/sr/2022-01-18/doc-ikyamrmz5925388.shtml.

② 拼多多.拼多多发布ESG报告,概述在环境、社会和治理事务管理方面的进展[EB/OL].(2020-11-11)[2024-11-15].https://www.globenewswire.com/news-release/2020/11/11/2124445/0/en/Pinduoduo-publishes-ESG-report-to-outline-progress-in-managing-environmental-social-and-governance-matters.html.

③ 新华网.好瓜配百补拼多多"农云行动"助力"博洋9号"拼出好销路[EB/OL].(2024-07-07)[2024-11-15].http://www.news.cn/tech/20240407/2cd2c77c19b44e60ac8df69f097a5d5c/c.html.

④ 人民网."第三届全球农创客大赛"结果揭晓拼多多持续加码农业科技[EB/OL].(2023-01-11)[2024-11-15].http://finance.people.com.cn/n1/2023/0111/c1004-32604441.html.

益活动等,以及这些举措如何提升公司的企业形象和社会责任感。

(3)对于拼多多的投资者而言,绿色数字化管理带来了哪些长期价值?

思考提示:投资者关心的长期价值,探讨了拼多多的绿色数字化管理如何提升公司的盈利能力、品牌价值和长期增长潜力,从而为投资者带来长期回报。

(4)未来,拼多多在绿色数字化管理方面的发展趋势和策略是什么?

思考提示:拼多多未来在绿色数字化管理方面的发展趋势和策略,包括技术创新、合作伙伴关系、政策法规遵从等方面,以及如何持续推动绿色数字化管理的发展并实现更多的价值。

价值评估及管理演练

请用战略管理的思想和企业价值评估的方法分析拼多多的绿色数字化管理之行。

1)战略管理思想的应用

环境分析:对外部环境和内部资源进行分析,了解绿色数字化管理在当前环境下的战略机遇和挑战。这包括了解政府对环保的政策法规、消费者对环保产品的需求增长等。

战略定位:确定拼多多在绿色数字化管理方面的战略定位,是注重节能减排、提高产品环保性能,还是通过绿色供应链管理等方式实现绿色数字化管理目标。

资源配置:确保拼多多在绿色数字化管理所需资源的充足配置,包括技术投入、人力资源、资金等,以支持战略的实施和执行。

2)企业价值评估的方法

贴现现金流量法(DCF):分析拼多多绿色数字化管理所带来的未来现金流量变化,包括节省成本、增加收入等,然后贴现至现值,评估这些变化对企业价值的影响。

市场比较法:比较拼多多与其他同行业企业在绿色数字化管理方面的表现,如市场份额、品牌声誉等,评估拼多多在行业中的竞争地位和市场估值水平。

综合评估:结合财务指标、市场指标以及公司的战略定位和未来发展规划,综合评估拼多多绿色数字化管理对企业价值的影响。

3)风险管理

分析拼多多绿色数字化管理所面临的风险,如技术风险、政策法规风险、市场需求变化风险等,并制定相应的风险管理策略,以降低风险对企业价值的负面影响。

4)战略执行和监控

确保拼多多绿色数字化管理战略的有效执行和监控,包括建立有效的绩效评估体系,持续跟踪绿色数字化管理的实施效果,并根据反馈信息及时调整战略和措施,以确保企业价值的持续增长。

主要参考文献

巴雷特,2008.驱动力:建设价值驱动型组织全系统方案[M].郭沛源,王君伶,译.北京:中国水利水电出版社.

波特,2012.国家竞争优势[M].李明轩,邱如美,译.北京:中信出版社.

波特,2014.竞争战略[M].陈丽芳,译.北京:中信出版社.

曹裕,李想,胡韩莉,等,2023.数字化如何推动制造企业绿色转型?——资源编排理论视角下的探索性案例研究[J].管理世界,39(3):96-112+126+113.

陈红,张凌霄,2023.ESG表现、数字化转型与企业价值提升[J].中南财经政法大学学报(3):136-149.

陈宏辉,刘梦蝶,2024.ESG研究的概貌、进展与未来展望[J].当代经济管理,46(11):1-21.

陈晓珊,刘洪铎,2023.投资者关注影响上市公司ESG表现吗?——来自网络搜索量的经验证据[J].中南财经政法大学学报(2):15-27.

陈中放,2019.企业价值挖掘与管理实务[M].杭州:浙江大学出版社.

方德斌,谢钱姣,2024.碳市场如何影响火电行业碳减排——碳价格视角[J].系统工程理论与实践(3):1003-1017.

格雷厄姆,1996.智慧型股票投资人[M].俞济群,译.台北:寰宇出版社.

格雷厄姆,2010.聪明的投资者[M].王中华,黄一义,译.北京:人民邮电出版社.

格雷厄姆,多德,2014.证券分析[M].巴曙松,陈剑,译.北京:中国人民大学出版社.

郭长娥,王强,苏中锋,2023.企业数字化转型的价值实现:国际研究进展与展望[J].科学学与科学技术管理,44(6):32-49.

郭丰,杨上广,柴泽阳,2023.企业数字化转型促进了绿色技术创新的"增量提质"吗?——基于中国上市公司年报的文本分析[J].南方经济(2):146-162.

郭丽娟,赵春雨,2023.数字经济与实体经济深度融合:逻辑机理与实现路径[J].经济问题(11):33-39.

郭沛瑶,马乾龙,尹志超,2024.数字化转型是企业低碳发展的"助燃剂"吗?——来自中国上市公司的微观证据[J].财经问题研究(1):72-85.

胡洁,韩一鸣,钟咏,2023.企业数字化转型如何影响企业ESG表现——来自中国上市公司的证据[J].产业经济评论(1):105-123.

黄杰,2020.碳期货价格波动、相关性及启示研究——以欧盟碳期货市场为例[J].经济问题(5):63-70.

焦豪,马高雅,张文彬,2024.数字产业集群:源起、内涵特征与研究框架[J].产业经济评论(2):72-91.

靳毓,文雯,何茵,2022.数字化转型对企业绿色创新的影响——基于中国制造业上市公司的经验证据[J].财贸研究,33(7):69-83.

科勒,戈德哈特,威塞尔斯,2007.价值评估:公司价值的衡量与管理[M].高建,魏平,朱晓龙,等,译.4版.北京:电子工业出版社.

科普兰,等,1998.价值评估:公司价值的衡量和管理[M].贾辉然,臧慧娟,林燕,等,译.北京:中国大百科全书出版社.

雷玉桃,彭文祥,张萱,2024.工业数字化转型的碳减排效应研究——来自中国行业的经验证据[J].经济经纬(1):97-109.

李金昌,连港慧,徐蔼婷,2023."双碳"愿景下企业绿色转型的破局之道——数字化驱动绿色化的实证研究[J].数量经济技术经济研究,40(9):27-49.

李诗,黄世忠,2022.从CSR到ESG的演进——文献回顾与未来展望[J].财务研究(4):13-25.

李小荣,2022.企业价值评估[M].北京:清华大学出版社.

李鑫,魏姗,李惠娟,2023.美欧碳关税政策的发展、影响及中国应对[J].中国人口·资源与环境(5):85-98.

李勇坚,2022.中小企业数字化转型:理论逻辑、现实困境和国际经验[J].人民论坛·学术前沿(18):37-51.

李优树,2023.全球产业链重构背景下我国的机遇与挑战[J].人民论坛(23):90-93.

李志强,2007.企业价值创新[M].上海:上海社会科学院出版社.

刘长松,徐华清,2018.对气候安全问题的初步分析与政策建议[J].宏观经济管理(2):49-55.

刘建丽,李娇,2024.智能制造:概念演化、体系解构与高质量发展[J].改革(2):75-88.

刘圻,2019.创新的逻辑:公司价值与商业模式重塑[M].北京:清华大学出版社.

刘照德,2023.高新技术虚拟企业价值评估研究[M].北京:光明日报出版社.

陆晔飞,2017.巴菲特的估值逻辑:20个投资案例深入复盘[M].李必龙,林安霁,李羿,译.北京:机械工业出版社.

马斯洛,2013.动机与人格[M].许金声,等,译.3版.北京:中国人民大学出版社.

钱依森,桑晶,卢琬莹,等,2023.ESG研究进展及其在"双碳"目标下的新机遇[J].中国环境管理(1):36-47.

宋德勇,朱文博,丁海,2022.企业数字化能否促进绿色技术创新?——基于重污染行业上市公司的考察[J].财经研究(4):34-48.

宋华,韩梦玮,沈凌云,2024.人工智能在供应链韧性塑造中的作用——基于迈创全球售后供应链管理实践的案例研究[J].中国工业经济(5):174-192.

田海峰,刘华军,2023.企业数字化转型与绿色创新的"双化协同"机制研究[J].产业经济研究(6):29-41.

汪建新,2023.ESG活动表现与企业升级[J].金融研究(11):132-152.

王锋正,刘向龙,张蕾,等,2022.数字化促进了资源型企业绿色技术创新吗?[J].科学学研究(2):332-344.

王锋正,刘向龙,张蕾,等,2022.数字化促进了资源型企业绿色技术创新吗?[J].科学学研究,40(2):332-344.

王琳,周昕怡,陈梦嫒,2023.从"培育者"到"影响者":数字化转型如何推动绿色创新发展:基于浪潮的纵向案例研究[J].中国软科学(10):146-163.

王明虎,2019.资本结构波动与企业价值研究[M].北京:中国财政经济出版社.

王晓丽,刘春学,2021.企业价值评估实务与案例[M].北京:经济管理出版社.

王应欢,郭永祯,2023.企业数字化转型与ESG表现——基于中国上市企业的经验证据[J].财经研究,49(9):94-108.

魏琦,李林静,2022.碳价格及其波动率能促进中国企业低碳投资吗?[J].中国矿业大学学报(社会科学版)(1):107-122.

夏普,2016.投资组合理论与资本市场[M].郑磊,译.北京:机械工业出版社.

徐爱农,2023.企业价值评估[M].3版.北京:中国金融出版社.

徐云,2023.公允价值信息的估值有用性——基于企业价值评估视角的研究[M].北京:经济科学出版社.

姚小涛,亓晖,刘琳琳,等,2022.企业数字化转型:再认识与再出发[J].西安交通大学学报(社会科学版)(3):1-9.

喻旭兰,周颖,2023.绿色信贷政策与高污染企业绿色转型:基于减排和发展的视角[J].数量经济技术经济研究(7):179-200.

张继辰,2018.华为之人力资源管理[M].深圳:海天出版社.

张凯霞,卜偲琦,2024.数字化转型提升了高耗能企业的能源效率吗?[J].暨南学报(哲学社会科学版)(4):113-131.

张先治,池国华,2023.企业价值评估[M].5版.大连:东北财经大学出版社.

张晓慧,2021.上市公司并购重组企业价值评估研究[M].北京:首都经济贸易大学出版社.

张占斌,毕照卿,2022.经济高质量发展[J].经济研究(4):21-32.

张志学,2021.新时代企业家群像及企业家精神[J].人民论坛(26):28-31.

赵天宇,孙巍,2022.碳市场、能源市场的联动机制与企业价值[J].商业研究(5):35-45.

周畅,崔也光,赵星竹,2024.碳交易的企业声誉影响[J].会计研究(3):124-137.

周远祺,2012.国际油气项目战略投资评价[M].北京:科学出版社.

周远祺,杨金强,刘洋,2019.高能耗企业绿色转型技术的实物期权选择路线[J].系统工程理论与实践(1):17.

AUPPERLE K E,CARROLL A B,HATFIELD J D,1985. An empirical examination of the relationship between corporate social responsibility and profitability[J]. Academy of

Management Journal,28(2):446-463.

CANEVARI-LUZARDO L M,BERKHOUT F,PELLING M,2020. A relational view of climate adaptation in the private sector:How do value chain interactions shape business perceptions of climate risk and adaptive behaviours? [J]. Business Strategy and the Environment,29(2):432-444.

DRUCKER P F,1977. An introductory view of management[M]. New York:Harper & Row.

GRIFFIN J J,MAHON J F,1997. The corporate social performance and corporate financial performance debate:Twenty-five years of incomparable research[J]. Business and Society,36(1):5-31.

ILHAN E,KRUEGER P,SAUTNER Z,et al.,2023. Climate risk disclosure and institutional investors[J]. Review of Financial Studies,36(7):2617-2650.

MCGUIRE J B,SUNDGREN A Q,1988. Corporate social resposibility and firm financial performance[J]. Academy of Management Journal,31(4):854-872.

PAVA M L,KRAUSZ J,1996. The association between corporate social responsibility and financial performance:The paradox of social cost[J]. Journal of Business Ethics,15(3):321-357.

SWANSON D L,1995. Adressing a theoretical problem by reorienting the corporate social performance model[J]. The Academy of Management Review,20(1):43-64.

WEINHOFER G,BUSCH T,2013. Corporate strategies for managing climate risks[J]. Business Strategy and the Environment,22(2):121-144.

WOOD D J,1991. Corporate social performance revisited [J]. The Academy of Managemer Review,16(4):691-718.

附 录

相关法规与标准

《中华人民共和国资产评估法》
《中华人民共和国公司法》
《中华人民共和国证券法》
《中华人民共和国会计法》
《中华人民共和国企业所得税法》
《资产评估基本准则》
《资产评估准则——企业价值》
《企业数据资源相关会计处理暂行规定》
《国有资产评估管理办法(2020年修订)》
《"十四五"工业绿色发展规划》